Cousins par alliance

DU MÊME AUTEUR

Le Paradoxe du bon maître. Essai sur l'autorité dans la fiction pédagogique des Lumières, Paris, L'Harmattan, 1999
Cousins par alliance. Les Allemands en notre miroir, Paris, Autrement, 2002
Studieren in Frankreich und Deutschland. Akademische Lehr- und Lernkulturen im Vergleich, avec Stefanie Neubert, Dorothee Röseberg et Virginie Viallon, Berlin Avinus Verlag, 2006 (Version française des auteures : *Étudier en France et en Allemagne. Approche comparée des cultures universitaires*, Villeneuve d'Ascq, Éditions du Septentrion, 2007)
La Nouvelle Idéologie française, Paris, Stock, 2010
Sauvages expérimentaux. Une histoire des fictions d'isolement enfantin, Paris, Hermann, 2017
Fictions d'isolement enfantin. Anthologie d'une expérience de pensée, Paris, Hermann, 2017

COUSINS PAR ALLIANCE
LES ALLEMANDS EN NOTRE MIROIR

Béatrice Durand

© Béatrice Durand, pour la présente édition 2018
Couverture, mise en page : Miriam Bussmann, Berlin
avec des illustrations © shutterstock : Marnikus, Panda Vector

Toute reproduction ou représentation de cet ouvrage, intégrale ou partielle serait illicite dans l'autorisation de l'auteur et constituerait une contrefaçon.

*Pour MiMoLoHo
et tout spécialement pour Charlotte, Milena et Geneviève
qui ont mis la main à la pâte*

PRÉFACE 2017

Quinze après la parution de *Cousins par alliance*, j'avais pensé actualiser le livre à l'occasion de cette réédition. Je me suis vite rendu compte que c'était impossible : il aurait fallu écrire un autre livre. Certains livres naissent d'un concours de circonstances si particulier qu'on ne peut pas les mettre à jour.

Paru en 2002, *Cousins par alliance* était le résultat d'observations accumulées au cours des années 1990. Entre 2002 et 2017, non seulement l'Allemagne et la France ont changé, mais moi-même je ne suis plus dans la position qui m'avait permis d'écrire ce livre. J'ai perdu la juste distance qui m'avait permis d'observer une petite parcelle de la société et de la vie allemandes : l'Allemagne est devenue mon quotidien, elle a perdu le charme de la nouveauté. Et surtout mes enfants sont adultes, je n'ai plus cet extraordinaire poste d'observation qu'a été la vie de famille : tout ce qui est lié aux enfants – les autres parents, l'enseignement, les loisirs, les projets d'avenir – avait été une extraordinaire école pour comprendre tout le reste – les adultes, la vie commune.

Ce que je décrivais dans *Cousins par alliance* n'est pas obsolète pour autant, loin de là. Les domaines de la vie que j'observais – les mentalités éducatives, la vie privée, la vie sociale – n'obéissent pas à la même temporalité que les événements qui font l'actualité politique. Tout dans une culture ne se transforme pas au même rythme. Même s'il n'est pas insensible aux événements politiques, le comportement collectif évolue lentement. Il connaît parfois des ruptures historiques, mais surtout des tendances longues et des vitesses acquises. Ainsi il n'est pas absurde de rééditer ce livre comme une introduction à la vie allemande du début du XXIe siècle.

Ce qui suit est donc le texte de 2002 avec des corrections mineures. Un certain nombre de notes supplémentaires signalent des transformations ponctuelles. On trouvera dans la postface un bref bilan des réflexions que me suggère le temps écoulé : ce qui a changé en Allemagne, mais aussi ce qui entre temps paraît exotique en France à l'expatriée durable et entre temps binationale que je suis devenue.

Je me limiterai cette fois encore à ce qui était déjà mon champ d'observation en 2002 – la vie commune et quotidienne. Je ne suis pas en position d'observer de première main les mondes de l'entreprise et de la politique, de l'administration ou des médias. Je n'observe que ce que tout le monde peut observer, mais je l'observe de mes propres yeux.

INTRODUCTION

Au restaurant avec un historien français, invité dans notre université pour un colloque : je lui demande ce qu'il a pensé de la visite de Leipzig, Dresde et Meißen. Il me répond d'un air découragé que l'ambiance dans les *Biergarten* (brasseries en plein air) de Dresde un dimanche après-midi est affreusement triste («tous ces gens qui mangent et qui boivent sans rien dire») et que le baroque de Dresde est «lourd». Du tac au tac, je lui demande s'il va souvent au restaurant le dimanche à midi dans une ville de province française. Mais il a visiblement l'air très déprimé par cette journée de tourisme en compagnie de quelques autres universitaires invités au colloque, italiens pour la plupart. «Et puis, me dit-il, samedi soir, quand je suis arrivé à Leipzig, des gens regardaient un match de foot (de la coupe d'Europe 2000) dans le hall de l'aéroport et ils ne disaient rien. Ça ne chauffait pas, il n'y avait pas d'ambiance.» J'invoque l'heure tardive et le lieu peu convivial. Alors, pour bien me faire comprendre à quel point le fait d'être en Allemagne l'oppresse, il me raconte l'anecdote suivante : quelques années après la fin de la guerre, au début des années 1950, il était aller camper avec son frère en Bavière. Avant le départ, quelqu'un les avait mis en garde : Français dans l'Allemagne vaincue et occupée, ils risquaient d'être victimes de représailles de la part de la population. Un soir, ils avaient planté leur tente dans le lacet d'une route de montagne. Les voitures qui passaient éclairaient la tente avec leurs phares. À chaque passage, ils croyaient leur dernière heure arrivée. Cette fois, je reste sans argument à opposer à ces raisons qu'il me fournit de son malaise. Au cours de sa conférence, il explique que la recherche dans son domaine a été véritablement fondée par deux chercheurs étrangers, l'un américain, l'autre allemand. Il résume brièvement, d'une manière très élogieuse, les travaux du chercheur américain. Pour son collègue allemand, il a ce seul commentaire : «académique avec un k, un vrai travail de chien». Or le

« travail de chien » n'est pas une métaphore usuelle, en français du moins. On parle bien d'un temps de chien ou d'une vie de chien, mais le travail est de bénédictin ou de romain. En l'occurrence, ce monsieur voulait sans doute parler d'un travail de bénédictin, avec force notes de bas de page et grand renfort d'érudition. Mais le croisement accidentel du travail avec les expressions faisant appel au chien, toujours négativement connotées, n'est pas fortuit : il s'agissait bien d'exprimer le peu d'estime, l'admiration en quelque sorte forcée que lui inspirait un travail universitaire « à l'allemande », avec sa lourdeur supposée et son étalage d'érudition. Mes collègues allemands et moi-même restons abasourdis devant ce mélange de réel malaise et de grossièreté vis-à-vis de ses hôtes. Pendant deux jours, ce monsieur n'a trouvé ici que la confirmation des stéréotypes qu'il avait apportés avec lui. Nous n'arrivons pas à croire qu'un intellectuel puisse s'identifier à tous les vieux clichés français sur l'Allemagne (lourdeur, placidité, sérieux, etc.), sans même se rendre compte à quel point il est ridicule.

Je suis régulièrement confondue par ce que je lis ou entends en France sur l'Allemagne et plus particulièrement sur les Allemands, que ce soit dans la presse ou même dans des ouvrages plus spécialisés. J'y trouve, sous une forme plus ou moins raffinée, la perpétuation de vieux stéréotypes sur le caractère national allemand et le destin historique de l'Allemagne.

La chute du Mur constitue, me semble-t-il, une césure dans le discours français sur l'Allemagne. La période qui précède, « l'après guerre », en admettant que cette « période » s'arrête avec la chute du Mur, s'était caractérisée par une mise en veilleuse, parfois volontariste, des vieux clichés, tant dans le discours officiel que dans les représentations collectives. Par souci de mettre fin aux images négatives qui ont pesé sur la perception réciproque des Français et des Allemands pendant deux cents ans, les discours politiques au sommet s'étaient faits prudents. Et la conscience collective ne se représentait plus les Allemands sous les traits que l'on prêtait autrefois aux « Boches ».

Introduction

Le renoncement aux vieux clichés n'avait pas pour autant fait progresser la connaissance réciproque. On a même l'impression qu'il avait fait place à un certain vide. L'Allemagne du passé – que ce soit l'Allemagne romantique, l'Allemagne prussienne, l'Allemagne nazie ou même encore l'Allemagne du miracle économique – était balisée par toute une imagerie avec laquelle on entretenait une certaine familiarité, en dépit, ou peut-être justement en raison de l'hostilité. Mais il semble que rien, ni nouvelle expérience du contact, ni connaissance collective plus raisonnée, n'ait remplacé ces images familières. Quand je parle en France de ma vie quotidienne en Allemagne, c'est la surprise ou le scepticisme qui dominent chez mes interlocuteurs. Ils n'imaginent pas l'Allemagne telle que je la leur décris. Dans la plupart des cas, d'ailleurs, ils n'imaginent rien du tout. L'Allemagne reste pour les Français une *terra incognita*. On s'interdit d'en avoir des clichés éculés, mais on n'en a pas d'idée très précise non plus. À vrai dire, on ne s'y intéresse pas beaucoup.

Pour être équitable, il faut dire que les Allemands, eux, ont au moins avec la France cette forme d'intérêt et de familiarité que procure le tourisme. Cette familiarité n'empêche pas la formation de nouveaux stéréotypes, mais elle a le mérite d'exister, de permettre une expérience directe de l'autre pays. Or la réciproque n'est pas vraie.

Faut-il chercher la cause de cette indifférence dans le simple fait que l'Allemagne n'est pas une destination envisageable pour le tourisme de masse ? Ce n'est pas faute, en tout cas, d'un intense effort officiel de part et d'autre pour favoriser le contact, y compris à la base : parmi les relations bilatérales entre la France et un autre pays européen, aucune n'a fait l'objet d'un tel investissement officiel depuis la fin de la seconde Guerre mondiale. Les relations franco-allemandes ont leurs spécialistes, leurs médiateurs, leurs revues, leurs institutions – comme l'OFAJ dont le rôle, depuis la fin de la Seconde Guerre mondiale, est de promouvoir les contacts et la compréhension entre Allemands et Français – et même leur chaîne de télévision, Arte. Contribuer à l'approfondissement des relations franco-allemandes revenait –

revient toujours – dans le discours officiel à défendre une cause, celle de l'Europe, de la démocratie ou de la victoire sur les démons du passé.

Je relève par contre depuis dix ans la réapparition d'un discours essentialiste sur le caractère allemand et le destin historique de l'Allemagne, volontiers teinté d'hostilité ou au moins de méfiance, comme en témoignent quelques déraillements verbaux au sommet de l'État ainsi qu'une littérature assez ambiguë. En ces temps de discussions sur la réforme des institutions européennes, un certain nombre de publications françaises réactivent la menace des « vieux démons ».[1] Il ne s'agit pas, heureusement, d'un sentiment de masse. Le commun des mortels continue à ne voir dans l'Allemagne qu'un pays (trop) bien organisé qui produit de grosses voitures. Cette dérive ne touche que quelques intellectuels ou quelques politiques. Elle n'en est pas moins inquiétante. D'aucuns, en France, accusent la Réunification d'avoir libéré la conscience nationale allemande. Ce qui est sûr, en tout cas, c'est qu'elle a libéré la tentation française d'enfermer l'Allemagne dans un destin historique qui serait la manifestation, sous des avatars divers, d'un caractère national transhistorique.

La perception française de l'Allemagne reste obnubilée par l'histoire, par la mémoire de la période nazie en particulier, mais plus généralement par l'idée d'un destin historique. À cet égard, les propos de Jean-Pierre Chevènement – très critiqués en Allemagne comme en France – étaient exemplaires. En disant que l'Allemagne, proposant pour l'Europe une structure fédérale, ne chercherait qu'à imposer un « modèle » qui est historiquement le sien, il établissait une continuité historique : « Au fond, elle rêve toujours du Saint-Empire romain germanique. Elle ne s'est pas encore guérie du déraillement qu'a été le nazisme dans son histoire ». Il y aurait une continuité historique d'un

---

[1] Je pense par exemple au livre de Michel Meyer *Le Démon est-il allemand ?* (Grasset, 2000). Son titre est une allusion à l'essai sur la France, célèbre en Allemagne entre-deux guerres, du romaniste allemand Friedrich Sieburg, *Gott in Frankreich* (*Dieu en France*, 1929, réédité régulièrement jusque dans les années 1960). Mais le titre de Meyer est aussi une manière de réactiver la menace des démons endormis.

Introduction

empire à l'autre et, de manière prospective, entre le passé allemand et le projet allemand d'une Europe fédérale, la continuité entre ces différents avatars d'une constante de l'histoire allemande étant, toujours selon Chevènement, assurée par la conception « ethnique » de la nation. Je ne chercherai pas ici à réfuter cette argumentation qui pèche par tous les bouts. On l'a déjà très bien fait. Mais elle me paraît typique de l'obsession historique qui caractérise la perception française de l'Allemagne.[2]

La perception française de l'Allemagne s'abîme donc dans celle de son histoire et, de préférence, dans ce que cette histoire peut avoir de spectaculaire. Dès qu'on s'éloigne de l'actualité politique immédiate, c'est pour évoquer l'Histoire allemande avec une majuscule : ses tragédies, ses monstruosités, ses moments de grâce. La couverture du dixième anniversaire de la Chute du Mur par la presse française frappait par son caractère tapageur. Il y a un voyeurisme français pour l'histoire allemande.[3]

Ce voyeurisme pour des événements politiques qui peuvent s'inscrire dans ce que l'on veut bien considérer comme une lignée historique rend partiellement aveugle à ce dont est fait le présent, au-delà de la seule actualité politique. Il y a d'ailleurs un lien entre l'absence de contacts à la base et le recours permanent à l'histoire. Les représentations historiques disponibles remplissent l'espace laissé vacant par l'absence de contacts réels ou leur font écran quand ils se pro-

---

[2] Jean-Pierre Chevènement a par la suite reconnu qu'il cherchait à décrire « la tentation du post-national *au miroir* de l'ante-national » (*Le Monde* du 21.06.00, dialogue avec Joschka Fischer consécutif aux déclarations de Chevènement sur le « déraillement » nazi ; c'est moi qui souligne).

[3] Auquel n'échappent pas toujours les médias allemands eux-mêmes : le *Spiegel* a publié en juillet 2001 une série intitulée « Hitlers lange Schatten » (les longues ombres de Hitler) qui fait appel à la même fascination. Il me paraît également caractéristique que les éditeurs français, quand ils traduisent de la littérature allemande contemporaine, privilégient les ouvrages – de fiction ou non – qui s'intéressent à l'Histoire, par rapport à des textes se déroulant dans un cadre contemporain qui ne thématisent pas explicitement l'histoire.

duisent malgré tout. Bien souvent, cette littérature qui prétend informer de l'état présent des mentalités en Allemagne, projette sur la réalité un savoir puisé dans l'histoire, en lieu et place d'une observation dénuée d'a priori sur ce que sentent et pensent les Allemands d'aujourd'hui. On s'ingénie à retrouver dans le présent l'expression d'une constante ou l'aboutissement d'une continuité. Tous les événements sont interprétés comme la réactualisation d'un caractère allemand en continuité avec le passé. L'arrivée de l'extrême droite autrichienne au gouvernement en février 2000 a suscité une inquiétude légitime. Ce qui est moins légitime, par contre, ce sont les dérapages dans la prophétie pessimiste, sur la base d'une continuité mécanique avec le passé, dont témoigne ce commentaire d'un éditorialiste réputé : « Dans une Allemagne où la crise d'identité de la CDU et le déboulonnage largement opéré de la statue d'Helmut Kohl créent une immense fragilité du camp conservateur, cette longue marche de Haider sur Berlin est à présent entamée. » Il ajoute un peu plus loin : « ... les forces du nouvel égocentrisme national germanique [...] se retrouvent positivement dans la sainte trinité alpestre Haider-Blocher-Stoïber, la base sociale du triangle Vienne-Zurich-Munich, qui ne demande qu'à s'élargir progressivement vers Anvers, Dresde et Berlin. »[4] Haider n'a pas manifesté d'ambitions sur la scène politique allemande et on ne voit pas quelle résonance il pourrait y trouver. S'il est une idéologie que plus personne ne revendique en Allemagne aujourd'hui, c'est bien

---

4 Alexandre Adler, « Le projet européen de Jörg Haider », Le Monde, 24.02.2000.
D'autres commentateurs n'ont pas hésité à évoquer la « longue durée de l'histoire allemande » pour stigmatiser un « autoritarisme » qui serait congénital aux Allemands et le fait que sur la « longue durée » ils seraient « plus à droite » que les Français, toujours « à gauche du centre ». Inversement, après le score de Jean-Marie Le Pen au premier tour des présidentielles de 2002, la presse allemande a manifesté un mélange de soulagement (« heureusement que ce n'est pas à nous qu'une chose pareille arrive ; sans quoi l'opinion internationale nous prendrait encore pour des affreux »). On sentait aussi un soupçon d'ironie à l'égard de ces Français donneurs de leçon et si sûrs de leur tradition républicaine.

le pangermanisme. Il est tout à fait inconsidéré d'anticiper de la sorte une extension du phénomène Haider à l'Allemagne.

En un sens, pourtant, le rôle que joue le souvenir du passé dans la perception du présent allemand n'a rien de surprenant. Aucune réflexion sur l'Allemagne ne peut faire l'économie d'une interrogation sur la période 1933-1945, sur ce qui l'a précédée et sur ce qui l'a suivie. Il est donc toujours compréhensible que le poids de l'histoire dans la perception du présent soit incomparablement plus grand quand il est question de l'Allemagne.

La confrontation avec le passé (processus pour lequel il existe un mot en allemand, la *Vergangenheitsbewältigung*, littéralement l'effort pour « venir à bout du passé », la confrontation avec les fautes dont il est synonyme) est d'ailleurs pour les Allemands un sujet de débat public permanent ainsi qu'en ont témoigné la « querelle des historiens » (*Historikerstreit*), la polémique Walser-Bubis, les discussions autour du monument de l'architecte américain Eisenmann à la mémoire des Juifs victimes de la Shoah et le scandale suscité par la conférence de Sloterdijk. Il est de bon ton en France de ne retenir de ces débats publics auxquels la presse donne un large écho que leur tendance prétendument révisionniste, alors qu'ils manifestent, au contraire, un souci collectif d'« affronter le passé ».

Ce qui est surtout très irritant dans cette perception de l'Allemagne, c'est que l'a priori historicisant fait écran à une juste saisie de la réalité. On confond la réalité présente et l'ombre portée de l'Histoire. On s'autorise aussi d'une conception simplificatrice de la causalité historique et des mécanismes de transmission des traits collectifs pour expliquer le présent à partir du passé, c'est-à-dire, dans la pratique, pour projeter le passé sur le présent. L'anthropologue Louis Dumont a critiqué, à propos de l'Allemagne, l'abus « d'explication par la continuité historique ».[5] Car l'action du passé dans le présent

---

[5] *Essais sur l'individualisme. Une perspective anthropologique sur l'idéologie moderne*, Seuil, 1985, p. 153.

n'est pas homogène, tout particulièrement lorsqu'il s'agit de l'évolution des traits de mentalité collective ou de la transmission de contenus culturels : différents passés sont à l'œuvre dans le présent et ils ne le sont pas de la même manière et avec la même force. En outre, l'action du passé dans le présent peut aussi bien prendre la forme de la continuité que celle de la rupture. On peut aussi se transformer par réaction à un certain passé. Le nazisme, mais aussi l'expérience socialiste ont façonné indirectement certains traits de la mentalité allemande contemporaine par la réaction qu'ils ont suscitée et continuent de susciter. Or ce qui caractérise le discours anthropologique historicisant sur l'Allemagne est qu'il a tendance à se faire de la causalité et du changement historiques une idée un peu monolithique. Du coup, la fascination française pour le fracas de l'histoire allemande empêche de s'intéresser aux effets souterrains et à beaucoup plus longue portée de l'histoire, à la manière dont le passé marque réellement, quoique indirectement, les générations suivantes.

Une autre caractéristique de l'actuel discours français sur l'Allemagne est qu'il ignore largement la dimension de la vie quotidienne, même quand il a l'ambition d'apporter des informations dans ce domaine. Les gestes, les rythmes, le poids des institutions qui façonnent les individus et la manière dont ils se déterminent dans leurs choix quotidiens, en sont quasiment absents.[6] Même les ouvrages qui relèvent du genre du témoignage – je pense par exemple aux mémoires de diplomates, de personnalités politiques ou de médiateurs culturels – ne quittent pas la sphère des échanges au sommet et se contentent de quelques remarques superficielles sur le quotidien. Ou alors, une fois encore, ils n'évoquent les traits collectifs des Allemands d'aujourd'hui qu'à travers le prisme de l'histoire. Là encore, la référence

---

6   Parmi les livres récents sur l'Allemagne qui abordent la dimension des mentalités au quotidien, il faut cependant mentionner l'exception notable du livre de Pascale Hugues, *Le Bonheur allemand* (Seuil, 1998), qui observe la vie allemande sans a priori, sans projeter sur ce qu'elle observe le prisme d'un savoir historique.

obsessionnelle au passé empêche une observation dénuée d'a priori. C'est donc toute une strate de la vie et de l'expérience allemandes qui échappe à la perception française. Cet état de choses est d'autant plus dommageable à une véritable connaissance de l'Autre et à une juste saisie de la distance mais aussi des affinités culturelles, que c'est précisément dans l'apparente insignifiance du quotidien que se manifestent des nuances essentielles.

Des ouvrages qui entendent fournir un tableau de l'Allemagne contemporaine n'hésitent pas à faire une large part à l'histoire intellectuelle, littéraire ou philosophique. On a parfois l'impression que les références à Nietzsche ou à Heidegger font écran à tout contact véritable avec la réalité en s'y substituant, comme si elles devaient fournir des clefs pour la compréhension des traits collectifs des Allemands d'aujourd'hui. Au nom de l'influence du passé sur le présent, la projection du passé sur le présent – et notamment de ce passé que constitue la tradition littéraire et philosophique – tient lieu de connaissance empirique.[7] Comme si l'évocation de l'Allemagne d'au-

---

7 C'est particulièrement caractéristique dans le livre déjà cité de Michel Meyer *Le Démon est-il allemand ?* Destinée à prouver que l'Allemagne n'a pas cessé d'être fidèle à la barbarie germanique, la présentation de son destin historique passe par un montage aussi érudit que tendancieux de références à toute la pensée et la littérature allemandes, de Luther à Heidegger : les continuités de l'histoire intellectuelle ne seraient que l'expression d'une identité « génétique » des peuples : « La cohérence de notre regard sur l'Allemagne repose sur l'idée qu'il y aurait une 'génétique', une forme de 'prédétermination' des nations qui influerait sur la manière dont elles s'affirment dans leur ensemble régional autant que sur les étapes historiques qui émaillent leur devenir » (*op. cit.*, p. 119). Le mot génétique est tout de même mis entre guillemets, ce qui laisserait penser que le biologique n'est ici qu'une métaphore. Mais l'explication par la biologie, aux relents nauséabonds, est récurrente : « À quand la réactivation, naturelle et inéluctable, des cerveaux limbiques et reptiliens de l'Allemagne, *in fine* d'une pensée sauvage réveillée qui finira bien par inonder les trop parfaites circonvolutions du néo-cortex germanique ? » (p. 86) ; « Aussi loin qu'elle remonte vers les racines d'une ethnie, cette mémoire de soi est le socle même sur lequel se fonde l'identité d'un peuple. D'où l'absurdité qu'il y aurait à croire que, parce que dilués dans la mondialisation et dans la modernité, les Allemands seraient essentiellement autres qu'ils ne furent aux origines »

jourd'hui ne pouvait se faire qu'à travers un montage savant d'éléments empruntés à sa tradition.[8]

Comment ce savoir de deuxième main, puisé dans l'histoire, pourrait-il prétendre informer sur l'état présent des mentalités ? Cette démarche est sujette à caution. Pourquoi n'observerait-on pas les Allemands d'aujourd'hui tels qu'ils s'offrent à l'œil nu, au lieu de projeter sur eux le prisme de l'histoire, fût-elle culturelle ? Mais précisément, cette volonté de porter sur l'Allemagne d'aujourd'hui un regard ethnographique dénué d'a priori a tous les caractères d'une provocation, tant l'idée d'une continuité historique pèse sur la perception qu'on a de ce pays.

Pour ce qui est de l'analyse des phénomènes de mentalité, les études dans le champ du management international sont une des rares exceptions à ce travers abusivement historicisant.[9] L'univers de l'entreprise et les relations de travail constituent un terrain de vérité : on observe la réalité (inter)culturelle de manière directe et non à

(p. 228) ; « Comment, au pays des aigles conquérants, devenir des citoyens du monde 'normaux' tout en assumant une hérédité effrayante ? » (p. 243). De telles citations se passent de commentaire. On notera également que beaucoup d'entre elles sont des questions rhétoriques dont voici encore un exemple : « Qui sont ces nouveaux Allemands ? Des amnésiques ? D'impérieux aujourd'hui, redeviendront-ils encore mieux demain des cuistres arrogants et impériaux ? » (p. 17) Phénomène stylistique le plus marquant du livre (dès le titre !), la question rhétorique est l'instrument d'une projection mécanique du passé dans l'avenir. Car la réponse aux questions rhétoriques est toujours très claire.

8   On peut d'ailleurs remarquer une évolution dans la réception de la philosophie et de la littérature allemande. Dans les premières décennies de l'après-guerre, la littérature, mais surtout la philosophie allemande jouissaient en France d'une sorte de statut d'extraterritorialité par rapport à l'histoire allemande : on s'intéressait aux romantiques allemands, on lisait Hegel, Nietzsche et même Heidegger, sans chercher nécessairement à en faire le moment d'une histoire allemande plus globale. Les choses ont changé avec « l'affaire Heidegger ». Actuellement, on constate au contraire une tendance culturaliste de l'histoire intellectuelle qui tend parfois à établir des continuités abusives.

9   Cf. Jacques Pateau, *Une Étrange Alchimie. La dimension interculturelle dans la coopération franco-allemande*, Levallois, Éditions du CIRAC, 2000.

travers le prisme de la tradition. On cherche à obtenir des résultats tangibles, ce qui incite à ne pas biaiser, à remettre en question ce qu'on croit savoir pour essayer de comprendre vraiment ce qu'on a sous les yeux. L'autre exception est constituée par des travaux comparatifs portant sur un grand nombre de pays, qui ont le mérite de mettre en perspective les spécificités respectives de la France et de l'Allemagne.[10]

Le présent livre a donc une intention clairement polémique, puisqu'il s'agit d'opposer à ces représentations historicisantes de l'Allemagne contemporaine une analyse des mentalités quotidiennes. À l'abus d'histoire je voudrais substituer une approche d'inspiration ethnographique, fondée sur l'observation. Je m'en tiendrai au présent immédiat, à la société qu'il m'a été donné de connaître. Mon objet est la description d'un état synchronique, à un moment T, de la mentalité collective allemande.

Qu'on ne se méprenne pas sur cette intention affichée de considérer le présent pour lui-même. Qu'on n'y voie surtout pas une tentation révisionniste. Je n'ignore pas l'Histoire. C'est impossible quand on s'intéresse à l'Allemagne. Mais je veux connaître l'état présent de la culture allemande à partir de lui-même pour éviter que la projection abusive de représentations puisées dans l'histoire n'oblitère ma perception du présent. Quitte, dans un second temps, à chercher à comprendre le lien entre cet état de la culture allemande et ses états passés, à comprendre ce qui s'est transformé, ce qui reste du passé dans le présent et sous quelle forme, mais aussi ce qui est une création nouvelle ou le produit d'une rupture. Il en va des « états » de culture comme des états de langue chez Saussure : chaque état synchronique constitue un tout cohérent qui a ses propres règles, qui peut et doit être décrit pour lui-même. Ce qui n'empêche pas, ultérieurement, de

---

10 Cf. Geert Hofstede, *Les Différences culturelles dans le management*, Paris, Éditions d'organisation, 1987 ; Edward T. Hall, *Guide du comportement dans les affaires internationales*, Seuil, 1990.

replacer cet état sur l'axe de la diachronie et de chercher à comprendre ce qui le relie aux états passés.

L'observation directe, ethnographique, me paraît un moyen de résister à la tentation de tout expliquer comme l'aboutissement nécessaire du passé et d'éviter le recours à une psychologie collective essentialiste – travers si typiques d'un certain discours français sur l'Allemagne.[11] L'observation tient lieu de doute méthodique : elle oblige à révoquer en doute toutes les idées reçues pour ne se fier qu'à ce que l'on observe. Mon approche relève de ce que les ethnologues appellent l'observation participante.

L'observation, cependant, a aussi ses limites et ses pièges. L'idée que la réalité s'offrirait d'elle-même au regard, pour peu qu'il soit honnête, est une vieille illusion épistémologique. On peut ne voir que ce que l'on veut bien voir, comme le montre un célèbre test américain : on projette aux personnes-test un film dans lequel un employé de maison balaie les allées d'une propriété cossue. On leur demande ensuite si le jardinier était blanc ou noir, question à laquelle la réponse presque unanime est qu'il était noir... L'observation est une auberge espagnole : on y trouve ce que l'on y apporte ; on ne voit que ce qui entre dans les catégories d'interprétation avec lesquelles on aborde la réalité nouvelle. Se prévaloir de l'expérience vécue n'empêche pas forcément de reproduire les stéréotypes les plus éculés.[12]

---

11 La représentation complaisante d'une essence éternelle du génie allemand n'est d'ailleurs pas toujours hostile. Elle peut être aussi fascinée. Pour en donner un exemple récent, mais qui s'inscrit dans une longue tradition d'admiration française pour le génie musicalo-romantico-médiéval de l'Allemagne, patrie de l'âme et du rêve, on peut citer le livre de Marcel Schneider *L'Ombre perdue de l'Allemagne* (Grasset, 1998). Ici l'abstraction et la généralisation historique sont mises au service d'une affinité profonde avec une image de l'Allemagne construite, elle aussi, à grand renfort de représentations historiques.

12 C'est le cas de Michel Meyer (*Le démon est-il allemand*, *op. cit.*), qui, en sa qualité d'Alsacien et aussi parce qu'il a été longtemps correspondant de la télévision française en Allemagne, se prévaut d'une position de « guetteur » et de connaisseur. Cette position garantirait l'authenticité de ses « observations » alors qu'il se contente de projeter allègrement l'écran de ses clichés sur la réalité. C'est peut-être

Introduction

Comment atteindre alors cette réalité toujours en danger d'être voilée par le savoir préalable et par les stéréotypes, quand bien même on voudrait s'en libérer ? Comment prendre la mesure de la part de projection qui entre dans tous les mécanismes d'observation ? Comment circonvenir son influence déformante ?

Dans ce cas particulier de l'observation de la réalité qu'est l'observation d'une réalité culturelle étrangère, il y a beaucoup à apprendre des expériences de choc ou au moins de malentendu culturel. En prendre conscience est la démarche épistémologique la plus fructueuse. C'est le moyen pour l'observateur de saisir sa propre influence sur l'observation de ce qu'il croit être un donné objectif et indépendant de lui.

La différence culturelle peut, selon les situations et les individus, être vécue de diverses manières. Elle peut être source de plaisir, comme l'était pour Stendhal la « différence » de l'Italie. Elle peut être aussi source de malentendus : on interprète mal certains gestes de la culture d'accueil, on est soi-même mal interprété dans ses gestes et ses intentions et jugé selon des critères que l'on ignore. On a aussi tendance à attribuer à une intention personnelle des gestes qui obéissent en réalité à une norme collective. Le malentendu, sous ses formes bénignes ou sévères, est une expérience fondamentale de la vie dans une autre culture. Si les malentendus s'accumulent et si les différences sont vécues comme des manques, elles peuvent produire un véritable état de choc. Le choc culturel serait la forme négative extrême de la rencontre avec une autre culture.

J'ai cru, pour ma part, bien connaître l'Allemagne et les Allemands jusqu'à une date relativement récente. Sur la foi de nombreux séjours, d'amitiés anciennes, d'une certaine culture littéraire et d'un

---

ce qui est le plus irritant à la lecture du livre : le fait que, sous couvert d'une intimité avec la chose allemande, il donne le sentiment de ne jamais accéder à la réalité de l'expérience quotidienne. Jean-Pierre Chevènement, de même, se prévaut du statut de « spécialiste » de l'Allemagne.

intérêt sincère pour l'évolution politique et sociale de ce pays, je m'en étais fait une image qui me paraissait ne pas devoir être démentie par de nouvelles expériences. Quand je suis revenue en Allemagne au cours de l'été 1990, entre la Chute du Mur et la Réunification, pour m'y installer avec mon mari – allemand – et bientôt notre premier enfant – franco-allemand –, j'ai découvert un pays que je ne connaissais pas. La vie avec des enfants m'a fait découvrir des milieux et des sphères d'activité qui ont considérablement modifié la perception que je pouvais avoir de ce pays. Les sociologues considèrent que l'école et le travail sont les vecteurs les plus efficaces de l'acculturation. J'ajouterais la vie familiale, surtout pour ceux qui, comme moi, abordent une culture nouvelle à l'âge adulte. Le conjoint, contrairement à ce que l'on pourrait croire, n'est pas le meilleur initiateur à la culture étrangère, car c'est parfois pour son « étrangeté » qu'on l'a choisi. Il est trop proche pour que l'on puisse dire avec certitude si cette étrangeté est représentative de sa culture d'origine ou si elle relève de son idiosyncrasie. Par contre, la vie avec les enfants vous conduit à les accompagner dans leur apprentissage de cette culture qui sera la leur – ou l'une des leurs. À travers eux, on apprend les gros mots, les tics de langage et les comptines de la cour de récréation, on fait connaissance des institutions, des autres parents et de leurs préoccupations, toutes choses qui se révèlent essentielles dans le processus d'acculturation. Pour ma part, c'est aussi au quotidien familial que je dois d'avoir fait vraiment « l'épreuve de l'étranger »[13] qui n'est pas seulement la constatation distanciée d'une différence qui ne vous touche pas ou même vous séduit. Avant de revenir en Allemagne en 1990, j'ai passé quatre ans aux États-Unis, par choix et faisant le plus souvent mes délices de ma situation d'« étrangeté ». Mais, en Allemagne, aux prises avec les autres parents, les maîtresses, les diffé-

---

[13] Pour reprendre – en le détournant légèrement de son application première – le titre du beau livre d'Antoine Berman, lui-même adapté de Goethe, *L'Épreuve de l'étranger* (Gallimard, 1984).

Introduction

rentes situations et institutions auxquelles vous confrontent la vie familiale, j'ai eu parfois le sentiment de toucher aux limites de ma bonne volonté interculturelle, a priori pourtant entière. Un niveau d'expérience était atteint où je sentais une résistance en moi, où je refusais de me plier au jeu de l'adaptation. Dans certains moments d'exaspération, il a pu m'arriver de répondre que je n'étais pas « une mère allemande » et que je tenais à ce que cela se sache.

On peut ériger cette résistance, ou plutôt le travail d'interprétation qu'elle appelle, en règle de méthode : elle est le révélateur certain d'une différence culturelle profonde. Le travail d'interprétation consiste justement à démêler l'écheveau de ce malentendu. L'expérience du malentendu interculturel, quand elle fait l'objet d'une réflexion, est une source de connaissance très fiable, parce qu'elle oblige l'observateur à comprendre quelle est sa position par rapport à ce qu'il observe, à réajuster l'image préconçue de la réalité étrangère, à réajuster même les catégories que l'on apportait avec soi pour l'interpréter. Elle a un effet boomerang : grâce à elle, la réalité observée n'est plus un donné passif, elle renvoie la balle, elle modifie l'observateur et ses outils d'interprétation. Elle constitue donc un excellent garde-fou contre la perpétuation des jugements tout faits.

Ma tentative de présenter la spécificité de la culture allemande aura pour cadre une comparaison avec la culture française. J'observe le quotidien allemand d'un point de vue français, à partir de mes expériences et de mes réactions françaises. Je ne retiendrai donc que les différences qui ont paru pertinentes à mon regard français. Un observateur d'une autre origine serait sans doute sensible à d'autres aspects de la « différence allemande ». Je ne procède donc pas non plus à partir des catégories utilisées par les enquêtes sociologiques, ni des catégories à travers lesquelles les Français pensent traditionnellement l'Allemagne. Mes catégories me sont dictées par la comparaison.

Ce que révèle un regard extérieur ne correspond d'ailleurs pas non plus à la manière dont se voit la culture observée. Certains de mes commentaires surprennent et irritent mes interlocuteurs allemands.

Mais la réciproque est aussi vraie, bien sûr, puisque les comparaisons éclairent non seulement le comparé, mais aussi le comparant d'un jour nouveau. Parler de l'Allemagne me conduira donc à faire retour sur la France, à la voir avec les yeux de la culture allemande dans laquelle je vis maintenant. Au bout d'un certain temps, on finit par chausser à volonté les lunettes d'une culture ou de l'autre, par comprendre chacune des deux cultures de l'intérieur et anticiper sur ce que sera la réaction de l'une à l'autre. Même si ce n'est jamais tout à fait possible. Raymonde Carroll, dans son analyse des malentendus franco-américains, disait très joliment que, s'il est possible d'arriver à parler une langue sans accent, il est beaucoup plus difficile de « parler une culture » sans accent.[14] J'ajouterais qu'il vient un moment où on en perd l'ambition. Alors que, dans les premiers temps de l'acculturation, précisément dans la phase où l'on en est le moins capable, on est animé, comme les travestis, du désir de « passer », on finit par vouloir garder son « accent » culturel. À ce stade, d'ailleurs, cet accent n'est plus pur. Ce n'est plus l'accent d'origine. L'expérience de l'étranger, qui est peut-être le paradigme de toute expérience, vous a changé en profondeur.

Je ne chercherai donc pas à taire le souvenir de moments d'humeur. L'évocation occasionnelle de mes propres réactions, celles de mes interlocuteurs ou encore celles de connaissances françaises vivant en Allemagne et *vice versa* n'a pas pour fonction de mettre en avant nos personnes. Reconstituer ces jugements de valeur spontanés qui s'expriment dans les réactions épidermiques ne signifie pas qu'on les érige en absolu. Ces réactions spontanées donnent simplement la mesure de l'étrangeté d'une culture par rapport à l'autre. Tracer les malentendus est une manière de les autopsier, sinon de les guérir. Ce que l'on va lire est donc un peu le récit d'un processus d'acculturation. Je ne dissocierai pas les « résultats » de l'itinéraire qui y a conduit. Et je ne cacherai pas non plus les bouffées d'utopie – l'envie, parfois, de

---

14 *Évidences invisibles*, Seuil, 1987.

transposer dans un pays ce qu'on aime dans l'autre et réciproquement – que suscite la vie entre les cultures.

Le projet de présenter une culture – les façons d'agir, mais aussi de penser et de sentir, les représentations, les valeurs, en un mot le *software of the mind* d'un groupe[15] – pose quelques problèmes de méthode. Et d'abord celui de la validité des jugements formulés : décrire ce qui est typiquement allemand, fût-ce à partir de situations et d'anecdotes concrètes et vécues, conduit en effet à tirer des conclusions qui vont dans le sens de la généralisation et de la typification. La tentative de mettre en évidence des traits collectifs conduit fatalement à des jugements généraux. Est-il possible – et souhaitable – de généraliser sans tomber dans le stéréotype ?

Je connais trop bien l'exaspération qu'on ressent quand on est – souvent bien malgré soi – en position de témoin de sa propre culture. L'exaspération est à son comble quand l'interlocuteur a la prétention d'être un spécialiste et vous assène votre identité d'origine. Réciproquement, je suis régulièrement exaspérée par une certaine « compétence » française sur l'Allemagne dont j'ai presque toujours envie de prendre le contre-pied. Ces images paraissent décalées, légèrement figées. Elles semblent courir après la confirmation de leurs prémisses. Et pourtant, cette différence collective existe. Elle s'éprouve très concrètement dans le quotidien. C'est une chose que tous ceux qui ont été un beau jour immergés dans une autre culture, que ce soit d'une manière voulue ou subie, dans l'euphorie du dépaysement ou dans la souffrance de l'arrachement, ont ressentie. C'est un fait d'expérience qui demande à être pensé en tant que tel.

À quelles conditions peut-on donc tenir un discours fondé sur la différence culturelle ? Il est clair tout d'abord qu'il ne s'agit que d'une norme moyenne, par rapport à laquelle toutes les variations individuelles sont possibles. L'empreinte culturelle, même si elle détermine

---

15 Cf. Geert Hofstede, *Cultures and Organization : Software of the Mind*, Londres, McGraw-Hill Book Company, 1991.

une certaine prédictibilité des comportements, ne préjuge pas entièrement de ce que vont en faire les individus, toujours libres de se définir contre elle, de l'aménager et, le plus souvent, d'ignorer à quel point ils sont façonnés par elle.

On pourrait risquer une comparaison entre la différence culturelle et la différence sexuelle. Dans les deux cas, la différence est un fait qui s'éprouve dans l'expérience. Dans les deux cas aussi, elle est difficilement assignable à une nature immuable qui serait donnée une fois pour toutes. La différence entre les cultures est même encore moins assignable à une essence ou à la nature que la différence sexuelle, sauf à croire à une théorie mécanique des climats. Elle est, plus exclusivement encore que la différence sexuelle, une construction historique. Le propre des conditions « naturelles » étant de se fondre avec d'autres déterminations, elles en perdent leur spécificité. Il faut une culture pour interpréter la nature et lui donner sens.

Travailler en prenant pour point de départ les expériences de malentendu culturel conduit aussi à minimiser les ressemblances au profit des différences. Or il existe manifestement entre ces deux pays européens que sont la France et l'Allemagne des traits culturels communs qui s'enracinent dans un destin historique commun.

Il faut également justifier le choix d'échelle que constitue la dimension nationale. Une communauté nationale est une culture, au sens anthropologique du terme. Mais les cultures ne sont pas toutes nationales. Il existe autant de cultures qu'il existe de groupes humains et de vecteurs constitutifs d'un groupe. On peut parler de la culture d'une génération, d'une classe d'âge, d'une profession, d'une entreprise, d'un milieu social, d'une organisation politique, d'une religion, d'une région. Ces derniers vecteurs constituent des cultures plus petites, des sous-cultures de la culture nationale. Certains ensembles culturels sont transnationaux (on peut parler d'une culture protestante, par exemple). On peut également envisager des ensembles culturels à plus grande échelle et se demander s'il existe une culture européenne, qui se manifesterait par opposition à un autre grand groupe, la culture nord-américaine ou les cultures asiatiques. Pourquoi, donc, parler des Allemands – et pas des Autrichiens ou des Suisses allemands ? Et pourquoi des Allemands en général – de tous les Allemands, alors que les Allemands ont une forte conscience régionale et qu'un Bavarois dira volontiers qu'il ne se sent rien en commun avec un protestant du nord de l'Allemagne ? Parce que le cadre national étatisé reste un principe fondamental d'organisation de nos sociétés et donc une échelle pertinente pour l'analyse culturelle.

Dans l'Allemagne réunifiée se pose malgré tout la question des différences culturelles et des relations entre Ossis et Wessis (entre les habitants de l'ex-RDA et ceux de l'ex-RFA). Cette différence, qui a d'ailleurs déjà fait l'objet d'analyses en termes de choc culturel, n'est pas mon objet ici.[16] Je n'aborderai le problème des relations entre Ossis et Wessis que lorsque le malentendu culturel inter-allemand met en évidence des traits caractéristiques de la mentalité ouest-allemande. Qu'on s'en réjouisse ou non, à tort ou à raison et plutôt, d'ailleurs, à titre d'hypothèse de travail, je considèrerai la mentalité ouest-allemande comme dominante ou en voie de supplanter celle de l'ex-RDA dans les Nouveaux Länder. Certains traits culturels de l'Est, induits par 40 ans de socialisme, mettent en valeur, par différence, la spécificité (ouest-) allemande.

Enfin, ces observations portent sur l'Allemagne d'aujourd'hui et seulement sur elle. Pour être collectifs, les traits qui définissent une communauté culturelle n'en sont pas moins datés historiquement. Ils représentent un moment du développement diachronique d'une culture, soumise à l'interaction avec d'autres événements qui la modèlent et la transforment de l'intérieur et de l'extérieur. Les cultures ne sont pas statiques. Il se peut donc que ce que j'écris dans les pages qui suivent cesse dans quelques années d'être pertinent sous l'influence de la construction européenne, d'un bouleversement des équilibres

---

16 Voir par exemple Wolf Wagner, *Kulturschock Deutschland*, Hambourg, Rotbuch Verlag, 1996.

démographiques en Europe occidentale ou de quelque autre mutation que je ne me risquerai pas à prévoir. Ainsi formulée, cette précaution a l'air d'un truisme. Sur le principe, tout le monde est d'accord pour condamner les concepts et les méthodes d'une psychologie des peuples essentialiste, faisant des identités collectives une essence naturelle. On n'oubliera pas que cette *Völkerpsychologie* s'est forgée, entre autres circonstances, dans l'hostilité franco-allemande du XIXe et de la première moitié du XXe siècle. Mais, comme je l'ai signalé plus haut et au risque de me répéter, la lecture de la presse et de certains ouvrages spécialisés sur l'Allemagne, avec leur discours ontologique jusqu'à plus soif (mettant en garde contre les vieux démons allemands, l'autoritarisme allemand, la menace de la suprématie allemande, de l'Europe allemande, etc.) peuvent donner des doutes et l'on ne martèlera sans doute jamais assez ce point de méthode et de morale à la fois. Outre ce discours essentialiste stupide, la confusion entre l'histoire et son ombre portée a des conséquences assez déplaisantes. Elle est solidaire d'une conception du devenir historique qui privilégie abusivement les constantes au détriment des ruptures. Dès qu'il est question de l'Allemagne, curieusement, tout se passe comme si l'Histoire n'était plus une dialectique entre forces de transformation et forces de permanence mais seulement la répétition du même, le déploiement d'une essence allemande fondamentalement stable sous des avatars variés, dont les transformations seraient inessentielles, superficielles par rapport à la manifestation des constantes. Les traits anthropologiques que l'on prête aux Allemands sont vus comme des essences éternelles, au mépris du caractère historiquement daté de tous les phénomènes de mentalité collective. Or cette projection d'histoire sur le présent ne rend pas justice aux transformations de la société allemande, au travail que cette société a accompli sur elle-même en cinquante ans et dont on semble, en France, ne pas avoir vraiment saisi ni l'ampleur ni la véritable nature. Il faut refuser cet essentialisme simpliste. Il y a des héritages et des traditions, mais aussi des ruptures et des bifurcations. Je n'ai pas la prétention de produire ici une théorie du changement culturel. Mais j'ai bien l'intention de ne pas illustrer une conception statique de la culture. Il faut accepter l'idée que dans la recomposition des caractéristiques culturelles d'un groupe donné, il y ait des pertes et des créations. Ces créations ne se font pas ex nihilo, mais leur résultat constitue un nouvel état culturel, différent des précédents. Ce n'est pas du révisionnisme ou de l'oubli de l'histoire que de mettre en garde contre un abus ou un mauvais usage de l'histoire comme principe explicatif ultime et systématique.

Cette présentation de la spécificité culturelle de l'Allemagne par rapport à la France pourra sembler en décalage par rapport à ce que l'opinion française retient de l'actualité allemande. Je ne parlerai pas, par exemple, de la violence d'extrême droite contre les Turcs ou les demandeurs d'asile. Non que je sous-estime la gravité du problème. Mais je n'en parlerai pas ici parce que cette violence, si elle est bien un problème de société, est le fait d'un groupe minoritaire et qu'elle n'est pas représentative d'un trait de mentalité que l'on pourrait considérer comme typique des Allemands d'aujourd'hui.

Ma présentation sera aussi lacunaire. Pour faire un tableau complet de la société allemande, il faudrait parler des différents milieux sociaux et professionnels qui la composent, du monde de l'entreprise, de la politique, des médias, des communautés immigrées, etc. Ce que je voudrais décrire est à la fois plus fondamental et plus modeste : un dénominateur commun, avant la spécialisation sociale, régionale ou professionnelle.

Enfin, il m'est impossible de donner de l'Allemagne une image homogène, logiquement articulée de part en part. Certaines choses paraissent plus modernes qu'en France, d'autres presque traditionnelles. Il est impossible de ramener tous les éléments observés à un principe explicatif unique, tel que le protestantisme ou le *Sonderweg* (littéralement le chemin spécifique, à part, l'équivalent allemand de *l'exception française*). J'essaierai de garder une certaine prudence dans l'interprétation des faits, quitte, dans certains cas, à me contenter de les décrire sans chercher à les ramener à des principes explicatifs trop abstraits. Cette précaution me semble s'imposer dans la mesure où l'on est souvent tenté de plaquer un court-circuit interprétatif sur la réalité allemande. Il faut donc accepter des disparités dans les niveaux d'analyse. La différence n'est pas toute d'une pièce. Certaines oppositions entre la France et l'Allemagne renvoient à des continuités culturelles anciennes, d'autres à des expériences collectives récentes qui remontent à vingt ou trente ans. Il faut aussi compter avec l'inventivité des sociétés qui créent des institutions et des formes de relations nouvelles.

J'ai eu envie d'écrire ce livre à un moment où j'ai eu le sentiment que les pièces de mon propre puzzle allemand commençaient à s'assembler et à produire une image cohérente, mais aussi parce que je voulais réagir à certaines tendances du discours français actuel sur l'Allemagne. Il me semble que quiconque a vécu en Allemagne et partagé le quotidien des Allemands – j'entends par là quiconque a travaillé, consulté un médecin, fréquenté les camarades de classe de ses enfants et leurs parents, parlé aux enseignants, participé à une manifestation, dîné avec ses voisins, souhaité à ses proches leur anniversaire dans les règles… – ne peut en rester aux clichés d'un peuple dépourvu d'humour et fasciné par l'autorité, grégaire et prêt à sombrer à nouveau dans le nazisme dès que l'occasion s'en présentera.

On ne s'étonnera pas de l'humilité délibérée de mon propos. Je ne chercherai pas à démontrer que les Verts sont la réincarnation d'un génie national allemand qui se serait manifesté d'abord chez les Romantiques, puis chez les Nazis. Il sera ici question de parents et d'enfants, des différentes manières qu'ont les Allemands et les Français de se justifier quand ils se font pincer sans billet dans le métro, de la réaction à avoir face aux crottes de chien, de la manière d'envisager sa carrière ou ses loisirs ; bref, d'objets en deçà de l'habituel seuil de perception des observateurs français de l'Allemagne. Ces objets sont de nature à faire sourire les historiens et les politologues sérieux. Pour futiles qu'ils paraissent, ils n'en constituent pas moins la chair de l'existence et sont, à ce titre, de petits bouts d'histoire.

PREMIÈRE PARTIE
ANNÉES DE FORMATION

PREMIÈRE PARTIE : ANNÉES DE FORMATION

Chaque société a sa façon d'éduquer les enfants. L'éducation, au même titre que les habitudes alimentaires, la manière de conduire une voiture ou de faire la queue à un guichet, est soumise à des modèles collectifs. Au sens le plus large des manières d'être et de faire avec les enfants, elle a même doublement partie liée avec ces modèles : elle en est tributaire, mais elle contribue aussi à les reproduire. Elle façonne les futurs adultes, leur vision de l'existence et leurs orientations à venir. C'est donc un révélateur puissant des valeurs d'une société et, à ce titre, un matériau de choix pour l'observation des différences entre deux cultures.

La question des attitudes éducatives est complexe. Elle recouvre à la fois les pratiques, mais aussi l'idéal qui les inspire, la représentation qu'une culture se fait du bien éducatif, ce dont la description des seules pratiques ne saurait rendre compte. Il faut donc essayer aussi de reconstruire le système de valeurs qui sous-tend ces pratiques, même s'il ne se confond pas toujours avec elles.

L'éducation met en jeu des questions fondamentales : la définition de l'individu, de sa vocation, de ses rapports avec autrui et de sa place dans la société. Je reviendrai par la suite sur chacun de ces points séparément, mais j'aimerais d'abord montrer comment la culture allemande contemporaine, dans sa manière d'être avec les enfants, noue ce faisceau de questions.

Pour le dire en deux mots et d'une manière encore un peu abstraite, l'attitude éducative allemande est plus centrée sur l'enfant. Elle est ainsi à la fois plus protectrice, voire plus inquiète, tout en étant beaucoup plus non-directive, s'interdisant de projeter sur l'enfant trop d'attentes adultes ; alors que l'attitude éducative française voit déjà dans l'enfant l'adulte futur, sans éprouver la crainte, si typiquement allemande, de détruire en lui sa part d'enfance.

Premiers gestes

Lorsque l'enfant paraît, l'attitude française consiste – pour schématiser – à penser que tout va très bien jusqu'à preuve du contraire ; et que, s'il y a la moindre difficulté, on (la science, la médecine...) pourra faire quelque chose.[1] L'attitude allemande, au contraire, s'inquiète d'emblée de tout ce qui pourrait aller mal et à quoi il faut parer à l'avance. En France, les conseils des puéricultrices ou du pédiatre se veulent rassurants et déculpabilisants (« les bébés pleurent, c'est normal, ne vous en faites pas ») ; en Allemagne, ils cherchent à donner aux parents une pleine conscience de l'ampleur de leur tâche : on insiste sur la fragilité du nourrisson, sur tous les dangers qui le guettent. En France, on se fait un devoir de vous dire que les examens ne sont que de la routine et on vous fait des compliments sur votre bébé ; le pédiatre allemand insiste d'un air grave sur l'importance de la radio de la hanche « au cas où ». Les différents pédiatres que nous avons connus à Berlin m'ont souvent donné l'impression d'être inquiets, même et surtout dans les cas où il n'y avait pas lieu de l'être. Dans les cas où il y avait lieu de se poser des questions, je ne les ai pas trouvés plus alarmistes que les médecins français, ce qui inciterait à penser que leur inquiétude normale fait partie de la manière dont ils conçoivent leur rôle. Je me suis très souvent sentie culpabilisée par leur discours, comme si tout ce qui arrive aux enfants, des rhumes aux bosses, était la faute des parents : votre enfant a une otite, c'est que vous ne l'avez pas bien mouché ; il s'est cogné, c'est que votre appartement n'est pas *kindergerecht,* adapté aux enfants...

---

1 Je reviendrai sur la naissance, ce qui la précède et ce qui la suit dans la deuxième partie « Le Souci de soi ».

Kindergerecht

La littérature éducative allemande, l'équivalent local de Laurence Pernoud et de Françoise Dolto, m'a souvent paru presque vexante à force de mettre en garde les parents et d'anticiper sur leurs insuffisances potentielles. J'ai été frappée notamment par le souci de rappeler à tout bout de champ que l'enfant, pour se développer, a besoin de tout l'amour de ses parents – et encore bien plus de sa mère –, comme si ce n'était pas évident et qu'il soit utile de le rappeler.[2] En tant que lectrice, j'avais l'impression qu'on doutait de moi. Jamais en France un livre destiné aux parents ne penserait à leur reprocher par avance de ne pas assez aimer leurs enfants. On penserait à la rigueur à leur dire comment le manifester d'une manière susceptible d'être bien reçue. L'amour – maternel surtout – se doit d'être démonstratif. Je me souviens d'avoir été prise à partie une fois par une maman parce que je ne consolais pas avec assez d'amour mon fils qui était tombé du toboggan. Inversement, je suis souvent un peu agacée par ce qui me paraît une démonstration envahissante d'amour maternel.

La littérature spécialisée diverge également quant à la quantité de sommeil nécessaire au nourrisson – bien plus élevée en Allemagne –, sur le moment où il convient d'introduire les aliments solides – bien plus précoce en France. Les manuels allemands se refusent à hâter les évolutions, alors que les manuels français veulent traiter le bébé « comme un grand ».[3]

---

2   Je relève parmi les titres d'un catalogue de littérature parentale un ouvrage sur les prématurés qui s'oppose au « tout technique », *Frühchen brauchen Liebe* (*Les prématurés ont besoin d'amour*). Je ne crois pas qu'en France un livre avec un message semblable (ne pas abandonner le prématuré à la solitude de la couveuse) l'aurait fait dans ces termes.

3   Je passe sur d'autres oppositions que je ne parviens pas à interpréter en termes de mentalité. Ces préceptes contradictoires n'en sont pas moins assénés dans l'un et l'autre pays avec beaucoup d'autorité comme étant la seule manière de bien faire : en France, on m'avait appris à nettoyer les yeux avec un bout de gaze de l'intérieur vers l'extérieur ; en Allemagne, il était impératif d'aller de l'extérieur vers l'inté-

L'allaitement maternel est beaucoup plus répandu – et aussi beaucoup plus long, couramment jusqu'à un an et même au-delà. J'ai nourri Mi., qui est née en France, mais a fait plusieurs fois la navette entre la France et l'Allemagne au cours de sa première année, pendant six mois. Vers quatre ou cinq mois, le pédiatre français, consulté pour un vaccin, s'en est étonné, un peu comme s'il avait affaire à une curiosité ethnologique. Vers sept mois, le pédiatre allemand, consulté pour le rappel du même vaccin, m'a reproché de l'avoir sevrée, ce qui n'était certainement pas « dans l'intérêt de mon bébé ». L'allaitement est non seulement encouragé, mais présenté par une abondante littérature spécialisée, par tous les magazines de psychologie de l'enfant et les dépliants qui traînent dans la salle d'attente des pédiatres, comme le choix normal, auquel on ne se soustrait pas sans raisons médicales valables. En France au contraire, la documentation de la *Leche League* n'est diffusée que de manière confidentielle et la littérature parentale n'insiste que pour la forme sur la supériorité de l'allaitement maternel, s'efforçant surtout de déculpabiliser le biberon (« Vous pouvez créer un lien affectif fort avec votre bébé même si vous ne le nourrissez pas »). J'ai feuilleté récemment dans une librairie féministe du quartier un livre qui encourage à allaiter ses enfants au-delà d'un an : « Un enfant qu'on allaite encore alors qu'il marche déjà est devenu une chose rare dans le monde occidental » déplore la quatrième de couverture. Le livre voudrait malgré tout encourager « à considérer la poursuite de l'allaitement comme une base essentielle pour l'existence ». Il va sans dire qu'un tel livre n'est pas suivi à la lettre par la majorité des mères. Mais il érige en modèle un contact fusionnel prolongé avec la mère, dont l'Occident aurait malheureusement perdu l'habitude. « Je suis sûre », me dit au contraire une amie française à qui j'expose la doctrine allemande en la matière, « qu'un

---

rieur. Dans les deux cas, le conseil était asséné sur un ton qui laissait entendre qu'il aurait été très préjudiciable à l'enfant de faire autrement, qu'il y allait de votre responsabilité de parent, etc.

allaitement prolongé au-delà d'un an empêche les enfants de bien se socialiser ». Je ne veux pas prendre ici parti pour ou contre l'allaitement prolongé, mais je ne peux que constater le caractère diamétralement opposé des convictions spontanées concernant le bien de l'enfant.

Même l'habillement est différent. En Allemagne, on a toujours peur que le bébé ait froid et on le couvre. Là où un bébé français porterait seulement une brassière en coton et un babygros, on met au bébé allemand plusieurs pelures supplémentaires, dont au moins une en laine, même s'il ne doit pas sortir (le tricot maison, en grosse laine et point mousse, remis à la mode par le courant alternatif, a toujours beaucoup de succès). Même en été, on lui fait porter un bonnet en coton sur la tête pour le protéger des courants d'air. Le climat à lui seul ne saurait expliquer cette crainte excessive de lui voir prendre froid et j'y vois un désir de le protéger, de l'entourer d'un cocon douillet.

Il est sans doute difficile d'affirmer que les bébés allemands pleurent davantage. Il me semble cependant que les pleurs tiennent une place plus importante dans la vie des parents. J'ai entendu ici beaucoup plus souvent des histoires épouvantables de bébés qui empêchent leurs parents de dormir pendant des années. Au point que j'ai fini par me demander quelle en était la cause : les bébés français sont-ils plus précocement « dressés » à ne pas pleurer parce qu'on ne les prend pas systématiquement quand il pleurent ? Ou bien est-ce seulement parce que les pleurs sont une plus grande source d'angoisse pour les parents allemands ?

Quoi qu'il en soit, on ne laisse pas pleurer un enfant. C'est là la manifestation principale de l'attitude « non-directive » (*antiautoritär*) dans les premiers mois de la vie, attitude qui se refuse à imposer autoritairement des horaires fixes. On ne considère plus qu'avec horreur les préceptes du Dr. Spock qui préconisait de laisser pleurer l'enfant jusqu'à l'heure de la tétée pour ne pas le rendre capricieux. Une collègue avait amené à la fac son bébé de quelques semaines. Je faisais des risettes au bébé et je lui dis (en français) : « Alors tu es sage, la nuit ? » Et la maman (qui parlait très bien français puisqu'elle l'enseignait) de me répondre vertement : « Les bébés n'ont pas à être sages. On ne les dresse pas pour qu'ils tètent à heure fixe. » Dans mon esprit, il ne s'agissait que d'une question indirecte à la maman, à qui je demandais si son bébé pleurait la nuit. Mais le mot français « sage » a évoqué dans son esprit les enfants « sages comme des images », passifs parce qu'on leur a appris à se taire. Les enfants « sages » sont suspects. Suspects d'avoir été mutilés de leur vitalité naturelle.

Une amie allemande était venue nous voir après la naissance de Mi. Ce jour-là, Mi. ne voulait pas s'endormir, alors qu'elle n'avait pas dormi de tout l'après-midi et qu'elle était manifestement à bout de nerfs. Elle criait même quand on la prenait sur les genoux. Je l'avais donc couchée en me disant que c'était ce qu'il y avait de mieux à faire, même si elle devait pleurer un peu avant de trouver le sommeil. L'amie avait été choquée que je la laisse pleurer, elle y avait vu un manque d'amour.

Ne pas laisser pleurer un enfant – et le nourrir de préférence au sein et à la demande – est une façon de s'adapter à son rythme, de le traiter comme une personne et non pas comme un tube digestif qu'il conviendrait de réguler. Le refus de manipuler l'enfant pour l'adapter au rythme des adultes repose aussi sur la conviction que le bébé sait spontanément ce qui est bon pour lui et qu'il faut respecter cette sagesse naturelle. En outre, il serait non seulement vain, mais égoïste de chercher à lui imposer des horaires au seul motif que cela convient mieux aux adultes.

En France aussi, on est revenu des préceptes du Dr. Spock et de sa rationalisation hygiéniste de l'art d'accommoder les nourrissons. Une meilleure connaissance du développement affectif et cognitif des tout petits a contribué à remettre en cause les dogmes des années 1960. Mais en Allemagne, le retour du balancier a été plus radical, peut-être aussi parce que ces dogmes, en raison d'une modernisation plus rapide, ont été pris plus au pied de la lettre dans les décennies de l'après guerre. Parti de la contre-culture alternative, le refus de l'éducation dans le style du Dr. Spock a fini par imprégner aujourd'hui la mentalité dominante. Vue d'Allemagne, la France aurait conservé à cet égard un petit côté « années 1960 ».

L'inspiration ethnologique

Tout est mieux chez les autres, et de préférence chez les ressortissants de cultures non-européennes. Le livre de l'anthropologue américaine Jean Liedhoff décrivant les pratiques des Indiens Yequana dans l'Amazonie vénézuelienne intitulé en allemand À la recherche du bonheur perdu est depuis plus de vingt ans un best-seller.[4] Dans cette culture, la naissance n'est pas synonyme pour l'enfant d'une séparation d'avec la mère. Les enfants continuent à être portés quasiment en permanence, ils restent en contact avec le corps de la mère, ne sont pas contraints par le rythme de la civilisation industrielle à dormir à heures fixes. L'amie qui m'a fait connaître ce livre me présentait l'éducation chez les Yequana comme un modèle d'éducation *antiautoritär*, respectueuse des rythmes de l'enfant. Ce tableau idyllique a été reçu comme un idéal perdu, comme un modèle de ce qu'il faudrait faire ou au moins essayer de transposer aux sociétés occidentales. Les attitudes éducatives allemandes (et pas seulement elles) sont très imprégnées de cette nostalgie teintée de culpabilité pour un point d'équilibre mythique qui aurait été détruit par le monde moderne.

Ainsi s'explique, par exemple, la mode du *Tragetuch*. Tout le monde en Europe utilise des kangourous et autres porte-bébé. Mais c'est en Allemagne qu'on a remis à la mode de porter les enfants sur le dos ou sur le ventre dans un grand foulard, à la manière des femmes

---

4 *Auf der Suche nach dem verlorenen Glück*, Munich, Beck, 1980. La différence entre le titre original et celui de la traduction allemande est significative. Le titre anglais était plus technique : *The concept of continuum*. Le titre allemand s'accompagne en outre d'un sous-titre : *Contre la destruction de notre capacité de bonheur dans la petite enfance*.

africaines ou indiennes. Le *Tragetuch* est plus qu'une simple commodité comme le siège-auto ou la poussette. C'est toute une philosophie des besoins véritables de l'enfant : proximité plus grande avec le corps de celui qui le porte, possibilité de dormir quand il en a envie sans quitter le corps de l'adulte, sentiment de sécurité, bienfaits du bercement par les mouvements de l'adulte qui lui rappellent sa vie prénatale, plus grand confort pour l'adulte comme pour le bébé que dans un sac-à-dos, possibilité pour l'adulte de faire autre chose tout en portant l'enfant. Pour avoir eu un *Tragetuch*, je peux témoigner que c'est effectivement très pratique. On peut suivre des séminaires pour apprendre les différents nœuds qui permettent de porter le bébé devant, sur le dos ou sur la hanche et être initié à la philosophie du portage.[5]

Au nom de la nécessaire proximité entre parents et nourrissons, certains vont même jusqu'à mettre à mal un des principes sacro-saints de l'éducation occidentale moderne – que chacun dorme dans son lit et surtout pas les enfants dans celui des parents. J'ai feuilleté chez une amie un livre dont le titre était *À trois dans un lit*. Ce livre vantait les bienfaits psychiques (pour le nourrisson comme pour ses parents) et pratiques (on n'a pas à se lever quand il pleure la nuit) de cette façon de faire. Il se prévalait aussi d'habitudes courantes dans des cultures non-européennes ou dans des temps plus anciens.

---

[5] Parfois, c'est une sage-femme enthousiaste qui met le *Tragetuch* au menu d'une séance de gymnastique post-natale. La patronne de mon magasin favori de vêtements d'enfants à Kreuzberg m'a expliqué un jour que la marque Didymos, à qui revient la paternité (maternité?) du *Tragetuch* et qui fabrique les plus beaux et aussi les plus chers, a mis spécialement au point son modèle en s'inspirant des diverses techniques de portage africaines, asiatiques et sud-américaines. Mais il a fallu adapter ces techniques aux compétences des mères occidentales, notoirement inférieures à celles des mères d'autres cultures, cela s'entend, en sorte qu'il leur fallait une méthode de portage facilité.

Être parent, une responsabilité qui ne se délègue pas

Le bébé allemand requiert la présence constante de l'un de ses deux parents au moins, la littérature parentale est unanime sur ce point. C'est seulement dans l'intimité du foyer et en compagnie des êtres qui lui sont familiers que l'enfant se développe d'une manière satisfaisante. Dans ces conditions, on comprend que la responsabilité parentale ne se délègue pas. Confier son bébé à une nounou ou le mettre à la crèche est sinon un petit crime, du moins une décision qui s'entoure de beaucoup de précautions. La séparation entre l'enfant et ses parents, entre l'enfant et son foyer est frappée d'un tabou : *Ich will mein Kind noch nicht abgeben*, je ne veux pas encore donner mon enfant à garder. *Abgeben* signifie presque se débarrasser de l'enfant, l'abandonner. *Du willst doch nicht dein Kind abgeben* ? Tu ne vas quand même pas donner ton enfant à garder (sous entendu : alors qu'il est si jeune…) ? Combien de fois ai-je entendu cette phrase dans la bouche d'amies bien intentionnées, mais aussi dans celle des employées de la mairie s'occupant d'attribuer les places à la crèche (« Faut-il vraiment que vous recommenciez à travailler si vite ? »). Quand Mo. a eu un an, le pédiatre a refusé de signer le certificat médical demandé par la crèche, au motif qu'une institution collective était psychiquement préjudiciable à un enfant de cet âge.

La mauvaise mère se dit en allemand *Rabenmutter* (mère corbeau), ce par quoi la langue stigmatise la mère insuffisante, alors que le français inviterait au contraire à se défier de la mère poule, de la mère excessive. Ces étiquettes qu'une langue met ou ne met pas à votre disposition résument à elles seules des conceptions du parentage aussi diamétralement opposées que possible. Une culture suspecte a priori ses parents d'en faire trop, l'autre de ne pas en faire assez. En Allemagne, le parent est toujours suspect d'avoir voulu fuir ses responsabilités, de les avoir déléguées. Et on délègue parce qu'on n'y arrive pas : *sein Kind abgeben* a un arrière-goût de démission.

Me prévalant de ma différence de mère française, j'ai toujours travaillé. Qui pis est, je suis toujours absente de mon domicile et donc indisponible pour la famille deux jours par semaine, pendant lesquels j'enseigne à 200 km de mon domicile. Mot gentiment ironique d'une collègue avec qui je dînais au restaurant : « Que deviennent tes enfants négligés ? (*verwahrlost*) ? »

On a pris très au sérieux en Allemagne les résultats de cette enquête américaine affirmant que les enfants gardés à l'extérieur de leur domicile par une nounou ou dans une crèche présentent par la suite toutes sortes de symptômes tels qu'agressivité, difficultés de concentration ou comportement asocial. Ce résultat confirme la vision allemande des choses. Et les médias allemands de réclamer en chœur « plus de temps pour les enfants ».[6] En revanche, l'autre volet de l'enquête, qui montrait que les enfants gardés hors de leur domicile parlaient mieux et étaient plus dégourdis que les enfants gardés chez eux, ne semble pas avoir retenu l'attention de l'opinion publique. Pas plus d'ailleurs qu'une enquête française dont les résultats montrent que, dans des conditions semblables (présence des deux parents à la maison, structure familiale et niveau socioculturel comparables), les enfants gardés à l'extérieur ont des compétences langagières supérieures. Chaque culture, à partir de ses valeurs propres, sélectionne ce qui l'intéresse et trouve des résultats différents ! Spontanément, la doxa psychologique française dirait plutôt que c'est une bonne chose pour les enfants – et pour les parents, bien sûr – d'être un peu séparés les uns des autres ; que les enfants, même tout petits, ont besoin d'adultes de référence en dehors des parents, que ce soient les puéricultrices à la crèche, la maîtresse, les grands-parents ou une jeune fille au pair. La doxa psychologique française insiste sur l'importance

---

6 « Mehr Zeit für Kinder » est actuellement le slogan d'une campagne d'affiche du ministère de la famille. C'est aussi une allusion au titre d'un livre d'un ténor de la pédagogie réformée dans les années 1970, Ekkehard von Braunmühl, *Zeit für Kinder*, Fischer, Francfort / Main, 1978.

d'une socialisation diversifiée, là où la doxa allemande insiste sur l'intimité du foyer et la continuité de la présence parentale.

L'honnêteté m'oblige à préciser que nous n'avions pas hésité à mettre nos aînés, avec la précocité que j'ai dite et après avoir finalement obtenu d'un autre pédiatre le fameux certificat médical, dans un jardin d'enfants de Berlin-Est. Le nombre des places disponibles dans les jardins d'enfants et crèches de notre arrondissement de l'Ouest (Kreuzberg à l'époque) était désespérément inférieur à la demande (une liste d'attente de trois ans : les enfants auraient eu l'âge d'entrer à l'école ou presque).[7] Ce jardin d'enfants de Berlin-Est était public et accueillait les enfants de 1 à 6 ans, remplissant donc à la fois les fonctions d'une crèche et d'une maternelle. Tollé parmi nos connaissances et amis de l'Ouest : non contents de donner nos enfants à garder (*abgeben* !) à une institution, nous les mettions dans un jardin d'enfants de l'Est !

La hantise du collectivisme éducatif

On touche là à un point très fondamental des différences entre Ossis et Wessis. Le gouvernement de la RDA, dont le but était au départ de libérer les femmes des tâches éducatives pour qu'elles soient disponibles pour la production, avait, après divers tâtonnements, mis en place un système qui combinait un congé de maternité généreux (un an) et des structures pour accueillir les enfants à partir d'un an

---

[7] Les choses ont un peu changé en dix ans en raison de la baisse continue de la natalité. Mais au début des années 1990, nous n'étions manifestement pas les seuls parents de l'Ouest cherchant désespérément à l'Est une place de jardin d'enfants. Pour les jardins d'enfants des arrondissements de Berlin-Est limitrophes de Berlin-Ouest, accueillir les enfants surnuméraires de l'Ouest a été, dans un premier temps, une manière de pallier la dénatalité brutale qui s'est abattue sur l'ex-RDA après la réunification et d'empêcher la fermeture de ces établissements. Entre temps, le recul de la natalité est tel dans les Nouveaux Länder que beaucoup des jardins d'enfants et crèches ont fermé.

couvrant la demande. Pour les femmes d'Allemagne de l'Est, mettre son enfant à la crèche et travailler était une chose normale qui ne suscitait pas d'états d'âme particuliers. Cette attitude, au fond assez proche de l'attitude française, contraste violemment avec ce que des sociologues ont appelé le « privatisme » de la philosophie éducative ouest-allemande, c'est-à-dire, aujourd'hui, allemande tout court.[8] L'absence de structures pour l'accueil des jeunes enfants en Allemagne (de l'Ouest) est en réalité un choix de société. Il fait l'objet d'un consensus : les pouvoirs publics ne considèrent pas comme une priorité le développement de structures pouvant accueillir virtuellement tous les enfants d'âge préscolaire et ce n'est pas non plus une véritable attente de la part de l'opinion publique. On éprouve des réticences à mettre son jeune enfant dans une institution collective. On a peur des conséquences psychiques néfastes de cet abandon trop précoce. Dans un livre qui a été un best-seller de la littérature parentale, l'auteure, qui est une féministe connue, met en garde contre le prix du « sevrage précoce ». La séparation trop précoce de l'enfant d'avec sa mère se paye de carences affectives et de troubles du comportement.[9] *Sein Kind abgeben* est une solution à laquelle on ne recourt qu'en cas de nécessité et, très vraisemblablement préjudiciable à l'enfant. Il est pour cela préférable d'attendre que

---

8   Cf. Franz Schultheis, « Familiale Lebensformen, Geschlechterbeziehungen und Familienwerte in Deutschland und Frankreich » (Formes de vie familiale, relations entre les sexes et valeurs familiales en France et en Allemagne), in Renate Köcher / Joachim Schild (éd.), *Wertewandel in Deutschland und Frankreich. Nationale Unterschiede und europäische Gemeinsamkeiten* (Évolution des valeurs en France et en Allemagne. Différences nationales et traits communs européens), Opladen, Leske und Budrich, 1998, p. 207–225. Cf. aussi « Les Européens et la famille », *Eurobaromètre*, 1993.

9   Barbara Sichtermann, *Vorsicht Kind* (*Attention, enfant*), Berlin, Wagenbach, 1982. Ce livre affirme à la fois la nécessité de ne pas séparer l'enfant de sa famille et de son foyer, mais aussi la nécessité pour les mères de ne pas être rivées à leurs enfants. Il plaide donc à la fois pour une émancipation – partielle – des femmes du rôle maternel traditionnel, mais place aussi très haut la barre de ce qui est dû à l'enfant.

l'enfant ait au moins deux ans, trois si possible, et qu'il soit *gruppenfähig* (capable de vivre en groupe).

J'ai entendu un jour une dame d'un certain âge (i.e. dont les enfants étaient petits dans les années 1960) dire : « aucun de mes enfants n'a dû aller à la crèche ni au jardin d'enfants », comme si c'était une solution réservée aux familles nécessiteuses ou aux filles-mères obligées de travailler. L'attitude des générations suivantes – même de la mienne – n'a pas fondamentalement changé, du moins en ce qui concerne les premières années, même si les motivations sont différentes. On ne considère plus que la place des femmes soit nécessairement à la maison avec les enfants, mais on est persuadé que l'enfant ne doit pas être arraché à l'intimité de son foyer. On est si convaincu de la nécessité d'un rapport fusionnel entre l'enfant et ses parents que la défiance vis-à-vis des modes de garde collectifs (crèche ou nounou) reste forte.

Cette défiance augmente d'ailleurs avec le niveau socioculturel – alors qu'en France ce serait plutôt le contraire.[10] Elle est partagée par ce qu'on appelle en Allemagne la *grüne Mittelschicht*, la classe moyenne verte, qui possède un certain niveau d'études, des revenus confortables et une vision du monde teintée des idées généreuses qui furent jadis alternatives et sont maintenant *main stream*. Dans la pratique, bien sûr, c'est presque toujours la mère, même si des papas au foyer – ou partiellement au foyer – se voient.[11]

---

10 Cf. Schultheis, « Familiale Lebensformen », *op. cit.*
11 En l'absence de crèches en nombre suffisant, on a toujours la possibilité de donner son enfant à garder à une nounou. Mais ce n'est pas une pratique aussi courante qu'en France. Alors que les aides financières aux familles (subvention du congé parental, allocations familiales) sont très comparables dans les deux pays, il n'existe pas en Allemagne de subvention ou de dégrèvement d'impôt pour la garde d'enfant, à domicile ou ailleurs. Quand on passe par la mairie pour trouver une nounou agréée, il faut non seulement faire la preuve de ses revenus, mais aussi prouver qu'on a vraiment « besoin » de faire garder son enfant parce qu'on travaille. Comme si le fait de travailler quand on a un enfant ne pouvait que relever du besoin. Lorsque l'un des parents ne travaille qu'à temps partiel, la place à la crèche ou chez la nounou n'est accordée que pour les heures de travail officielles.

Le privatisme éducatif est une des formes de la réaction au passé. La méfiance à l'égard de la prise en charge de l'enfance par l'État renvoie à deux expériences traumatiques pour la conscience (ouest)-allemande – la période nazie et le socialisme en RDA – qui se caractérisaient précisément par une forte mainmise de l'État sur toutes les étapes de l'éducation. Cette mainmise est interprétée par la culture ouest-allemande comme une concurrence faite par l'État à la famille.

Pour ce qui est de la petite enfance, le repoussoir immédiat est sans doute le système mis en place par la RDA. Après la Réunification, les crèches et jardins d'enfants de l'ex-RDA ont été traînés dans la boue par les médias ouest-allemands, qui relayaient très bien en cela l'opposition de l'opinion publique à la prise en charge collective de l'accueil des tout petits. L'opinion ouest-allemande a été parfaitement insensible au fait que les crèches de l'ex-RDA, quand bien même elles ne correspondaient pas aux attentes pédagogiques des parents de l'Ouest, avaient au moins le mérite d'exister et que l'institution aurait pu être aménagée. Pas du tout, pense-t-on à l'Ouest : son principe est intrinsèquement contestable, parce qu'il n'est pas souhaitable que les enfants aillent à la crèche. Et personne à l'Ouest, même dans les rangs féministes, ne s'est élevé pour dire que les crèches avaient contribué à l'émancipation des femmes de l'Est.

Le secteur pédagogique et éducatif de l'Est dans son entier a été considéré comme politiquement et moralement suspect. On reproche à l'idéologie éducative de la RDA son traditionalisme et son autoritarisme, ses structures de masse, son manque de respect pour les rythmes et l'individualité des enfants. On lui attribue une responsabilité importante dans le façonnage de personnalités socialistes trop conformes. On lui reproche aussi de n'avoir pas fait son aggiornamento dans les années 1970 et de n'avoir pas connu de rénovation pédagogique, d'avoir continué à faire appel à l'émulation, encouragé le conformisme, quand ce n'était pas la délation... Après 1990, la presse ouest-allemande s'est attachée à discréditer sans nuances le système éducatif de l'Est, sans même considérer qu'il pouvait être intéressant d'en conserver certaines structures, quitte à les modifier ; et que l'Ouest pouvait aussi parfois prendre de la graine de l'Est. Au lieu de quoi, les jardins d'enfants des Nouveaux Länder ferment en raison d'une chute brutale de la natalité, sans qu'on se préoccupe d'ouvrir des crèches et des jardins d'enfants à l'Ouest. En un mot, le système d'accueil pour les jeunes enfants mis en place par la RDA continue à servir de repoussoir à la philosophie éducative ouest-allemande.

Ce n'est pas par hasard que le chancelier Kohl avait choisi une jeune femme de l'Est, Claudia Nolte, pour en faire sa ministre de la famille pendant la législature 1994-1998. Elle avait à l'époque 27 ans et un bébé de six mois. Héroïquement, son mari décida de rester à la maison quand elle fut pressentie. Claudia Nolte était notamment d'avis que, jusqu'à trois ans, les enfants ont besoin de rester chez eux et d'avoir en permanence un de leurs parents auprès d'eux. Si c'est une femme qui le dit, et en plus une Ossi qui a subi elle-même le système éducatif de la RDA, elle doit savoir de quoi elle parle !

Un point particulier concentre l'animosité des gens de l'Ouest à l'égard du système éducatif de l'Est et symbolise à leurs yeux la brutalité collectiviste du système : c'est l'éducation à la propreté. C'est un véritable marronnier que les journalistes ressortent encore régulièrement dix ans après : les enfants étaient mis sur le pot collectivement et à heure fixe. Cette vision d'horreur d'enfants sur des pots bien alignés représente exactement le contraire de l'idéal ouest-allemand d'une pédagogie différenciée et respectueuse des rythmes de chaque enfant. Là encore, l'honnêteté m'oblige à dire que ce n'est pas ainsi que se passaient les choses dans notre jardin d'enfants de Berlin-Est, où on allait aux toilettes quand on en avait envie. Mais il est vrai que ce que nous avons pu observer dans les années 1994-96, déjà cinq ans après la réunification – et qui plus est à Berlin où le contact avec l'Ouest a sans doute accéléré les transformations – ne permet peut-être pas de dire comment se passaient les choses avant.

Quoi qu'il en soit, la diabolisation des crèches et des jardins d'enfants de l'Est par la presse et la conscience collective de l'Ouest contribue à accréditer l'idée que ces institutions sont non seulement superflues mais même intrinsèquement nuisibles. Maintenir le potentiel d'accueil à l'Est et le développer substantiellement à l'Ouest n'est pas perçu comme une priorité politique qui nécessiterait une action des pouvoirs publics. Cet état des esprits apporte une eau bien venue au moulin des dits pouvoirs publics, qui, en ces temps de restrictions budgétaires, ont d'autres chats à fouetter que de dépenser de l'argent pour une chose dont les familles s'acquittent très bien gratuitement.

Formes précoces de socialisation tolérées

Entre le maintien dans le cocon du foyer et l'abandon à la crèche, il existe cependant des formes intermédiaires de socialisation. Ce sont les fameux *Krabbelgruppen*, littéralement des groupes où on rampe à quatre pattes, l'équivalent des *toddler groups* dans les pays anglo-saxons. Il s'agit de rencontres régulières de bébés accompagnés de leurs mamans, souvent dans des locaux prêtés par une association ou par une église, parfois alternativement dans chacune des familles. On se réunit de manière informelle, une fois par semaine, autour d'un café ou d'un petit déjeuner pendant que les enfants s'amusent à quatre pattes (*krabbeln*) sur le tapis. L'idée est de favoriser la socialisation des enfants sans les séparer de leur maman, mais aussi de favoriser les contacts entre les mamans, dont on sait par expérience qu'elles sont menacées d'isolement, n'ayant plus les liens avec l'extérieur que favorise le travail. Le *Krabbelgruppe* est souvent le prolongement d'un groupe de préparation à la naissance. On échange ses impressions sur le développement comparé des chers petits, éventuellement sur ses problèmes de couple, sur les dernières vacances. Les enfants jouent ensemble autant qu'il est possible à cet âge et les mamans – la présence d'un papa dans un *Krabbelgruppe* est toujours un événement, bien que la chose arrive – se livrent aux joies du small talk. Après la naissance de Mi., j'ai fréquenté pendant quelques mois un semblable *Krabbelgruppe*, avec l'arrière pensée que je rencontrerais d'autres parents et que nous organiserions une crèche parentale ou, au moins, du baby-sitting réciproque. Après quelques essais infructueux, j'ai fini par comprendre qu'aucune des mamans présentes n'était intéressée par un tel projet et que même celles qui étaient au chômage ou dans une situation précaire entendaient bien dans un premier temps – c'est-à-dire pendant un an ou deux – profiter des diverses allocations parentales et de l'aide sociale. La conversation à bâtons rompus et la sociabilisation en douceur des bébés était vraiment la seule finalité du *Krabbelgruppe*.

Le sacrifice des parents et la sanctification du rôle parental

Il y a dans cette volonté de faire le bonheur de son bébé comme il le demande – ou comme on croit qu'il le demande – une dimension sacrificielle. J'ai souvent eu l'impression que ce sacrifice finit par être le critère auquel se mesure son bonheur. Il est le signe reconnaissable de la qualité des soins qui lui sont donnés. Ce qui reviendrait à dire qu'il n'y a de bons parents – de bonnes mères surtout – que totalement épuisés et à bout de nerfs. J'en ai rencontré beaucoup, plus qu'en France, me semble-t-il, ou du moins pas pour les mêmes raisons : les mères françaises sont stressées à force d'être écartelées entre leur travail et leurs enfants ; les mères allemandes sont déprimées à forces d'être livrées sans recours à leurs enfants.

C'est la reconnaissance de ce sacrifice que demandait ma collègue montée sur ses grands chevaux quand je lui demandais si son bébé était sage : il n'aurait pas fallu qu'on croie qu'elle manipulait son bébé pour qu'il la laisse dormir. C'est un peu comme si je l'avais accusée implicitement d'œuvrer égoïstement pour son propre confort sous prétexte « d'éduquer » son bébé. La volonté éducative des parents, la volonté d'imposer des rythmes réguliers dans les premiers mois, par exemple, est toujours suspecte de n'être que l'alibi de leur confort, auquel serait sacrifié le rythme de l'enfant. Il m'a souvent semblé déceler dans les commentaires d'autres parents à mon endroit ce reproche de ne pas vouloir consentir aux sacrifices qu'impose le fait d'être mère de famille. Comme si, lorsqu'on cherche à faire garder ses enfants, on était suspect de vouloir se défiler : « vous faites ça parce que vous voulez avoir la paix ». Il est clair, en effet, qu'on n'en fait jamais assez. On est toujours en défaut par rapport à ce que la tâche exigerait. Le parentage est un apostolat, une activité sacrificielle et surtout une activité à plein temps qui suppose qu'on s'y dévoue tout entièr(e).

Matriocentrisme

Quand la littérature de la nouvelle parentalité insiste sur le rôle des interactions précoces, dans la pratique, il s'agit toujours des interactions avec la mère, dans des termes qui paraissent à mon regard français d'un extrême sentimentalisme. La doxa psychologique a terriblement survalorisé le rôle de la mère. Elle est l'indispensable pôle de la vie de l'enfant et la moindre de ses éclipses est soupçonnée de causer des dommages psychiques irréparables. Dans les faits, les pères allemands ne sont pas plus absents que les pères français. Mais c'est la place de la mère dans les représentations qui est surinvestie. En un sens, on pourrait dire que l'insistance de la littérature spécialisée sur le rôle de la mère ne fait que légitimer *a posteriori* l'impossibilité de déléguer hors de la famille une partie des tâches éducatives : on console les femmes du sacrifice que la société leur impose en leur disant que ce sacrifice a du sens. Ce discours est pain béni pour les conservateurs de tout poil. Mais les conservateurs n'en ont pas l'apanage. On fait valoir l'intérêt de l'enfant qui prime sur tout. Les féministes, en Allemagne, reprennent à leur compte le discours du bien de l'enfant. J'y reviendrai.

Tout cela contraste avec la doxa psychologique de notre bonne vieille France lacanienne qui a fait du « nom du père » un élément de sa culture générale. C'est tout juste si on n'apprend pas ça à l'école. Là encore, je ne veux pas dire que les pères sont plus présents en France, mais seulement que notre idéologie psychologique leur accorde une importance sans équivalent en Allemagne. Une importance qui, comme on sait, est toute symbolique...

En Allemagne, le matriocentrisme de la littérature parentale coïncide aussi avec une législation qui se méfie des pères. La loi ne reconnaît aucun lien entre un père non-marié et son enfant.[12] Dans ce cas, l'enfant porte automatiquement le nom de sa mère, alors qu'en France, il porte le nom de celui qui va le déclarer à la mairie (donc, en général, du père). Dans ce cas, jusqu'à une date très récente, seule la mère avait le droit de tutelle, alors que ce n'est pas automatique en France (même si c'est le cas de figure le plus fréquent). En cas de séparation d'un couple marié, la garde des enfants est encore plus systématiquement confiée à la mère qu'en France. La juridiction familiale allemande permet d'escamoter beaucoup plus facilement les droits du père à voir ses enfants.

Par contre, et c'est à mon sens un des rares points de la législation familiale à être plus progressiste qu'en France, la loi permet depuis une dizaine d'années aux parents mariés de transmettre soit le nom du père soit le nom de la mère, alors que cette loi, encore à l'état de projet en France, suscite de grandes résistances de la part de ceux qui craignent de voir menacé « le nom du père ».

Perceptions croisées

Il m'arrive parfois de faire valoir un point de vue féministe « français » et de dire que ces exigences éducatives sont contraire à

---

12 2017 : les choses ont changé sur ce point.

l'émancipation des femmes, qui, dans nos sociétés, passe nécessairement par le travail, qu'on le veuille ou non ; que la nouvelle maternité donne l'impression de prendre le relais des trois « K » traditionnels (*Kinder, Küche, Kirche* : les enfants, la cuisine et l'église). Erreur, me rétorque-t-on : ce qui distingue la femme d'aujourd'hui qui reste à la maison pour s'occuper de ses enfants de la femme au foyer des années 1950 et 1960 (et avant...) est que le renoncement à une vie professionnelle n'est peut-être que temporaire et qu'il est revendiqué comme un choix au lieu d'être subi. On est cependant convaincu que l'intérêt des enfants l'exige.

Inversement, quand, fidèle au rôle d'avocat du diable (d'avocat des uns quand je suis chez les autres et *vice versa*) que j'affectionne, j'évoque devant des Français la conception allemande du rôle des parents et en particulier de la mère, mes interlocuteurs sont unanimes pour y voir une continuité avec l'exaltation de la maternité par les nazis. Quand je répercute cette opinion à des interlocuteurs allemands, ils sont très choqués et me répondent, avec une certaine vraisemblance, que cela n'a rien à voir ; que les nazis n'ont vu dans la maternité que son potentiel reproductif et surtout pas son rôle éducatif ; que leur exaltation de la famille n'obéissait qu'à des mobiles raciaux, eugéniques et démographiques ; que la dépersonnalisation dans le traitement des enfants par des institutions collectives, leur anonymat qui s'oppose à l'intimité du foyer familial – ô combien plus structurante pour l'enfant – leur rappelle, au contraire, le style éducatif d'une autre dictature, la RDA.

Je crois pour ma part que la « nouvelle maternité » dans sa version allemande est surtout la conséquence d'une plus grande prise au sérieux des acquis de la psychologie néonatale, d'un nouveau regard porté sur la petite enfance et les liens entre parents et enfants. Elle répond à une exigence toujours croissante de prise en compte de l'individualité des enfants.

La nouvelle parentalité n'est pas seulement un phénomène allemand. C'est une évolution commune à tous les pays occidentaux. On en trouve des éléments en France aussi, mais pas dans les mêmes proportions, parce qu'ils sont contrecarrés par ce que j'appellerais le legs beauvoirien. Les mêmes informations, fournies par la médecine et la psychologie périnatale, la pédiatrie, l'éthologie, l'ethnologie sont aussi disponibles, mais la société n'en fait pas le même usage. Sur ce point, c'est la culture française qui se montre sélective dans ce qu'elle retient de l'information disponible. Françoise Dolto, il y a longtemps déjà, a attiré l'attention sur la longueur d'une journée de crèche, sur la souffrance psychique occasionnée par la séparation pour le nourrisson et sur les bienfaits d'un allaitement prolongé jusqu'à un an. Toutes ces propositions allaient dans le même sens que l'idéologie parentale qui domine en Allemagne aujourd'hui. Mais c'est un aspect de son message qui n'a pas eu beaucoup d'influence sur les mentalités et les institutions françaises. Plus récemment Boris Cyrulnik a également souligné ce paradoxe qui fait que, alors que nous connaissons mieux la vie psychique et affective du tout jeune enfant, « les nourrissons n'ont jamais été aussi seuls » et relégués à l'écart de la communauté des adultes.[13]

En dix ans passés en Allemagne, j'ai évolué. Je ne suis toujours pas une mère allemande et ne risque pas de le devenir. Beaucoup de mamans allemandes de mon entourage continuent à me confondre par la qualité de leurs gâteaux, par les jolies décorations qu'elles confectionnent avec leurs enfants au gré des saisons, par leur disponibilité sans faille chaque fois que des parents sont réquisitionnés pour accompagner une sortie, par leurs jolis paquets-cadeaux, par l'ordre qui règne chez elles et par leur ardeur toujours intacte à faire des pâtés, sans que je sois convaincue pour autant du bienfait pour les enfants de cette disponibilité absolue ni du caractère intrinsèquement nocif des modes de garde collectifs. En revanche, je suis plus sensible à la dureté de la pression sociale intériorisée qui, en France, prescrit un retour rapide des mères au travail. Et, qui plus est, à un travail

---

[13] Entretien au *Monde de l'éducation*, mai 2001.

accaparant en termes de temps, à un travail qui prive parents et enfants d'un minimum de temps commun. La comparaison des deux idéologies parentales et des deux organisations sociales en matière de garde et d'éducation des jeunes enfants est l'un de ces points qui suscitent en moi une bouffée d'utopie. La comparaison donne envie de garder ce que chaque système a de bon et on se prend à rêver d'une société qui trouverait une solution pour ne pas imposer aux enfants des rythmes inutilement durs, sans pour autant sacrifier durablement la vie professionnelle des mères.

Ce qui supposerait, en Allemagne, que la conscience collective accepte une délégation au moins partielle des tâches éducatives et leur meilleur partage entre les familles et la société – concrètement des structures d'accueil de qualité, correspondant tant aux besoins des enfants qu'à ceux des parents, ce qui n'est pas aussi contradictoire que les Allemands veulent bien le croire. En France, il faudrait assouplir les horaires et la hiérarchie entre le travail et le temps privé.

L'Âge du jardin d'enfants
Le choix d'un jardin d'enfants

Supposons maintenant que l'enfant chéri a atteint l'âge de deux ou trois ans. Il est désormais *gruppenfähig* (capable de vivre en groupe). C'est un grand changement dans sa vie et ce changement doit être prudemment amené. Le choix de l'établissement s'entoure de beaucoup de circonspection. Dans une situation où les parents français trouvent naturel d'inscrire leur progéniture à la maternelle du quartier – à moins qu'elle n'ait vraiment une réputation catastrophique – les parents allemands visitent, au contraire, un grand nombre d'établissements de types divers. Ils comparent la personnalité des éducatrices, leur engagement dans leur travail, leur manière d'être avec les enfants, la variété des activités offertes. Ils tiennent éventuellement compte d'une orientation pédagogique particulière (Waldorf ou Montessori par exemple) ou même d'une orientation alimentaire (végétarien, bio...), choix qui revêt parfois pour eux une dimension existentielle.

Il est vrai qu'ils ont l'embarras du choix, au moins sur le plan qualitatif. Les institutions accueillant les enfants d'âge pré-scolaire sont très diverses. Il y a d'importantes variations selon les Länder, selon qu'on est à l'Ouest ou à l'Est, selon que l'institution est publique ou privée, selon les municipalités et, enfin, selon la personnalité et les choix de l'institution elle-même. Alors que les parents français, avec une école maternelle aux structures et aux méthodes homogènes dans tout l'Hexagone, n'ont pas grand choix à faire.

Cependant, s'il est vrai que les familles ont le choix entre une grande diversité qualitative, ce choix est limité dans la pratique parce que l'offre est insuffisante. Les Nouveaux Länder disposent encore des structures publiques mises en place sous la RDA. À l'Ouest, les institutions publiques sont plus rares et la demande est loin d'être satisfaite. Il y a une grande disparité entre les grandes villes comme Berlin, Hambourg ou Francfort, mieux loties, et les autres régions. Les jardins d'enfants publics (parfois semi-publics quand ils sont gérés par les églises ou par une association), en général liés à une crèche dont ils sont le prolongement, sont de grosses institutions. Ils sont ouverts de 6 à 18 heures, le temps de garde normal étant 8–16 heures, les plages horaires 6–8 heures et 16–18 heures nécessitant une justification particulière (attestation de l'employeur prouvant que les enfants ont besoin d'être gardés à ce moment-là). Le manque de place dans ces établissements publics n'est que très partiellement compensé par une offre privée ou semi-privée : il y a, surtout à Berlin-(ex)Ouest et dans d'autres grandes villes de nombreux jardins d'enfants gérés par une association de parents et subventionnés par la municipalité. On ne parle alors plus de *Kindergarten*, mais de *Kinderladen* (littéralement « boutique » pour les enfants, la plupart de ces *Kinderläden* étant installés dans un rez-de-chaussée d'immeuble conçu à l'origine comme local commercial ou parfois dans un grand appartement). Les pouvoirs publics subventionnent ces établissements, de telle sorte que les tarifs sont comparables à ceux des jardins d'enfants publics (c'est-à-dire progressifs). Les pouvoirs publics se délestent ainsi sur les parents et les associations de la gestion de ces établissements. Ces jardins d'enfants sont plus petits, ils n'ont parfois pas plus de 12 ou 15 enfants, avec une atmosphère plus familiale. Les parents y jouent un rôle beaucoup plus actif : ce sont eux qui font à tour de rôle le ménage et la cuisine, ils contrôlent plus étroitement le travail des éducateurs et les orientations pédagogiques. Dans certains cas, le collectif de parents a le pouvoir de licencier un éducateur. Parfois, ce sont même les parents qui choisissent les nouveaux enfants, c'est-à-dire en fait leurs familles. Les horaires sont plus resserrés (de 8 à 14 ou 15 heures, 16 heures au plus tard), ce qui suppose qu'au moins l'un des parents ne soit pas indisponible en fin d'après-midi. Très souvent, ces petites structures ont la préférence des parents : ils privilégient la qualité pédagogique prêtée aux petites structures par rapport à la commodité horaire des établissements publics. Les parents apprécient également le fait d'être associés à la gestion du *Kinderladen*. On suspecte volontiers les institutions publiques d'être anonymes, plus indifférentes et moins contrôlables.

Avant d'inscrire nos deux aînés dans une crèche-jardin d'enfants publique de Berlin-Est, nous avions fait des demandes dans un grand nombre d'établissements du quartier. L'un d'entre eux, particulièrement radical et alternatif, vestige assez intact de la contre-culture des années 1980 (végétarien, promettant « une éducation multiculturelle et anti-fasciste »), avec des éducateurs très sympathiques et de très beaux locaux en bordure d'un parc tout près de chez nous, requérait la contribution parentale classique (cuisine, ménage et réunion mensuelle pour expédier les affaires courantes), mais aussi la participation aux travaux de rénovation des locaux et à une vie collective intense (soirées communes, week-ends de randonnée...). Ils n'ont d'ailleurs pas voulu de nous au motif que nous donnions l'impression de vouloir « nous débarrasser de nos enfants » (*die Kinder abgeben* !!) : interrogée sur nos motivations, j'avais dit naïvement que mon mari était encore étudiant et que mon travail m'obligeait à m'absenter de Berlin deux jours par semaine ; que nous avions, par ailleurs, besoin de travailler l'un et l'autre à la maison en l'absence des enfants, mais qu'en dehors de cette contrainte, nous étions relativement libres d'organiser notre emploi du temps à notre guise. Ce n'est pas ce que le collectif de parents aurait voulu entendre : il aurait fallu dire que nous étions enthousiasmés par l'intégration du jardin d'enfants dans la vie des parents et réciproquement, que nous étions prêts à nous y engager corps et âme.

Ceci n'est sans doute qu'un cas extrême. Mais d'une manière générale, les parents allemands donnent l'impression de vouloir plus contrôler tout ce qui touche à l'éducation de leurs enfants, alors que les parents français feraient plus spontanément confiance au système. Lors d'une réunion de parents, que ce soit au jardin d'enfants ou à l'école, les parents allemands paraissent beaucoup plus revendicatifs, plus méfiants, parfois agressifs. Ils prennent à partie les éducateurs, s'informent très précisément de ce qui se fait, donnent leur avis, veulent manifester leur vigilance. Leur interventionnisme est à la mesure du souci qu'ils ont de l'éducation de leurs enfants mais aussi de leur méfiance de principe vis-à-vis de l'institution. Il s'agit plutôt, en fait, d'un refus d'accorder sa confiance *a priori*, même si on est parfaitement satisfait de son jardin d'enfants. On ne s'identifie à l'institution qu'en exerçant un contrôle participatif.

Quitter la maison

On accorde une grande importance à la phase d'adaptation qui est beaucoup plus longue et plus progressive qu'en France. On fait grand cas du stress psychique dont s'accompagne cette séparation pour l'enfant et on s'efforce de l'atténuer en lui laissant le temps d'accepter intérieurement sa nouvelle situation. Au début, l'enfant vient quelques heures seulement, en compagnie de l'un de ses parents. Le processus d'adaptation peut, selon les cas, prendre de deux à plusieurs semaines. Une maman de nos amis est restée pendant deux mois au jardin d'enfants. Elle n'aurait pas accepté d'y laisser sa fille en pleurs. Par contraste, la méthode française, qui consiste à jeter les enfants dans le bain, en sachant qu'ils pleureront la première fois mais qu'il vaut mieux « ne pas compliquer le travail des maîtresses » en restant là (ce qu'elles ne toléreraient pas !), paraît beaucoup plus brutale. J'ai ri par-devers moi, lorsque la directrice de l'école maternelle où j'inscrivais la plus jeune de nos enfants pendant notre séjour en France (2000-2001) m'a dit – en insistant beaucoup et comme si c'était une requête à laquelle j'aurais pu vouloir me soustraire : « Je tiens beaucoup à ce qu'un des parents soit présent le premier jour pendant la première heure. »

Le modèle de l'espace privé

L'institution du jardin d'enfants fait d'ailleurs tout ce qu'elle peut pour faire oublier à l'enfant la perte de sa maison. S'il faut qu'il passe un certain nombre d'heures hors de son foyer, il s'agit que l'institution qui l'accueille essaie de compenser cette perte en l'entourant des mêmes attributs de l'intimité qu'à la maison. La journée commence par un petit déjeuner en commun avec les éducateurs, vers 8 ou 8 heure 30. Ce petit déjeuner est important pour ceux qui arrivent tôt. Mais c'est aussi un bon moment partagé pour commencer la journée. On peut bien sûr arriver plus tard à condition d'avoir déjeuné à la maison.

L'architecture d'un jardin d'enfants rappelle, elle aussi, celle de la maison. C'est d'autant plus vrai des *Kinderläden* installés dans d'anciennes boutiques ou dans des appartements. Mais c'est vrai aussi des jardins d'enfants installés dans des locaux conçus pour cet usage. On y est en pantoufles, comme à la maison. Il n'y a pas de salles de classe comme à la maternelle française. Si chaque groupe dispose d'une pièce attitrée, il y a aussi des pièces communes, aux fonctions spécifiques : une pièce réservée aux jeux calmes avec un coin pour les meubles de poupée, un coin pour les jeux de construction, une pièce où on peut pousser des hurlements à sa guise et se jeter des coussins à la tête (la *Tobezimmer*, la pièce où l'on *tobt*, où l'on se défoule) et une cuisine. Les enfants vont et viennent d'une pièce à l'autre, selon ce qu'ils ont envie de faire, selon qu'ils ont envie de jouer avec d'autres ou de se retirer tout seul dans un coin.

La différence la plus visible avec l'école maternelle est qu'il n'y a pas de classes, au sens étymologique du terme, pas de groupes d'âge. Les enfants sont répartis en petits groupes de douze à quinze dans lesquels l'écart d'âge peut aller de deux ans à trois ans. Parfois même, en particulier dans les petits *Kinderläden*, les enfants sont ensemble, tous âges confondus. Le mélange des âges, qui rappelle les rapports entre frères et sœurs, est censé avoir une vertu éducative, les plus grands s'occupant des petits, eux-mêmes initiés à la vie du groupe par les plus grands.[14]

Le jardin d'enfants n'est pas l'école !

Les activités – bricolage, musique, gym, sortie à la piscine, à la bibliothèque du quartier, au zoo... – sont toutes ludiques. En outre, ces activités sont proposées, mais pas imposées. On admet parfaitement qu'un enfant ait envie de se retirer dans un coin pour regarder des livres ou pour jouer à la poupée pendant que les autres font du modelage. Dans la mesure où cela ne va pas complètement à l'encontre de la vie du groupe, chacun est assez libre de faire ce qu'il veut. Ces activités n'occupent d'ailleurs que la matinée. Le reste du temps

---

14 Ce qui rappelle un peu l'« enseignement mutuel » d'autrefois. Dans certains cas, le mélange des âges (de 2 ou 3 à 5 ou 6 ans est une solution de fortune, une manière de pallier la petitesse du groupe et le manque d'éducateurs.

se passe à jouer librement dehors ou dedans. On met à la disposition des enfants toutes sortes de jouets d'intérieur et d'extérieur. L'après-midi n'est qu'une longue « récréation » française.

Autant dire qu'en l'absence de classes, le jardin d'enfants, même s'il remplit apparemment les mêmes fonctions que l'école maternelle – l'accueil des enfants d'âge préscolaire –, n'est pas l'école. En un sens, c'est exactement le contraire. Je me rappelle avoir scandalisé quelqu'un en disant, sans réfléchir au sens très différent du mot dans les deux cultures, que j'étais allée « à l'école » à deux ans. Les Français sont-ils des bourreaux d'enfants pour torturer les leurs par un embrigadement scolaire précoce ? Mon interlocuteur n'arrivait pas à imaginer que l'institution chargée d'accueillir des enfants si jeunes puisse être assimilée à de l'école. En Allemagne, « l'école », c'est exclusivement ce qu'on appelle en France la « grande école », l'institution qui dispense des enseignements systématiques et à laquelle on associe l'idée de contrainte (ce qui ne veut pas dire pour autant que l'école allemande soit spécialement contraignante, j'y reviendrai). Des activités qui auraient des apprentissages cognitifs pour finalité, même si c'est d'une manière ludique, sont absolument impensables. Un interdit très fort pèse sur tout ce qui pourrait ressembler à un apprentissage déguisé : pas de pré-lecture, pas de pré-calcul. Mes enfants savaient tout juste écrire leur nom et surtout pas lire en entrant à la grande école et semblaient presque demeurés par rapport à leurs cousins français. Inversement, les Allemands sont tentés de condamner l'école maternelle, surtout lorsqu'ils ne la connaissent que par ouï-dire – au motif qu'elle leur paraît excessivement *verschult*, scolaire. Signe de la perception de cette différence – et du jugement de valeur dont elle s'accompagne du côté allemand – le prospectus d'un jardin d'enfants franco-allemand de Berlin précise que l'établissement est bilingue, mais que son idéal pédagogique est allemand (*ein deutsches Bildungsideal*). L'apport français est purement linguistique et ce jardin d'enfants affirme en connaissance de cause sa différence par rapport à la Maternelle française.

Le jardin d'enfants allemand a suscité chez moi des réactions contradictoires, comme toujours, lorsqu'on est vraiment entre deux chaises. D'un côté, j'ai aimé ce loisir laissé aux enfants de faire ce qu'ils veulent, cette façon de laisser du temps au temps. D'un autre côté, à force de mettre l'accent sur la liberté de l'enfant et le respect de ses rythmes, de son besoin de jouer sans être embêté, le jardin d'enfants allemand finit par bannir beaucoup de sollicitations intellectuelles et même manuelles et artistiques. Surtout dans les dernières années – qui correspondraient à la grande section en France – mais même avant, j'ai eu nettement le sentiment que les enfants – pas seulement les miens – s'ennuyaient à force de jouer entre eux toute la journée. Par contraste, la maternelle française, avec ses activités structurées, ses tâches précises même quand elles sont ludiques, sa distinction nette entre le temps de classe et la récréation, a quelque chose de très stimulant – ce qui n'exclut pas le plaisir.

J'ai été également agacée par l'anti-intellectualisme de principe de cette doxa pédagogique, partagée par les éducateurs mais aussi par les parents. Comme si les activités intellectuelles étaient nécessairement rébarbatives et dénuées de toute séduction, comme s'il s'agissait d'une torture que les enfants subiront bien assez tôt sans qu'il soit besoin d'anticiper sur le rôle futur de l'école.

En revanche, je me rappelle avoir été choquée par une amie française, institutrice de maternelle, qui m'a dit un jour voir tout de suite quels sont les enfants « qui ne suivent pas ». Elle voulait en fait simplement dire que certains handicaps individuels ou socioculturels se manifestent très tôt. C'est donc plutôt sa formulation (les enfants « qui ne suivent pas ») que le sens du message qui m'avait choquée. Personne, en Allemagne, ne pourrait dire une chose pareille. L'idée même d'une norme selon laquelle on évaluerait les performances et les compétences paraît totalement déplacée à cet âge, presque indécente.

D'une manière générale, on a très peur d'imposer aux enfants quelque chose qui serait au-dessus de leur âge et de les exposer à une sollicitation intellectuelle ou affective à laquelle il ne seraient pas en mesure de faire face. Nous étions avec Mi. au cinéma. Le film était effectivement un peu au-dessus de son âge et surtout très pathétique. Mi. pleurait à chaudes larmes. Une autre maman se tourne vers nous et nous dit d'un ton de reproche : « Vous ne voyez pas que c'est complètement au-dessus de son âge ? qu'elle n'a pas la maturité nécessaire pour voir un tel film ? » Exposer les enfants à des sollicitations qui ne correspondent pas à leur degré de maturité tant intellectuelle qu'affective risquerait de les déséquilibrer ou encore de les doter d'une expérience inauthentique qui en ferait au mieux des singes savants. Ce ne peut être que le fait d'un interventionnisme parental déplacé et suspect.

Entre temps cependant – depuis l'enquête PISA notamment – certains pédagogues commencent à remettre en question le dogme pédagogique du *Freispiel* (du jeu libre) et à lever le tabou qui pèse sur d'éventuelles sollicitations de l'enfant par l'adulte, qui ne sont pas toutes assimilables à de l'autoritarisme. Certains vont même jusqu'à se demander si les jardins d'enfants de RDA – avec leurs programmes d'activités définis de manière centralisée – n'avaient pas du bon. Mais, dans la philosophie pédagogique dominante, solliciter l'enfant, vouloir lui faire apprendre quelque chose de manière volontariste, est une chose qui ne convient pas à cet âge.

Initiation à la vie collective

Une chose qui choque les Allemands ayant vécu avec leurs enfants en France est la hiérarchie entre les activités à finalité cognitive et « le reste ». Cette hiérarchie se reflète dans la différence de statut entre l'institutrice, responsable des activités pédagogiques considérées comme nobles, et les dames de services, qui aident la maîtresse ou surveillent la cantine et la garderie. Dans les faits, elles ont un rôle pédagogique, mais on ne leur en reconnaît pas la pleine responsabilité statutaire. Le jardin d'enfants allemand s'efforce au contraire d'intégrer toutes les activités, de ne pas faire de coupure entre les activités nobles et les basses besognes, entre le bricolage éducatif et le nettoyage des derrières sales, entre l'éveil musical et l'apprentissage des bonnes manières. Les enfants n'ont affaire qu'à des éducatrices (parfois à des éducateurs…) avec qui ils prennent leurs repas, ce qui reproduit, là encore, le modèle familial dans lequel les adultes sont censés donner le bon exemple.

On accorde dès cet âge-là une grande importance à l'apprentissage de la vie collective. Non que cet apprentissage soit négligé à la Maternelle française, mais il n'a pas la même importance relative, puisqu'en Allemagne, c'est à peu près la seule chose qui fasse l'objet d'un apprentissage systématique. Il est, en outre, explicitement conçu comme un apprentissage de la démocratie. La mission des institutions éducatives est de former des citoyens acceptables, de leur apprendre les gestes fondamentaux du débat démocratique : prendre la parole, débattre, défendre son point de vue, écouter les autres, rechercher des solutions négociées aux problèmes collectifs. Il y a régulièrement des réunions plénières du groupe, des sortes de « conseils ». Dans notre ancien jardin d'enfants, la réunion avait lieu le mardi après-midi à l'heure du goûter et les enfants préparaient des gâteaux le matin pour donner à la chose plus de solennité. On y discutait des activités futures, des sorties au théâtre ou au cinéma ; c'était aussi le moment où étaient débattus les problèmes du groupe : l'agressivité des garçons qui embêtent les filles, la perfidie des filles qui les provoquent, les grands qui n'arrivent pas à s'empêcher de faire du bruit pendant que les petits font la sieste, les petits qui cassent les patientes constructions en lego des plus grands. De même, quand une dispute s'élève, après avoir séparé les combattants, on s'efforce de les faire réfléchir à la dispute et à ses causes et on les associe à la recherche d'une solution négociée mettant fin au différend dans des conditions acceptables pour les deux parties, en respectant également l'intérêt du groupe.

Ce qu'on apprend aussi à travers la recherche des solutions négociées, c'est le respect du bon fonctionnement du groupe. Je me rappelle avoir été frappée, lors de mon premier séjour scolaire en Allemagne (en 1972), par la capacité de nos correspondants à savoir négocier et éventuellement céder en cas de dispute. Nous étions en cinquième, mais nos comportements respectifs étaient déjà le résultat d'une imprégnation plus ancienne : les Allemands étaient plus capables que nous, même sans intervention adulte, de céder le ballon à l'adversaire en cas de litige pour que la partie puisse continuer, même s'ils étaient persuadés d'avoir raison. Alors que nous laissions systématiquement capoter la partie plutôt que de démordre de notre bon droit. Les premiers agissaient en fonction de l'intérêt du groupe; les seconds se retranchaient dans une opposition de principe et auraient perçu tout compromis comme une attitude déshonorante.

Il n'est pas exagéré de voir là une préfiguration de la manière dont se résolvent les conflits sociaux dans chacune des deux sociétés. Leur résolution obéit à des valeurs différentes (recherche / refus du compromis) qui tout à la fois impriment leur marque à l'éducation et sont perpétuées par elle.

Enfants et adultes

Il y a toujours un décalage entre le comportement des enfants en famille et dans un groupe. Or il me semble que ce décalage ne se manifeste pas exactement de la même manière en France et en Allemagne.

J'ai souvent entendu dire à des Français vivant en Allemagne que les enfants allemands, surtout les plus petits, leur paraissent tyranniques et turbulents, qu'ils sont envahissants et ne savent pas respecter l'intimité des adultes dont ils font leurs esclaves. Si les enfants allemands respectent moins l'intimité des adultes, c'est parce que les adultes ne le leur demandent pas. Les parents allemands – dans la pratique surtout les mères – sont beaucoup plus prêts à donner de leur temps, plus disposés à laisser beaucoup d'aspects de leur vie être envahis par les enfants. Les enfants allemands passent plus d'heures à leur domicile en compagnie de leurs parents, alors que les enfants français passent plus de temps entre pairs, du seul fait qu'ils restent plus longtemps à l'école. Ce qui pourrait expliquer que les seconds soient moins exigeants à l'égard des adultes. Ils ont l'habitude d'être entre eux.[15] En revanche, les habitudes prises en collectivité font que les enfants allemands se comportent d'une manière plus respectueuse du groupe quand ils sont hors de chez eux. Avec le temps, cette différence ne fait que s'accentuer, j'y reviendrai.

Les parents allemands ont une toute autre idée de ce que doivent être les interactions au sein de la famille. J'ai entendu dire à des Allemands que les parents français leur paraissaient indifférents ou distants par rapport aux jeux de leurs enfants. Les parents allemands estiment aussi qu'il est de leur rôle de jouer avec leurs enfants, de se faire leur «camarade», comme disait Rousseau du précepteur d'Émile. Il n'est pour s'en persuader que d'observer un terrain de jeu. En France, il y a moins de parents sur les balançoires ou en train de faire des pâtés et davantage sur les bancs en train de lire le journal. Un parent français pourra vouloir partager certaines activités, sportives par exemple, avec ses enfants. Mais il est alors plus animé du désir de les initier, de leur transmettre quelque chose qu'il aime, que du désir de partager leurs jeux. Les parents français cherchent moins à se mettre à la portée de leurs enfants en faisant comme s'ils partageaient leurs goûts et leurs intérêts. Du coup, les parents allemands donnent à un regard français l'impression de se laisser phagocyter par leurs enfants, d'être des pélicans toujours disposés à se laisser dévorer.

---

15 Ce fait a été noté par Raymonde Carroll dans *Évidences invisibles* à propos de l'opposition entre les attitudes parentales françaises et américaines. Beaucoup de ses remarques sur l'opposition franco-américaine en matière éducative recoupent la différence franco-allemande.

Même au-delà de la toute petite enfance, les parents allemands considèrent que c'est à eux de s'adapter aux enfants, de se mettre à leur place, de leur faire la place. Je relève cette phrase dans un livre de conseil aux parents : « Élever un enfant signifie l'accepter sans condition et sans réticences dans la spécificité de son être enfantin. »[16] C'est l'enfance qui sécrète ses rythmes et ses normes et le monde adulte qui s'y adapte, et non l'inverse. Ce serait considéré comme un dressage mutilant de tout ce qui fait la spécificité de l'enfance, de ce qui fait qu'elle est irréductible au monde des adultes.

Les parents ont ainsi une toute autre idée de ce que doit être leur intervention dans le développement de l'enfant. Si toute éducation a pour but de préparer le petit au monde dans lequel il aura à évoluer, la manière d'obtenir cette adaptation diffère d'un pays à l'autre. En France, on ne serait pas choqué par l'idée que cette adaptation exige du petit être humain qu'il abandonne certaines de ses pulsions et de ses manières trop rudes. En Allemagne, on aimerait que l'adaptation à la société et à l'avenir soit obtenue en douceur, sans contrainte, sans obliger l'individu à renoncer à ce qui fait son individualité. En France, on admet implicitement (même si on ne l'admettrait pas toujours explicitement) que le processus de socialisation ne va pas sans un minimum de dressage. En Allemagne, on admet aussi que la socialisation doit faire l'objet d'un apprentissage. Mais cet apprentissage doit se faire très progressivement et, surtout, avec le consentement intérieur de l'enfant. Il paraît exclu d'exiger de lui qu'il se conforme à des prescriptions dont il n'est pas encore en mesure de comprendre le bien-fondé. L'éducation aux bonnes manières est un bon révélateur de cette différence : les parents français se permettront plus facilement d'interdire ou de prescrire un certain comportement au seul motif que « cela ne se fait pas ». Les parents allemands se sentiront obligés d'ex-

---

16 Jirina Prekop, *Kinder sind Gäste, die nach dem Weg fragen. Ein Elternbuch* (*Les enfants sont des invités qui demandent leur chemin. Un livre pour les parents*), Kösel, 1999.

pliquer pourquoi ; du coup, ils attendront que l'enfant soit en âge de comprendre que « cela ne se fait pas parce que ce n'est pas agréable pour les voisins de table » et toléreront certains comportements jusqu'à ce que l'enfant soit en mesure d'intérioriser la prescription, là où les parents français réprimeraient sans beaucoup d'états d'âme. Les parents allemands manifestent une plus grande tolérance pour les bêtises et les dégâts qui se produisent en attendant que les règles aient été assimilées. En outre, ils auront moins volontiers recours à l'argument du confort des adultes (« cela ne se fait pas parce que cela dérange les adultes ») et auront plus facilement tendance à mettre entre parenthèses leur propre confort, sans quoi ils se suspecteraient eux-mêmes de sacrifier l'éducation de leurs enfants à leurs intérêts propres.

Comme Rousseau demandait que « le mot d'obéir » soit proscrit du vocabulaire d'Émile, on ne demande en aucun cas d'obéir pour obéir, fût-ce par provision (« c'est pour ton bien, tu comprendras plus tard »). Ce refus a une dimension historique et politique : il est motivé par la peur d'une démission du jugement individuel et de l'obéissance aveugle, rendues responsables de la catastrophe éducative et éthique qu'a été le national-socialisme. L'arrière plan politico-historique du refus d'exiger l'obéissance explique peut-être son caractère de principe sacro-saint, presque de dogme. On a le souci beaucoup plus explicite qu'en France de former des personnalités morales, capables de se déterminer en fonction d'un jugement autonome. On a également une peur plus grande d'abîmer les personnalités et les talents par des exigences disproportionnées ou d'étouffer le jugement individuel par un autoritarisme exagéré.

Les livres dans lesquels certains pédagogues comme Katharina Rutschky ou Alice Miller ont théorisé ce refus de l'autoritarisme sont restés des classiques. L'étude de K. Rutschky sur la « pédagogie noire » est une anthologie commentée de textes tirés des classiques de la pédagogie allemande depuis le XVIIIe siècle (incluant des auteurs considérés en principe comme libéraux). Cette anthologie met en lumière la très grande cruauté physique et morale préconisée sous couvert d'éduquer.[17] Alice Miller procède à une critique radicale de l'idée même d'éducation : le souci d'éduquer est superflu et même nocif ; les adultes n'ont pas à éduquer, mais seulement être eux-mêmes et avoir des relations authentiques avec les enfants.[18] En Allemagne, le refus d'exiger une obéissance de principe s'inscrit dans une réflexion historique et politique sur les liens entre l'acceptation du nazisme et l'autoritarisme de l'éducation traditionnelle.[19] L'autoritarisme est moralement et politiquement condamnable. Il mutile les enfants et les empêche de développer une personnalité morale, condition *sine qua non* d'un habitus démocratique.

Les parents allemands censurent leur agressivité bien plus que ne le font les parents français. Ces derniers ne se croient pas obligés de se contenir si longtemps ; à la limite, ils croient bien faire et assimilent leur propre agressivité à une intention éducative légitime. Des Allemands m'ont dit à plusieurs reprises être choqués par une attitude qui leur paraissait caractéristique des parents français – surtout des mères – et qui consiste à morigéner ses enfants en permanence, pour un oui ou pour un non, d'une manière à la limite préventive : « Les enfants ne faisaient rien de mal et leur mère n'arrêtait pas de les gronder : 'fais ceci ou cela, et plus vite que ça', sur un ton agressif et haineux. C'était horripilant. À la place des enfants, j'aurais eu envie de lui taper dessus. En plus, j'avais l'impression qu'elle ne s'adressait pas tellement aux enfants, mais aux autres personnes dans le compartiment ; qu'elle grondait ses enfants pour faire plaisir aux autres passa-

---

17 *Schwarze Pädagogik*, Berlin, Ullstein Verlag, 1977.
18 Voir notamment *Am Anfang war Erziehung* (Au commencement était l'éducation), Francfort, Suhrkamp, 1980 ; traduit en français sous le titre *C'est pour ton bien*, Aubier, 1980. Il n'est pas indifférent de rappeler que Françoise Dolto procède à une critique tout à fait semblable de l'idée même d'éducation. Mais cet aspect de son message n'a pas eu la même influence sur les styles éducatifs qu'en Allemagne.
19 Alice Miller consacre notamment un chapitre à l'enfance d'Hitler, dans lequel elle montre que la violence infligée n'est que le retournement contre autrui de la violence subie.

gers. » Ce comportement parental semble typiquement français.[20] Il part de l'idée que les enfants ont besoin d'être tenus, mais aussi qu'il importe de rassurer l'entourage sur le fait que l'adulte responsable a conscience de ses devoirs envers le reste de la société. Il s'adresse en fait aux témoins de la scène, *via* les enfants : « je vous montre que je fais tout ce qu'il faut pour que mes enfants soient bien élevés ; j'ai conscience qu'en votre présence il ne faut pas faire comme si vous n'étiez pas là et je sais ce que la société attend des bons parents. » Or c'est à peu près le contraire de ce que la société allemande attend de ses bons parents.

De nos jours, la littérature parentale tant française qu'allemande est unanime pour condamner gifles et coups, sans parler d'autres formes de châtiments corporels. Il me semble cependant que, dans la pratique, on doit se permettre encore en France un peu plus de gifles et de tapes et qu'en Allemagne, si la main vous glisse – bien malgré vous, c'est certain, mais cela arrive comme partout – la chose s'accompagne d'une intense mauvaise conscience. Car toute manifestation d'agressivité de la part des parents est tabou.

L'agressivité des enfants est également une ombre qui ne s'intègre pas bien dans le tableau de l'éducation idéale et des relations sociales et politiques auxquelles elle est censée préparer. Si la meilleure éducation est celle de la douceur et de l'harmonie et que tout ce qui vient des enfants est précieux, les parents se retrouvent très démunis face à tout ce qui perturbe cette harmonie. L'agressivité des enfants – des enfants à l'égard des parents ou des enfants entre eux – est vécue comme un échec. Cet échec prive le dévouement des parents, leur investissement en termes de temps et de renoncement à soi-même, de toute leur signification.

Je relève dans un livre destiné aux parents (qui se présente comme un journal de la vie familiale de l'auteure, mère de trois garçons, le journal est assorti d'une réflexion critique) cette phrase qui me paraît

---

20 Raymonde Carroll a décrit quelque chose de tout à fait semblable dans *Évidences invisibles* (Seuil, 1987).

caractéristique : « La concurrence entre nos fils me laisse perplexe et désemparée. Je ne suis pas comme les parents Kennedy qui aiguillonnaient encore leur progéniture. […] Je me demande au contraire à quoi rime cette concurrence perpétuelle. Pourquoi toujours l'un contre l'autre ? Est-ce que ce ne serait pas mieux les uns avec les autres ? […] Je ne crois pas que cette lutte permanente soit une bonne école de vie. Montrer sa force, jouer des coudes, toujours vouloir être le meilleur, ces rivalités permanentes entre nos enfants ne me plaisent pas. »[21] Il me semble qu'une mère française n'aurait pas pu exprimer de cette manière sa réaction face à l'agressivité et aux rivalités de ses enfants. L'agressivité est condamnée d'emblée en termes moraux, alors qu'on pourrait la considérer comme naturelle et normale, même si on ne l'approuve pas et si on a l'intention de la combattre. Caractéristique est aussi la mise en perspective du psychologique par le politique : pour cette mère de famille, la rivalité entre frères est la préfiguration d'une société concurrentielle dans laquelle chacun joue des coudes. C'est bien, selon elle, parce que tous les parents américains, à l'instar des Kennedy, encouragent l'émulation entre leurs enfants que la société américaine, modèle de tous les maux, est ce qu'elle est, une jungle darwinienne où triomphe la loi du plus fort, alors que le rôle de l'éducation devrait être de fabriquer des individus altruistes et solidaires.

Si l'on admet que l'éducation (au sens d'une intervention active des personnes qui éduquent) doit infléchir ou contrebalancer des tendances naturelles, on ne lutte pas partout contre les mêmes instincts : en France, l'éducation se doit de polir la rudesse de la nature ; en Allemagne, elle se doit de lutter contre les tendances compétitives et l'égoïsme naturel. Tout ce qui pourrait être interprété comme un encouragement à une agressivité machiste est sévèrement prohibé.

---

21 Cornelia Nitsch, *Das andere Erziehungsbuch* (*L'autre livre sur l'éducation*), Munich, Mosaik Verlag, 1990, p. 27–28. L'auteure, journaliste spécialisée dans les questions d'éducation, avait publié aussi un livre sur le premier âge, *Das andere Babybuch* (même éditeur, 1988).

Idéalisation de l'enfance et mauvaise conscience parentale

En Allemagne, on idéalise l'enfance comme un petit paradis d'où on ne verra sortir les enfants qu'à regret – dans le discours du moins. C'est un monde à part, précieux, créatif, touchant, paré de toutes les vertus oubliées des adultes, ignorant les contraintes qui pèsent sur eux, mais aussi leur inauthenticité. On idéalise l'enfance un peu comme on idéalise les cultures non-occidentales. Cette perception plus aiguë de la spécificité de l'enfance a ses avantages : la culture allemande contemporaine est très pénétrée de ses devoirs envers les enfants, elle cherche à faire justice de leur différence. Tant les individus que les institutions qui s'occupent d'enfants ont le souci beaucoup plus explicite qu'en France d'être *kindergerecht*, adaptés aux enfants. C'est au monde adulte, du moins à ses zones dans lesquelles sont présents des enfants, de se réorganiser autour d'eux, en fonction de (ce qu'on suppose être) leurs rythmes et leurs besoins. Il s'agit de ne pas détruire ce qui dans l'enfance est précieux. Le monde des adultes se retire, se met entre parenthèses pour essayer de faire place au monde des enfants, réputé incompatible avec lui, mais, en un sens, meilleur.

À l'opposé, la culture française donne l'impression de ne pas se faire tant de souci à propos de ses enfants. Ils sont là et c'est tant mieux, mais ce n'est pas une raison pour que tout s'arrête. L'idée d'une spécificité de l'enfance n'est pas été interprétée comme une raison de réorganiser la vie exclusivement autour d'elle. Ce n'est pas qu'en France les parents n'aient pas le souci de tout faire pour le bien de leurs enfants, ni que la société, collectivement, ne fasse rien pour eux. Mais ce souci prend moins la forme d'une recherche de l'harmonie avec la spécificité de l'enfance. On a plus tendance à voir dans l'enfant l'adulte futur et à le traiter comme tel.

L'idéologie éducative allemande a mis l'accent sur le pôle enfant, au risque de négliger le pôle adulte et ses besoins propres, qui ne coïncident pas nécessairement avec ceux de l'enfant. Elle s'est peut-être même exagéré l'incompatibilité entre les deux. Cette attitude de respect – tout ce qui vient de l'enfant est bon et il faut le préserver, ne pas le détruire ni le manipuler – a quelque chose de sacrificiel. J'ai eu parfois le sentiment que les parents allemands étaient empêchés d'être eux-mêmes, empêchés de dire que parfois leurs enfants leur cassent les pieds et que ça les embête de faire des pâtés à longueur d'après-midi.

Selon les présupposés de cette idéologie éducative, il est clair qu'on n'en fait jamais assez. Du coup, le sentiment de ce qui est dû aux enfants, tant par les parents que par les institutions qui les accueillent, est, bien plus qu'en France, la source d'une intense mauvaise conscience collective : nos sociétés industrielles et post-industrielles seraient fondamentalement hostiles aux enfants, trop égoïstes, trop tournées vers la jouissance immédiate pour avoir du temps pour leurs enfants, auxquels on impose une vie citadine, casernée dans des institutions. Cette mauvaise conscience est un leitmotiv dans la presse, dans la littérature spécialisée et dans le discours de certains politiques.

La culture allemande contemporaine n'est pourtant pas plus hostile aux enfants que d'autres sociétés occidentales. Elle est même plus douce – et aussi plus disponible – que la culture française contemporaine. En revanche elle est terriblement hostile aux parents.

L'École
Einschulung

L'entrée à l'école est un rite de passage d'autant plus important que ce qui précède, on l'a vu, n'est surtout pas de l'école. Il y a un mot pour désigner ce rite : c'est l'*Einschulung*. Le mot, ainsi que la tournure passive qui lui correspond (*ein Kind wird eingeschult*), est intraduisible : littéralement « la mise à l'école », comme si l'enfant était enrôlé à l'école, comme si le mettre à l'école revenait à lui faire violence. La tournure semble exclure que l'enfant puisse entrer avec plaisir à l'école.

L'École

L'*Einschulung* est censée marquer l'entrée dans le « sérieux de la vie » (*der Ernst des Lebens*), la fin d'un âge qui serait marqué par l'insouciance et le jeu, par l'absence de devoirs et de contraintes. Comme si l'enfance n'était que le vert paradis de l'innocence et l'école un vaste pensum, une calamité détruisant brutalement cet âge d'or. L'école allemande d'aujourd'hui est pourtant tout sauf un pensum. Mais c'est la représentation qui domine dans la tête des adultes qui assimilent presque l'entrée à l'école à un petit deuil. Je note cette remarque d'une mère de famille décrivant ses sentiments à la veille de l'entrée à l'école de son aîné : « Je voyais une période terrible s'abattre sur notre famille, période qui allait être marquée par la pression des notes, les comportements de concurrence, l'absence de motivation, la résignation, l'échec scolaire et le refus de l'école. »[22] Une telle attitude paraîtra exagérément négative et pathétique à des parents français. Mais elle est très représentative des sentiments que les parents allemands associent à l'école. Il est clair que ces sentiments-là ne sont pas ceux des enfants, mais ceux que les adultes projettent sur eux. C'est encore la mauvaise conscience des parents qui s'exprime dans cette vision négative de l'école. C'est dire aussi la méfiance obligée de cette génération de parents vis-à-vis de l'école : c'est cette institution contre laquelle, passé un certain âge, on ne peut plus, hélas, défendre la précieuse enfance, mais qui en brisera à jamais l'idylle (supposée). Il ne viendrait pas à l'idée des parents français d'interpréter l'entrée à la grande école, qui ne constitue de toute façon pas pour les enfants français un changement de la même ampleur puisqu'ils vont déjà « à l'école » depuis longtemps, comme un événement triste. Si les parents projettent quelque chose sur les sentiments des enfants, ce serait plutôt de la fierté (Vous êtes des grands ! Vous allez faire plein de choses intéressantes !).

L'*Einschulung* est célébrée par une petite cérémonie dans la grande salle de l'école, qui a lieu en général quelques jours après la

---

22 Cornelia Nitsch, *Das andere Erziehungsbuch*, *op. cit.*, p. 24–25.

rentrée des autres classes, de préférence un samedi matin pour que la famille puisse être présente. Les nouveaux arborent une *Schultüte*, sorte de pochette surprise géante, qui contient divers petits cadeaux tels que jolis crayons, peintures et autres fournitures scolaires, mais aussi une grande quantité de bonbons destinés à adoucir cette circonstance notoirement cruelle de l'existence. La *Schultüte* est depuis toujours l'attribut obligé de cette journée et des photos qui l'immortalisent.

Le directeur ou la directrice fait un petit discours devant les enfants (sur leur trente et un, nœuds-nœuds dans les cheveux pour les demoiselles – à Berlin les petits Turcs sont particulièrement chic) et leurs parents réunis (parfois aussi les grands-parents sont de la partie). On explique aux enfants que c'est un grand changement dans leur vie. Les enfants de deuxième année proposent un petit spectacle qu'ils ont préparé à l'intention des nouveaux. Dans notre école, ils leur avaient même envoyé personnellement de jolies cartes d'invitation spécialement coloriées par eux. Enfin, les enfants sont appelés par leurs maîtres ou maîtresses respectifs et conduits dans leur salle de classe pour y faire connaissance. C'est le moment que les nouveaux, qui n'ont rien écouté du discours et rien vu du spectacle, choisissent pour éclater en sanglots et s'agripper à la main de leur maman. Au bout d'une heure environ, ils retrouvent leurs parents. L'école ne commencera vraiment que le lundi suivant.

Avant que Mi. n'entre à l'école, je n'avais pas pris la mesure de ce rite de passage. Quand mes beaux-parents ont annoncé qu'ils viendraient à l'*Einschulung*, j'ai été interloquée et je me suis dit d'abord « Mais de quoi se mêlent-ils ? » J'étais choquée par tout le bruit fait autour de la chose et il me semblait que la perspective de la cérémonie ajoutait à l'angoisse des enfants. Ma mère était étonnée, elle aussi, à l'idée qu'on aurait pu attendre d'elle qu'elle se déplace comme les autres grands-parents. Une pareille chose ne lui serait jamais venue à l'esprit. Il a fallu qu'on m'explique que c'était normal : on se déplace pour la circonstance, un peu comme pour un baptême ou pour une occasion importante de l'existence : ma belle-sœur est venue spécialement à Berlin pour l'*Einschulung* de sa filleule.

L'entrée à l'école étant censée être un petit choc dans la vie de l'enfant, on s'interroge longuement sur son opportunité. Le cas échéant, on décide de la reporter d'un an. D'une manière générale, les enfants allemands sont déjà un peu plus âgés – six mois de plus – que les enfants français lorsqu'ils entrent à l'école, puisque sont *eingeschult* seuls les enfants qui sont nés à partir du 1er juillet (et non pas du 1er janvier comme en France). Non content de faire entrer les enfants à l'école six mois plus tard, le système allemand est extrêmement réticent à toute anticipation de l'âge légal.

Cette réticence est partagée par les parents. Alors que le parent français normalement constitué s'efforce par tous les moyens de donner à son enfant un an d'avance (« c'est toujours ça de pris, il pourra redoubler »), le parent allemand se demande longuement si son enfant est vraiment *schulreif* (mûr pour l'école), intellectuellement, mais aussi – et peut-être surtout – affectivement. On n'hésite pas à retarder d'un an l'entrée à l'école. *Das Kind darf noch ein Jahr spielen* (l'enfant pourra jouer encore un an), dit-on dans ce cas, comme si c'était un cadeau qu'on lui faisait : un an de répit avant l'enfer supposé de l'école ! Bien que Mo. soit né un peu après la date butoir du 1er juillet, nous souhaitions malgré tout – en bons parents français (ou francisés sur ce point) – qu'il entre à l'école à six ans moins deux mois, parce que nous avions l'impression qu'il s'ennuyait au jardin d'enfants à force de jouer toute la journée. Réticence du médecin scolaire lors de la visite médicale obligatoire avant l'*Einschulung* : « Est-ce qu'il ne profiterait pas encore d'un an de jardin d'enfant ? »

On est très sceptique face aux enfants prodiges qui savent lire à quatre ans. La chose est d'ailleurs rare, dans la mesure où rien ni personne ne les y incite. L'enfant rêvé par les parents est moins nécessairement qu'en France l'enfant très intelligent. Si je sais dire en allemand « sauter une classe », je ne connais pas d'expression équivalente à « avoir un an d'avance » ! La chose existe, mais on ne s'en vante pas, on ne le provoque pas. On déteste d'autant plus les prouesses des enfants prodiges qu'on les soupçonne d'avoir été manipulées par les parents et de s'accompagner de déficits dans d'autres domaines, l'affectivité et l'aptitude à vivre en groupe, en particulier. On se méfie des jeunes plantes au développement forcé et probablement inégal. On leur préfère des personnalités équilibrées, qui ne sacrifient pas le social et l'affectif au cognitif. Le plus suspect est un développement artificiel, en surchauffe, qui serait l'œuvre de parents projetant leurs ambitions sur leurs enfants, leur déniant ainsi leur rythme naturel. Cette ambition est d'avance condamnée comme une manifestation d'arrivisme qui s'exercerait indûment aux dépens des enfants.

Le système n'est pas pour autant insensible au cas des enfants surdoués, qui ont, comme les autres, droit à ce qu'on tienne compte de leur rythme particulier. On est prêt à reconnaître la souffrance psychique qui peut résulter de l'obligation de s'adapter à un rythme qui n'est pas le vôtre. Il existe des écoles pour les *Schnelllerner* (ceux qui apprennent plus vite que les autres) et les enseignants ne refusent pas systématiquement de reconnaître des performances au-dessus de la moyenne. Ce qui est mal vu, c'est que ce soient les parents qui le revendiquent pour leur progéniture.

Rythmes

Les chers petits sont donc entrés à l'école. C'est une nouvelle étape de la vie, avec, pour la première fois, un emploi du temps plus structuré. On sait sans doute en France que les petits Allemands ne vont à l'école que le matin, en théorie de 8 à 13 heures 30. La matinée est découpée en six séquences de quarante-cinq minutes, avec deux récréations de vingt minutes toutes les deux séquences.[23] Pendant les

---

23 Ce rythme est malgré tout critiqué par certains enseignants ou psychologues : la matinée est trop longue, le rendement de la cinquième et la sixième séquence n'est

premières années, ce volume horaire n'est pas entièrement utilisé et les enfants sortent de l'école, selon les jours, à 11 h 30 ou à 12 h 30. À la sortie de l'école, ils rentrent chez eux ou bien ils vont dans une sorte de garderie où ils mangent et passent l'après-midi.

Il y a, surtout au début, assez peu d'heures de cours. Les enseignants n'éprouvent aucune réticence à utiliser des matinées entières, c'est-à-dire tout le temps d'école d'une journée, pour une randonnée, une visite au zoo, dans un potager scolaire ou un atelier. Par dessus le marché, le dernier jour avant tous les départs en vacances, les cours s'arrêtent après la troisième période.

On garde en général la même maîtresse ou le même maître pendant les quatre années que dure la scolarité primaire. Et la composition de la classe reste la même. D'où un fort sentiment d'identité et d'appartenance au groupe. La même chose vaut aussi dans le secondaire, où une classe peut rester intacte jusqu'au bac. Mes interlocuteurs sont parfois choqués d'apprendre qu'en France, on change de maîtresse ou de maître chaque année ou au moins tous les deux ans : on m'a parfois demandé si ce n'était pas trop dur pour les enfants d'être perturbés si souvent dans leurs habitudes. Là encore, on est plus réticent à tous les changements qui pourraient perturber les enfants et leur sentiment d'un monde stable. On est beaucoup plus soucieux de continuité et de stabilité.

Si l'école marque bien une rupture par rapport au jardin d'enfants, elle n'en est pas moins beaucoup plus progressive que l'école française. Les apprentissages se font très lentement au début, d'autant que les enfants arrivent sans aucune préparation. La comparaison entre les cahiers d'écriture de cours préparatoire de mes enfants et ceux de mes neveux français n'était pas à l'avantage des premiers. Par la suite, on continue à accorder de longs délais pour l'acquisition des compétences de base. Le système tolère mieux qu'en France que certains enfants franchissent des seuils à un rythme différent de la

---

pas toujours optimal et une vraie pause de midi serait préférable.

moyenne et on ne considère pas aussi facilement que les plus lents ne « suivent pas ». La quasi-disparition de l'enseignement frontal (sauf à l'Est), le travail autonome avec des fiches et la moindre ambition des programmes permettent de concilier les rythmes individuels et un travail de classe.

La moindre ambition des programmes ne signifie pas pour autant que les apprentissages ne sont pas systématiques ni approfondis. J'ai été frappée du caractère très décomposé et très progressif de l'enseignement des maths : on fait énormément de calcul mental sur des opérations simples avant d'apprendre à poser des opérations plus complexes par écrit, alors qu'en France on en vient plus vite à la théorie d'opérations complexes.

Les matières dites en France d'éveil (l'histoire, la géographie, les sciences...) n'apparaissent en Allemagne que dans le secondaire (c'est-à-dire à partir de l'équivalent du CM2). Auparavant, des contenus qui en France sont déjà abordés selon une logique disciplinaire sont rassemblés en une matière unique, la *Sachkunde*, terme dont la traduction exacte serait « leçons de choses ». Mais les « choses » sont entendues ici dans leur sens le plus vaste : elles comprennent tout ce qui est intéressant dans l'environnement de l'enfant. La pédagogie de la *Sachkunde* manifeste un souci de contextualisation poussé à l'extrême. On travaille toujours à partir d'observations concrètes. Toute approche qui pourrait faire appel à un savoir plus abstrait ou plus encyclopédique en est bannie, comme s'il s'agissait d'une curiosité inexistante à cet âge.

Les publications parascolaires sont moins développées qu'en France. On trouverait suspect que les familles veuillent devancer ou redoubler l'école, alors qu'en France c'est précisément par là que les parents manifestent le souci qu'ils ont de l'éducation de leurs enfants : en leur donnant tous les atouts nécessaires, du CD-ROM éducatif au séjour linguistique, en passant par l'abonnement à une revue enfantine. Quand on compare les publications pour enfants dans les deux pays, on se rend compte qu'en France elles sont plus explicitement conçues comme un complément ou un écho de l'école.

L'École

L'école allemande est en continuité avec le jardin d'enfants, en dépit de la rupture que la société – les parents – s'ingénient à associer à l'*Einschulung*. Transmettre des savoirs n'est que l'un des buts explicites que se donne l'école. Façonner des personnalités équilibrées et continuer à former les enfants à la vie en commun est aussi l'une de ses tâches, et non la moindre. Il n'y a pas de hiérarchie en faveur des apprentissages cognitifs – hiérarchie qui s'exprime traditionnellement en France dans la division du travail entre les surveillants et les enseignants, le maintien de la discipline et la régulation du comportement étant considérés comme des basses besognes, alors que la transmission des savoirs est une tâche noble. On a, en Allemagne, une conception beaucoup plus intégrée de l'éducation, conçue comme un tout qui associe le savoir et les valeurs morales. Ce sont les enseignants eux-mêmes qui assurent la surveillance des récréations. Dans le bulletin, le comportement social, l'aptitude à travailler en groupe ou à réagir de manière appropriée dans des situations de conflit font l'objet d'un commentaire très approfondi, ce qui témoigne de l'importance qu'on accorde à cet aspect du développement de la personne. Comme dans le monde anglo-saxon, éducation et instruction sont liées. C'est une évidence pour tout le monde, une évidence politique, que l'école a pour mission d'éduquer à la démocratie, pas seulement de transmettre des savoirs. Les institutions éducatives allemandes dans leur ensemble ont le souci d'initier aux règles de la vie collective, que ce soit les bonnes manières, les règles de la circulation, les échanges et la démocratie au sein d'un groupe. L'apprentissage de la démocratie commencé au jardin d'enfants se poursuit à l'école primaire – et au-delà, alors qu'en France, l'apprentissage de la vie collective n'est vraiment explicite qu'à la maternelle – et n'a d'ailleurs pas cette dimension politique d'un apprentissage de la démocratie. L'école primaire française a, de fait, une fonction socialisante, mais l'apprentissage de la vie collective n'y est plus aussi explicite. L'enseignement de morale est déjà quelque chose de plus abstrait, une initiation au fonctionnement des institutions (la mairie, les élections...), donc l'acquisition d'un savoir, plutôt que la pratique de gestes et de situations (débat, négociation). Quant aux étapes ultérieures du cursus scolaire français, cette dimension disparaît complètement, j'y reviendrai.

La question de l'école et des attitudes pédagogiques oppose aussi les Allemands de l'Ouest aux Allemands de l'Est. L'école de l'ancienne RDA continue, malgré quelques doutes récents (liés au choc provoqué par l'enquête PISA) à avoir très mauvaise presse auprès des Allemands de l'Ouest. Une de mes étudiante, ouest-allemande installée à l'Est avec sa famille, se dit horrifiée par l'école que fréquente sa fille : « Est-ce qu'ils ne connaissent pas d'autres méthodes pour motiver les enfants que de mettre dans la marge un tampon avec un smiley triste pour souligner les erreurs et un smiley joyeux quand c'est juste ? Est-ce que le but de l'école est seulement de juger le travail des enfants en distinguant ce qui est juste et ce qui est faux ? » Elle avait déjà refusé de mettre sa fille au jardin d'enfants municipal, préférant la garder à la maison et l'a retirée très vite de l'école primaire publique pour la mettre dans l'école Montessori qui venait d'ouvrir. Une collègue, ouest-allemande installée à l'Est depuis le début des années 1990, m'a dit avoir été très soulagée, quand, pour des raisons professionnelles, son mari et elle se sont réinstallés à l'Ouest l'été qui a précédé l'*Einschulung* de leur aîné. Le traditionalisme de la pédagogie de l'Est, sa façon de privilégier les apprentissages cognitifs et son autoritarisme lui faisaient très peur.

Le Hort

L'institution qui accueille l'après-midi les enfants du primaire dont les parents travaillent s'appelle le *Hort*. Le *Hort* est souvent associé à un jardin d'enfants dont il est le prolongement. Le même établissement accueille les petits d'âge pré-scolaire dès le matin et les écoliers du primaire à l'heure du déjeuner. Le *Hort* s'appelle parfois un *Schülerladen*, quand il est le prolongement d'un *Kinderladen*. Au début de

L'École

l'année, les éducatrices viennent chercher les nouveaux écoliers à l'école et répètent avec eux pendant plusieurs jours le chemin jusqu'à ce qu'ils soient capables de le faire tout seuls. Par la suite, les enfants font le chemin en petits groupes, tous les enfants qui fréquentent le même *Hort* devant rester ensemble. À l'occasion, on leur apprend à bien respecter les règles de la circulation. Les éducatrices parlent aussi avec eux de ce qu'il faut faire si on est molesté par des adultes ou par d'autres enfants. Au *Hort*, les enfants mangent avec leur groupe et leur éducateur. Ils font leurs devoirs, avec l'aide d'un adulte si nécessaire. Puis ils jouent ou font des activités manuelles, vont parfois à la piscine ou au cinéma. L'après-midi peut aussi bien se passer à discuter entre copains ou copines d'une manière informelle, avec ou sans les éducateurs, dont le rôle, à ce stade-là, est plutôt d'être des interlocuteurs. Là aussi, et moins encore qu'au jardin d'enfants, aucune activité n'est imposée. Les enfants font ce qu'ils veulent avec qui ils veulent. Ils peuvent même, après s'être mis d'accord avec les éducateurs, sortir pour aller s'acheter quelque chose au kiosque. La plupart rentrent chez eux dans l'après-midi sans que les parents viennent les chercher. Parfois ils quittent le *Hort* plus tôt pour aller de manière indépendante à une leçon de musique ou à un entraînement sportif... Comme le jardin d'enfants, le *Hort* a l'ambition d'être une seconde maison. C'est l'endroit où, étymologiquement, on s'abrite en l'absence des parents.

Le *Hort* est en fait un lieu qui se distingue à la fois de l'école et de l'univers familial. La division du travail entre l'école et le *Hort* est stricte : l'école enseigne et forme, mais elle n'a pas pour mission de garder les enfants en dehors du temps scolaire proprement dit. Les enfants peuvent d'ailleurs être renvoyés pour des motifs divers : absence d'un maître ou ... chaleur excessive.[24] L'école part du principe qu'il y a toujours quelqu'un à la maison ou que les enfants fréquentent un *Hort* (ouvert dès le matin, puisqu'il fait aussi office de jardin d'enfants).

---

24 Quand la température des classes dépasse un certain seuil, les derniers cours de la matinée sont annulés, les enfants sont *hitzefrei*, libérés pour cause de chaleur.

Le *Hort* est un lieu plus décontracté que l'école : pas d'horaires, sauf celui du repas, pas de stress scolaire, pas d'activités imposées, pas d'obligations sauf celles liées au bon fonctionnement de la vie collective (ranger, dire où on va, avec qui et combien de temps si l'on veut sortir pour les plus âgés), des relations amicales avec les éducateurs. Le *Hort* est plutôt un lieu de vie. Les éducateurs sont de très bons interlocuteurs pour les problèmes de la vie personnelle : difficultés avec la maîtresse ou dans la classe (dont les éducateurs entendent parler avant les parents), difficultés avec les parents ou les frères et sœurs, discussions sur le monde comme il va, mais aussi rivalités ou animosités à l'intérieur du groupe.

Le caractère convivial et plus intime du *Hort* (les groupes sont moins nombreux qu'une classe) induit des comportements plus individualisés, plus proches de ce que seraient les comportements et les manières privées. Je pense notamment aux repas, qui n'ont rien à voir avec ceux d'une cantine française. La petite taille du groupe, la présence d'un éducateur qui partage le repas avec les enfants et n'a donc pas le même statut qu'un surveillant de cantine en France permet d'éviter les comportements de défoulement collectif. Les dynamiques de groupe y sont moins fortes. Le *Hort* n'est pas tout à fait la maison, mais on s'y comporte un peu plus comme chez soi, c'est-à-dire mieux qu'à la cantine en France.

Le *Hort* est une institution intéressante : elle multiplie pour les enfants les interlocuteurs et les relais, puisqu'aux parents et aux enseignants s'ajoutent la personne des éducateurs. Et elle assure, plus encore que l'école, l'interface avec le monde extérieur. Son principal inconvénient est d'être coûteuse pour la société, dans la mesure où tout est en double par rapport à l'école, les locaux et le personnel d'encadrement.[25] Le nombre de places de *Hort* est de toute façon très

---

[25] 2017 : entre temps, le modèle de la *verlässliche Grundschule*, l'école fiable, qui offre une cantine et un encadrement pour l'après-midi et ne renvoie pas les enfants à la maison pour un oui ou pour un nom en supposant qu'il y a quelqu'un à la

L'École

inférieur au nombre d'enfants scolarisés. Là encore, il y a des disparités régionales et si, à Berlin et dans les Nouveaux Länder, la demande est à peu près satisfaite, il n'en va pas de même en Allemagne de l'Ouest. Le coût de l'institution n'est sans doute pas étranger à son insuffisance quantitative. Mais, là encore, beaucoup de gens considèrent une telle mesure comme un pis-aller par rapport à ce que serait le retour immédiat à la maison. Il vaut certes mieux aller au *Hort* que d'être un *Schlüsselkind* (un enfant qui a la clef de chez lui autour du cou et qui reste à la maison tout seul en attendant le retour des parents), mais le retour immédiat à la maison avec la présence de maman serait préférable. Ce n'est pas mon avis : je pense au contraire que l'institution du *Hort*, sans équivalent en France, est très bénéfique, socialement et psychologiquement, parce qu'elle offre une occasion de diversifier les relations par rapport à l'école et à la maison.

Une autre conception du bien de l'enfant

À l'âge de l'école encore, les deux cultures ont une idée très différente de ce qui est bon pour leurs enfants, de l'investissement qu'il convient de faire pour eux. La pression sociale s'exerce différemment. En Allemagne, c'est toujours du temps qu'il faut consacrer à ses enfants. Il faut créer autour d'eux une ambiance rassurante et dépourvue de stress pour qu'ils se développent affectivement et intellectuellement. En France, il faut leur donner non pas tellement du temps, mais, en sus de l'école, beaucoup d'activités qu'on n'appelle pas impunément para-scolaires, des activités qui complètent ce qui se fait à l'école et qui donneront tous les atouts pour réussir dans la vie, la réussite s'identifiant essentiellement à la réussite professionnelle et sociale.

---

maison pour les garder s'est développé. Mais il n'y a pas de cours l'après-midi, seulement une aide au devoir ou des activités. Une *verlässliche Grundschule* est en fait une école avec un *Hort* intégré.

Styles pédagogiques
La réforme pédagogique des trente dernières années

Avec les figures de Katharina Rutschky et d'Alice Miller, j'ai évoqué précédemment certaines sources de l'idéologie éducative dominante. Il n'est pas indifférent de rappeler que des idées semblables ont été proposées et débattues en France dans les années 1970. On trouve chez Françoise Dolto une critique, très voisine de celle d'A. Miller, de l'idée même d'éducation : les adultes n'ont pas à vouloir éduquer spécialement. C'est un souci superflu et même nocif. Les adultes doivent se contenter d'être eux-mêmes. L'éducation se fait d'elle-même, dans la vie commune des adultes et des enfants, dans une situation authentique. En France comme en Allemagne, tout le monde a lu Neill et Illitch. Mais de cette réflexion, au fond commune à tous les pays occidentaux dans les années 1960 et 1970, les sociétés française et allemande ont fait un usage très différent.

En France, aujourd'hui, les expériences qui entendaient traduire ces idées dans les faits, sont totalement marginalisées, la pédagogie Freinet notamment, alors qu'elle représentait jusque dans les années 1970 une référence en matière d'innovation pédagogique. Le retour du balancier des années 1980, conjugué à la peur du chômage, a eu pour effet de réduire l'influence sur l'ensemble de l'institution et de toutes les expériences qui se déroulaient sur ces marges.

Ce retour de balancier ne s'est pas produit en Allemagne. Les années 1980 n'ont pas été la décennie où l'on revient de tous les idéaux révolutionnaires, mais le temps de leur mise à l'épreuve, de leur assagissement et aussi de leur assimilation par la mentalité collective et par l'institution. Des expériences qui s'étaient développées en marge de l'école publique – les écoles Waldorf ou Montessori – ont contribué à modifier l'institution publique. Ce qui ne s'est pas produit en France d'une manière aussi caractéristique. D'où le contraste entre la France et l'Allemagne, contraste d'autant plus marqué que l'on avance dans le cursus scolaire.

Historiquement, le début de cette rénovation pédagogique correspond à une vaste interrogation collective sur le passé nazi, au début du processus de *Vergangenheitsbewältigung* (confrontation avec le passé) ou, plus précisément, au moment où ce processus s'étend à l'ensemble de la société et de l'opinion.

Bien avant 1968, des voix isolées avaient attiré l'attention sur la dimension éducative de la catastrophe nazie. Pour Adorno et ses coauteurs de la fameuse étude sur la *Personnalité autoritaire*, l'éducation autoritaire – dispensée sous le régime nazi lui-même mais aussi en amont – est une des causes de l'acceptation massive du régime.[26] Cette éducation prédisposait les individus à l'obéissance aveugle et au respect de l'ordre établi. Elle ne les avait pas préparés à vivre en démocratie. Après 1945, on a voulu former des citoyens acceptables pour la démocratie par le moyen d'une éducation différente. Ce qui supposait d'éduquer chez eux le sens de la responsabilité morale, l'esprit critique, l'esprit de coopération, la tolérance et le courage civil.

Dans un autre texte qui a été aussi une référence pour toute cette réflexion pédagogique, « Éducation après Auschwitz », Adorno plaide pour l'apprentissage d'une raison critique permettant aux individus d'échapper à « l'identification aveugle avec le collectif ». Il dénonce un idéal de force et de dureté qui a privé les individus de leur capacité à éprouver des émotions et à tirer la leçon critique de leurs expériences : « La seule force qui peut véritablement s'opposer au principe d'Auschwitz serait l'autonomie, s'il m'est permis de citer l'expression kantienne ; la force de réfléchir, de décider soi-même, de refuser de participer ».[27] En Allemagne, toute réflexion pédagogique a eu et continue d'avoir une dimension politique et historique très forte :

---

26 T. W. Adorno, E. Frenkel Brunswik, Daniel J. Levinson, R. Nevitt Sanford, *The Authoritarian Personality*, New York, 1950.
27 Il s'agissait à l'origine d'une conférence prononcée à la radio en 1966. « Erziehung nach Auschwitz », in *Stichworte. Kritische Modelle 2*, Francfort, Suhrkamp, 1969, p. 90.

c'est pour rendre définitivement impossible le retour de ce qui s'est passé entre 1933 et 1945 qu'il fallait réformer de fond en comble toute l'institution éducative.

La réforme a eu lieu.[28] Ce qui représente une immense transformation de la société allemande, une transformation par la base dont on ne perçoit pas l'ampleur et les effets en France, parce qu'une telle transformation se situe en deçà de l'actualité politique et diplomatique.

C'est le poids de l'histoire, mais aussi le retour critique sur le passé qui expliquent la profondeur de ces transformations. L'Allemagne a pris bien plus au sérieux, presque au pied de la lettre parfois, les idées de la pédagogie nouvelle. Ces idées ont ainsi modifié les institutions bien plus profondément qu'elles ne l'ont fait en France. La transformation des styles pédagogiques correspond d'ailleurs à une rupture entre les générations qui est beaucoup plus marquée qu'en France.[29]

La rénovation pédagogique des années 1970, en liaison avec le début d'une *Vergangenheitsbewältigung* collective, ne surgit d'ailleurs pas *ex nihilo*. Par-delà la période 1933-1945, elle renoue avec la réflexion réformatrice du début du siècle, connue sous le nom de mouvement de la pédagogie réformée (*reformpädagogische Bewegung*). On regroupe par là des réflexions et des expériences pédagogiques

---

28 Elle n'a pas eu lieu en RDA, à laquelle les Allemands de l'Ouest ont reproché un style pédagogique autoritaire et peu apte à façonner des personnalités démocratiques. Ce style éducatif est mis en relation avec l'absence « d'examen du passé », la RDA s'étant effectivement prévalue, dès son origine, d'une posture de résistance collective au nazisme, ce qui la dispensait de tout examen de conscience.

29 Cf. Claudine Attias-Donfut, « Generationsverhältnis und sozialer Wandel » (Rapport des générations et mutation sociale), in *Wertewandel in Deutschland und Frankreich. Nationale Unterschiede und europäische Gemeinsamkeiten* (*Mutation des valeurs en Allemagne et en France. Différences nationales et points communs européens*), Opladen, Leske und Budrich, p. 193-194 : le fossé générationnel est plus grand en Allemagne. Il correspond à une rupture dans les styles éducatifs plus violente qu'en France, mais aussi à une rupture plus profonde dans les styles de vie et les valeurs.

diverses, indépendantes les unes des autres et parfois contradictoires, dont le point commun est la recherche d'alternatives à l'éducation traditionnelle pour accompagner la modernisation de la société et son évolution vers des formes politiques et sociales modernes et démocratiques.

La pédagogie réformée elle-même ne naît pas de rien. Elle s'appuie sur la tradition léguée par des pédagogues comme Pestalozzi ou Fröbel au début du XIXe siècle.[30] Le dénominateur commun de ces critiques du style éducatif dominant est le refus de l'autoritarisme. Le rapport autoritaire entre enseignant et enseigné, les méthodes *ex cathedra* doivent être remplacés par un rapport empreint de camaraderie et de respect, par l'auto-apprentissage, par un enseignement dialogué. En outre, l'éducation doit s'appuyer sur une meilleure compréhension du développement de l'enfant, de ses capacités et de ses besoins. Elle doit aussi prendre en considération ses aspirations psychiques profondes, sa créativité et ses dispositions artistiques. L'idéal est celui d'un développement harmonieux de l'individu et de toutes ses facultés sociales, manuelles, intellectuelles et artistiques. L'enseignement artistique a joué un rôle particulièrement important dans certains courants du mouvement réformateur qui prônaient le dilettantisme au sens noble du terme. Ce courant a donné lieu à la création de mouvements de jeunesse, d'associations d'éducation populaire, d'orchestres, de chorales et de troupes de théâtre scolaire.

Un autre aspect de la *Reformpädagogik* est sa réflexion sur les rapports entre l'individu et la société : l'éducation doit contrebalancer l'aliénation des individus engendrée par la société industrielle, dans le cadre de laquelle, il faut rétablir des rapports harmonieux entre l'individu et le monde qui l'entoure. C'est une préoccupation que la pé-

---

30 Grand lecteur de Rousseau, Pestalozzi avait cherché à donner une application pratique à l'idée d'une éducation différente dans l'orphelinat qu'il avait fondé. Fröbel est le créateur du jardin d'enfants. Il a réfléchi à la fonction du jeu dans la pédagogie et il est l'inventeur des premiers jeux de construction.

dagogie réformée partage avec le socialisme, mais sa réponse est différente et elle s'est explicitement posée en critique du projet de société socialiste : il faut adapter la société à l'individu et non pas éduquer l'individu en fonction de la collectivité. L'éducation à la vie collective doit se faire dans le respect de l'individualité de chacun.

La volonté de réforme pédagogique s'accompagnait d'ailleurs d'une volonté de réformer d'autres aspects de l'existence (de la manière de se nourrir, de se soigner, d'en user avec son corps...) pour instaurer une meilleure harmonie entre l'individu et son univers.[31]

Ces orientations sont également celles de l'anthroposophie. Doctrine du philosophe Rudolf Steiner (1861–1925), l'anthroposophie a eu en Allemagne une grande influence dans le domaine de l'éducation et de la médecine. L'anthroposophie s'est conçue comme l'application pratique de l'anthropologie : elle se voulait la sagesse de l'humain dont l'anthropologie était le savoir. Le développement de l'individu en harmonie avec le monde qui l'entoure commande tout son système de valeurs. À ses débuts, l'anthroposophie s'est posée, elle aussi, en critique du socialisme, qui n'avait, selon Steiner, pas d'alternative à proposer au capitalisme en matière d'éducation. La pédagogie anthroposophe met l'accent sur les richesses créatives de l'individu qui seraient détruites par une éducation conçue comme une adaptation forcée.

Les actuelles écoles Waldorf sont les dépositaires du legs de Steiner. Le système Waldorf est un réseau d'établissements privés (souvent sous contrat) qui comprend des jardins d'enfants et des écoles dont certaines vont jusqu'au baccalauréat. La plupart de ces écoles, fondées au début du XXe siècle, ont été fermées sous le nazisme et refondées après 1945. Le réseau s'est considérablement développé après la

---

31 C'est, par exemple, l'époque où apparaissent les *Reformhäuser* (magasins réformés) pour une vie réformée, qui existent toujours aujourd'hui (et qui ont précédé les *Biolädem*, les magasins biologiques, qui leur font concurrence) qui vendent quelques produits alimentaires, des tisanes, des produits cosmétiques et des produits d'entretien non toxiques, parfois homéopathiques, à base de plantes, qui répondent aux exigences du soin de soi en harmonie avec les éléments.

Styles pédagogiques

guerre, en Allemagne, mais aussi à l'étranger ainsi que dans l'ex-RDA après la chute du Mur, où les écoles Waldorf constituent une alternative très appréciée au système scolaire public, suspect, aux yeux des gens de l'Ouest et de certains Allemands de l'Est d'être encore très marqué par des méthodes pédagogiques autoritaires.

Les écoles Waldorf ont la réputation d'être *musisch*, tournées vers les muses : elles font une place importante aux enseignements artistiques, au théâtre, à l'écriture créative. On y cultive tous les arts de l'expression, les arts du langage et les arts plastiques, mais aussi le bricolage et les activités manuelles. L'accent est mis aussi sur « l'eurythmie », le développement d'une gestualité et d'une motricité harmonieuses en relation avec le développement des facultés cognitives, d'où l'importance accordée à la danse et à toutes les activités dans lesquelles intervient le mouvement. L'éducation doit prendre en compte toutes les facultés – intellectuelles, artistiques, manuelles et sociales – et les mettre en relation en décloisonnant les enseignements. La pédagogie Waldorf se veut aussi une pédagogie fondée sur l'expérience : on n'enseigne pas la géométrie *ex cathedra*, mais on fait d'abord construire par les élèves leurs propres instruments de mesure. On s'efforce de réduire au minimum la pression par les notes afin de créer un climat de confiance. On cherche à développer l'intelligence sociale, le sens de la coopération et de la vie en groupe. Steiner s'est intéressé aussi à l'architecture et à la décoration qui modèlent notre cadre de vie. On essaie parfois de mettre en pratique ses idées en la matière : pas d'angles droits, mais des formes arrondies ou polygonales, pas de peinture qui, masquant le matériau d'origine en constitue une trahison, mais des lasures transparentes, des couleurs pastel.

Certaines de ces prescriptions feront sourire en France où les écoles Waldorf sont très rares et où l'on aurait tendance à considérer l'anthroposophie comme une secte. Les Allemands sont très surpris d'apprendre qu'en France, où elle est de toute façon très peu développée, l'anthroposophie est assimilée à une pratique sectaire, c'est-à-dire considérée comme un danger potentiel pour les individus et pour l'ordre public.³² En Allemagne, même quand on est critique à l'égard du dogmatisme de certains disciples de Steiner, on s'accorde à voir dans l'anthroposophie une sagesse qui a contribué au renouveau de la pédagogie et des pratiques de santé dans le sens de plus d'humanité et de respect des individus.³³ L'anthroposophie a constitué un réservoir d'idées dans lequel l'Allemagne, à divers moments de son histoire –

---

32 Il n'y a en France que 17 écoles Waldorf (dont deux sous contrat) contre 180 en Allemagne. Le président de la commission d'enquête parlementaire sur les sectes, Jacques Guyard, député PS, avait qualifié le mouvement anthroposophe de secte, ce qui suppose une grande méconnaissance et de la doctrine et du réseau d'institutions qui se réclament de l'anthroposophie. Jacques Guyard a été condamné pour diffamation (*Le Monde* du 23 mars 2000). L'anthroposophie n'en reste pas moins suspecte.

33 On reproche aux écoles Waldorf d'interpréter plus ou moins servilement le legs de Steiner, constitué par ses disciples en un corps de doctrine figé. On leur reproche aussi parfois d'avoir par rapport à la société qui les entoure une position de refus systématique (refus hypocrite de la télévision, alors qu'elle est présente dans la vie des familles, interdiction des calculettes et réticences à l'égard de la révolution informatique…). On peut s'irriter également d'une religiosité diffuse. Ce dernier aspect fait dire à certains qu'il y aurait là un danger spirituel : « Une étude reste à faire sur l'influence des élèves sortis de ces écoles anthroposophiques au sein de l'élite, surtout d'origine protestante, qui conduisent l'action des partis verts de l'espace germanique suisse, autrichien et allemand. Je la considère, quant à moi, en dépit du nombre relativement faible des anthroposophes, comme tout à fait considérable. C'est en effet grâce à la propagation de ce type de doctrines que se perpétue en Allemagne un fonds d'adoration naturiste sans équivalent dans le monde. Le lieu de convergence de ces visions naturistes étant la recherche rituelle d'un point d'osmose avec la nature, une nature qu'il faut respecter comme un être vivant, à l'égal de l'homme » écrit Michel Meyer (*Le démon est-il allemand ?*, *op. cit.*, p. 108). Voilà qui est bien alarmiste et sans commune mesure avec la réalité. Il est faux que les anthroposophes soient une petite minorité. Beaucoup de gens s'intéressent à l'anthroposophie à des degrés divers. En revanche, il est vrai qu'un certain nombre de personnalités politiques ou artistiques sont passées par les écoles Waldorf. C'est le cas, par exemple, d' Otto Schily, ministre de l'intérieur de 1998–2005 dans les deux gouvernements Schröder. Même si on est peu attiré par l'anthroposophie (ce qui est par exemple mon cas), il est tout à fait erroné d'y voir un « naturisme » qui humilierait ou haïrait l'être humain en le mettant sur un pied d'égalité avec la nature. Sur ce point, voir le dernier chapitre, consacré à la conception française d'une soi-disant philosophie de la nature en Allemagne.

dans les années 1920, puis à partir des années 1970 – a puisé des idées permettant d'accompagner les mutations de la société. La pédagogie Waldorf a joué vis-à-vis de l'institution scolaire un peu le même rôle que la pédagogie Freinet en France : un courant marginal, mais ayant influencé le système à partir de sa position marginale, à la seule différence que cette influence n'a pas disparu.

Un enseignement moins magistral

On n'enseigne et on n'apprend donc pas de la même manière dans les deux pays. Quand ils mettent les pied dans une salle de classe, les élèves et les enseignants n'y ont pas les mêmes attentes les uns envers les autres. La différence ne porte pas seulement sur les contenus mais aussi, et peut-être surtout, sur les formes, sur la manière dont ces contenus sont transmis et reçus.

Aux stades les plus avancés du cursus scolaire, dans l'enseignement secondaire et à l'université, on retrouve ce souci d'une éducation complète, ne sacrifiant pas à l'accumulation des connaissances la formation de la personnalité au lycée, associant une formation disciplinaire à une expérience existentielle plus globale à l'université. Par comparaison, l'enseignement français paraît plus exclusivement spécialisé dans la transmission du savoir.

Les comparaisons qui suivent découlent de mes observations de l'enseignement secondaire (collège et lycée d'enseignement général en France, *Gymnasium* en Allemagne) et universitaire dans les deux pays. Pour être juste, je dois préciser que la comparaison est un peu faussée dans la mesure où seulement 40 % environ d'une classe d'âge fréquente le *Gymnasium*, contre 70 % le lycée en France.[34] Sociologi-

---

34 Le système scolaire allemand comporte quatre (dans certains Länder six) années d'école primaire, au terme desquelles les élèves sont orientés vers le *Gymnasium* (le lycée classique, pour environ 30 ou 40 % d'entre eux), une *Realschule* (établis-

quement, le public du lycée n'est donc pas celui du *Gymnasium*. En outre, mes remarques portent uniquement sur les matières littéraires au lycée, sur les lettres et les sciences humaines à l'université.[35] Elles sont donc à prendre comme des tendances qu'il faudrait nuancer selon les situations particulières.

Plus on avance dans le cursus scolaire français, plus l'enseignement devient magistral. La participation de l'élève se réduit au profit de la parole de l'enseignant. Pour ceux qui ont eu l'occasion d'enseigner dans les deux systèmes, les élèves français surprennent par leur passivité. On a parfois presque l'impression que, pour eux, prendre la parole est une chose suspecte : on serait suspect de vouloir se faire mousser auprès du prof, de collaborer avec l'ennemi. Et de toute façon, la participation (sauf à la rigueur en cours de langue) « ne rapporte rien ».

L'enseignement allemand fait une place beaucoup plus importante à la parole de l'élève qui est encouragée et institutionnalisée sous la forme d'exposés et de discussions. D'une manière générale,

---

sement secondaire à vocation plus appliquée sans être directement professionnalisant, sanctionné par un diplôme en fin de 10ème classe, l'équivalent de la seconde) ou une *Hauptschule* (établissement secondaire dispensant un diplôme en fin de 9ème classe, un peu l'équivalent du brevet des collèges). Traditionnellement, le lycée est orienté vers les humanités, alors que la *Realschule* met l'accent sur les *realia* (mathématiques et sciences de la nature, dans la perspective de leurs applications). Dans certains Länder à tradition SPD (Nordrhein-Westphalen, Hambourg, Brême…), on trouve aussi des *Gesamtschulen* (écoles intégrées), créations institutionnelles des années 1970 qui conduisent aussi bien au baccalauréat qu'aux divers diplômes qui sanctionnent les cycles courts. L'obtention d'un diplôme de fin d'études dans un type d'école particulier permet le passage dans un autre type d'école (passage au *Gymnasium* après l'obtention d'un *Realschulabschuss*, par exemple). Différence importante avec la France d'aujourd'hui, seulement 35 % d'une classe d'âge environ passe l'*Abitur*. (2017 : depuis plusieurs *Länder* ont fusionné la *Real*- et la *Hauptschule* sous le nom de *Oberschule* et environ la moitié d'une classe d'âge fréquente un Gymnasium et passe l'*Abitur*.)

35 Mon expérience n'est de toute façon pas totalement symétrique, puisque je compare des cours de français – donc de littérature en langue maternelle – en France avec des cours de français – de langue étrangère – en Allemagne.

l'oral a une plus grande importance. Non que le système néglige l'écrit, mais il n'est pas centré exclusivement sur lui. Un cours au lycée est un cours dialogué. Les élèves sont plus spontanés. Ils ont à cœur de manifester une opinion personnelle dont ils attendent qu'elle soit reconnue comme telle. Ils veulent être entendus et reconnus comme des individus doués d'un jugement autonome. L'enseignant accepte le discours de l'élève comme une manifestation de son individualité, plutôt que de le juger en termes de vrai ou de faux. L'élève allemand prend la parole au risque de dire une bêtise, là où l'élève français préfère ne rien dire. De même, un devoir écrit est une expression de l'opinion de l'élève qu'il convient de respecter comme telle.

La même chose se reproduit à l'université, où la tradition de participation des étudiants est même peut-être plus ancienne qu'au lycée. Les étudiants allemands venant en France sont très surpris de trouver des travaux si dirigés qu'ils ressemblent à un cours magistral. Ils trouvent curieux que la distinction entre les deux ne soit pas plus nette et déplorent l'absence de vrais séminaires au sens qu'on donne à ce mot en Allemagne : un cours à base de discussions et d'exposés. Il y a aussi des cours magistraux (*Vorlesungen*), mais le système fait très clairement la différence entre les cours magistraux et les séminaires. La paternité du séminaire à l'allemande revient à Wilhelm von Humboldt, qui l'a instauré lors de sa réforme de l'université de Berlin au début du XIXe siècle. Selon l'idéal de Humboldt, l'étudiant doit avoir accès au savoir en train de se faire. Il doit être associé à la recherche du professeur et y participer. À l'origine, les séminaires sont précisément le lieu où s'opère cette initiation de l'étudiant à la recherche, à cette élaboration en commun du savoir. En France à l'heure actuelle, il n'y a sans doute guère qu'aux Hautes Études et dans les 3èmes cycles des universités, que l'on pratique de vrais séminaires, au sens humboldtien du terme.

Les étudiants allemands considèreraient comme une brimade autoritariste de ne pas avoir la possibilité de discuter et de tester leurs analyses dans un cadre collectif. Mais les Français, confrontés au système allemand, sont pareillement dépaysés. Une amie française qui passait un an à Berlin pour ses recherches m'a dit d'un ton agacé : « J'ai voulu assister à des séminaires en auditrice libre. La discussion était souvent très plate. C'est insupportable, ces parlottes, ces gens qui s'écoutent faire des discours alors qu'ils n'ont rien à dire. Et l'enseignant n'a pas besoin de se fouler. Il suffit qu'il anime vaguement la discussion. Mais moi j'ai autre chose à faire dans la vie. Au moins, l'avantage des cours magistraux, c'est qu'on ne perd pas son temps. »

« Les Français passent leur temps à écrire ! », s'offusquent les Allemands. Les étudiants français grattent, en effet, parce qu'ils veulent rapporter quelque chose de solide chez eux, un cours qu'ils apprendront, qu'ils utiliseront pour rédiger un devoir ou pour préparer un examen ; ils préfèrent donc que ce cours soit dense et bien structuré pour pouvoir être correctement pris en note et appris ; leur cours modèle est la synthèse bien faite (celle qui, parfois, dispense de lire un livre…). Les Allemands vont à un séminaire pour y mettre à l'épreuve leurs facultés de discussion. « Ils n'écrivent rien. Comment font-ils après ? » demandent les Français. Je me rappelle avoir été moi-même étonnée, lorsque je suivais des cours dans une université allemande au début des années 1980 de voir que les filles tricotaient. (Entre temps, le tricot est un peu passé de mode…)

L'utilitarisme des élèves et des étudiants français, leur souci que ce qui leur est enseigné soit immédiatement utilisable, ne serait-ce que dans le cadre d'un examen, est un vieux réflexe. Déjà au lycée, dans une classe d'examen, il est assez vain de vouloir s'écarter d'un iota du modèle de la prestation exigée à l'examen. Toute tentative de proposer une alternative, d'expliquer comment et pourquoi on aborde tel texte de telle manière, se heurte à l'impatience généralisée : venez-en au fait, dites-nous ce qu'il faut dire… Là où les élèves allemands considèreraient comme une brimade qu'on leur dise ce qu'il faut dire.

Qu'on se rassure dans l'Hexagone. En dépit des craintes exprimées par nos très républicains critiques du prétendu pédagogisme ambiant (le discours creux des méthodes remplacerait insidieusement le vrai savoir, etc.), l'enseignement français, du lycée à l'université, reste, par comparaison, très encyclopédique. Il place très haut la barre du volume des connaissances à acquérir.

L'enseignement allemand, même à l'université, a une ambition moins encyclopédique. Il est moins soucieux d'un volume de connaissances à acquérir et plus des processus d'acquisition. Il s'efforce de créer chez l'élève un rapport personnel à ce qu'il apprend. Face à un texte, un élève et même un étudiant allemands se demanderont en quoi ce texte leur parle, à eux personnellement. Chez les enseignants du secondaire, la bivalence des enseignants facilite peut-être un intérêt plus grand pour les questions de didactique : les enseignants ont moins le réflexe corporatiste de défense de leur discipline et plus le souci des retombées de leur enseignement pour les élèves.

D'autres procédures d'évaluation

Certaines différences s'expliquent aussi par la pression différente qu'exerce l'horizon des examens sur l'enseignement. La pression du bac au lycée, des concours et examens par la suite, est infiniment plus forte en France.

L'*Abitur* allemand, beaucoup plus que le bac français, est un examen sur mesure. Ce n'est pas un examen national. Il est organisé par les Länder. Le candidat n'est examiné que dans quatre matières choisies par lui, alors qu'en France, on passe un examen dans toutes les matières. À partir de la 11ème classe (l'équivalent de la première), les élèves choisissent quatre matières, dont deux intensives avec un coefficient plus élevés (*Leistungskurse*), comme matières d'examen. Pour les autres matières, seule compte la note de contrôle continu des deux dernières années. Les modalités de l'examen permettent donc des choix négatifs : on peut se débarrasser de ce qu'on n'aime pas ou du moins en réduire l'importance bien plus que ne le permet le jeu des sections en France.

Tout comme en France, l'Abitur suscite depuis longtemps des critiques, mais en sens inverse : on se demande s'il ne faudrait pas réintroduire un peu plus d'équilibre entre les quatre matières choisies et les autres. Tel qu'il est, en tout cas, l'*Abitur* ne pèse pas sur les années qui y préparent du même poids que le bac en France, où les années de lycée ne sont, du début à la fin, qu'une seule et unique préparation à l'examen.

La différence est encore plus criante après. En France, on passe des examens tout le temps. On en passe à la fin de chaque année, parfois de chaque semestre. Quand on ne passe pas d'examens, on a des partiels, des devoirs sur table, des galops. Et c'est pire encore quand on prépare des concours. Alors qu'en Allemagne, la plupart des unités de valeur requièrent, en tout et pour tout, un devoir fait à la maison – d'une certaine ampleur, il est vrai – en général sur un sujet choisi individuellement par l'étudiant en accord avec l'enseignant, devoir que l'étudiant remet à la date de son choix, souvent plusieurs mois après la fin du séminaire. Parfois, il peut s'agir d'un contrôle en temps limité (pour les cours de langue par exemple). On ne passe que deux séries de vrais examens, l'une au bout de 4 ou 5 semestres (l'équivalent du DEUG), l'autre pour le diplôme de fin d'études. Quand ils vont en France, les étudiants allemands sont d'abord effarés par le rythme et la pression des examens, par le volume global de travail à fournir. Les Français trouvent l'université allemande nettement moins stressante.[36]

Comme pour le bac, les examens portent sur un ensemble de questions choisies par le candidat en accord avec l'enseignant parmi les thèmes abordés en cours.[37] Les examens portent toujours sur une question de cours, ce qui contraste avec les modalités des examens et

---

36 2017 : le processus de Bologne a modifié cet état de choses.
37 Dans la plupart des Länder, ce sont les enseignants eux-mêmes qui choisissent les sujets de l'épreuve écrite du bac pour leurs élèves. Et, souvent, ils sont l'un des deux correcteurs. Mais ce n'est pas le cas en Bavière. 2017 : entre temps, tous les *Länder* ont réformé l'*Abitur* et instauré des épreuves centralisées – à l'échelle du

concours français, qui comportent paradoxalement une part plus grande d'imprévu. Faire face à l'imprévu exige à la fois des connaissances encyclopédiques et une bonne maîtrise rhétorique de l'exercice, ce qui suppose qu'on s'entraîne.

Enfin, en Allemagne, on est interrogé par ses propres professeurs (ou par une commission dans laquelle siège celui qui a assuré les enseignements de la matière examinée), alors qu'en France on est examiné par un inconnu. Les Allemands auxquels on l'explique trouvent cette modalité des examens français d'une grande rudesse psychologique. Ils sont encore plus choqués d'apprendre que certains examens ou concours sont publics. Ce facteur de stress leur paraît une torture inutile. Les examens allemands s'accompagnent beaucoup plus du souci de mettre les candidats en confiance.[38]

D'autres types de prestations

La philosophie des prestations à effectuer par les élèves ou les étudiants et le type d'exercices pratiqués sont également très différents. En Allemagne, dès le secondaire et plus encore à l'université, on accorde beaucoup d'importance aux travaux personnels qui supposent un effort de recherche ou de documentation, au détriment – du moins si l'on compare à la France – de l'entraînement rhétorique. À l'université, le modèle des travaux à rendre est celui d'un travail scientifique : les travaux sont toujours tapés à la machine avec notes de bas de page et bibliographie, comme un article scientifique, dans l'esprit du modèle humboldtien selon lequel l'étudiant doit être initié à l'activité scientifique.

Land – dans les matières fondamentales : allemand, mathématiques et une langue vivante.)
38 Traditionnellement, l'examinateur ouvrait l'interrogation en posant la question rituelle « Vous sentez-vous en état physique et psychique d'affronter l'examen ? »

Alors qu'en France il y a une grande continuité entre le type d'exercices pratiqué au lycée et dans l'enseignement supérieur. On pratique jusqu'à l'agrégation des exercices – la dissertation, le commentaire de texte ou de document – qui apparaissent dès le lycée et qui sont très strictement normés (définis par les textes officiels de l'Éducation nationale !) Ces productions sont bien conçues comme des exercices, pas comme des productions scientifiques en herbe, ainsi qu'en témoigne leur présentation matérielle (fidélité au devoir manuscrit, qui n'exige ni notes de bas de page ni bibliographie). Ils requièrent de la réflexion personnelle et la capacité de mobiliser rapidement des connaissances, mais pas de recherche documentaire. Il est d'ailleurs caractéristique qu'en France ces exercices se fassent souvent « sur table », « en temps limité », ce qui exclut par définition un travail documentaire ou bibliographique. Les travaux ne sont pas jugés sur des critères scientifiques (au sens d'un respect des normes de la production scientifique, ce qui, dans la pratique se résume à des notes en bas de page et une bibliographie), mais sur les connaissances disponibles et sur la qualité de l'argumentation. Il faut attendre la maîtrise pour voir apparaître une écriture qui obéit au modèle de la production scientifique, alors qu'en Allemagne, ce modèle s'impose dès le début.

Il y a une certaine humilité, peut-être excessive, dans ce système français qui impose de faire si longtemps des « exercices », de s'entraîner indéfiniment pour les examens et concours, un peu comme on se préparerait à une compétition sportive, là où les étudiants allemands (comme les américains d'ailleurs) prétendent être d'emblée de plain-pied avec la science en train de se faire. Le système français garantit un métier, un savoir-faire rhétorique que je n'ai rencontré nulle part ailleurs. Mais cet avantage a aussi son revers. La rhétorique argumentative (le plan dialectique), telle qu'on l'enseigne en France, du lycée à l'université, privilégie le savoir-faire par rapport aux convictions propres de l'individu. Un étudiant auquel j'essayais d'expliquer les principes de la dissertation avant son départ en France s'est déclaré choqué par le fait que la logique de l'exercice l'obligerait à envisager successivement différents points de vue contradictoires dont certains pourraient ne pas être les siens. « Alors, on pourrait à la limite m'obliger à envisager les thèses de Hitler ? Même si c'est pour les réfuter, je trouve ça ignoble ! » Le pauvre a dû être encore plus estomaqué en s'apercevant sur place que les devoirs faisaient même l'objet d'un corrigé-type ! L'idée même d'un corrigé, d'un devoir-type proposé en modèle unique à tout un groupe a quelque chose de choquant, d'autoritaire. Je montre parfois aux étudiants, à titre de document authentique, des volumes d'annales du bac avec des sujets corrigés. Ils trouvent cela très étrange. Une prestation d'élève n'appelle, selon eux, qu'une réaction individualisée : comment pourrait-on proposer un corrigé qui convienne à tous ?

D'ailleurs, à l'université du moins, il n'y a jamais de « sujet » collectivement imposé à remettre à une date précise. Ce sont les étudiants eux-mêmes qui définissent le sujet de leur devoir écrit, un peu comme un chercheur déciderait d'écrire un article sur tel ou tel sujet. Du coup, on ignore en Allemagne cette peur typiquement française – et en soi formatrice – de faire un hors sujet. Le système français privilégie une exigence extérieure – la formulation du sujet à laquelle l'individu doit se plier – alors que le système allemand privilégie l'élaboration et l'expression d'une individualité intellectuelle.

Enfin, la notation française de zéro à vingt, avec toutes les nuances qu'elle permet, mais aussi avec son tassement caractéristique autour de la moyenne, son refus de principe d'utiliser les notes proches de vingt et son usage éliminatoire – ou à caractère de message – des notes les plus basses, paraît bien ésotérique aux étudiants allemands, habitués à une notation de 1 à 6 (1 étant la meilleure note) moins chargée de sous-entendus (proche dans son esprit de la notation par lettres que l'on avait essayé d'introduire en France après 1968).

D'une manière générale, les élèves ou les étudiants allemands qui séjournent en France sont consternés par le bachotage et la quantité de travaux à rendre, qui interdit, selon eux, tout approfondissement personnel. Ils ne voient d'abord du système que son côté répressif, antilibéral, scolaire (*verschult*), qui impose le choix des matières à l'exception de quelques rares options et inflige un rythme de travail effréné, contraire à leurs habitudes en matière de gestion du temps et à l'idée qu'il se font de la vie d'étudiant... Inversement, les élèves et les étudiants français, sommés réciproquement d'observer le fonctionnement de l'école ou de l'université allemande, ont l'impression de ne pas savoir où ils vont. Ils souffrent du manque d'encadrement et ont parfois le sentiment de perdre leur temps. Ces perceptions réciproques ne font pas justice des qualités et des défauts des deux systèmes. Mais elles donnent la mesure de la différence.

Individu et dynamique de groupe

Jamais les lycéens allemands n'accepteraient d'être traités comme on traite les lycéens français. Au niveau du secondaire, et la chose s'accentue à mesure que l'on s'approche du bac, le système français est d'une grande dureté. Le quotidien des élèves est très coercitif : davantage d'heures de cours, davantage de travail à fournir à la maison. La journée des lycéens français ne laisse aucune autonomie pour une gestion individualisée du temps, alors que la journée allemande n'est pas entièrement accaparée par les occupations scolaires.

Les programmes français sont très encyclopédiques dans toutes les matières y compris dans celles qui ne sont pas les matières principales de la section, les évaluations sont permanentes, les élèves et les parents anxieux (les seconds relayant avec une redoutable efficacité l'angoisse des premiers). Les lycéens paraissent beaucoup plus fatigués et saturés. Ils sont difficiles à motiver, peut-être parce qu'ils ont rarement choisi leur section pour des raisons positives, mais parce que c'est la section considérée comme la voie royale ou parce qu'ils ont été orientés par l'échec. Faire face tant aux exigences du système en termes de contenus qu'aux attentes des usagers (et de leurs parents) en termes de réussite sociale ne va pas sans un imposant dispositif répressif qui n'a pas – ou plus – cours dans les écoles allemandes d'aujourd'hui, en tout cas pas dans la même mesure.

Il existe au XIXe et dans la première moitié du XXe siècle, en Allemagne comme en France, toute une littérature du malheur scolaire qui décrit très bien ce rapport de forces. L'univers scolaire des *Désarrois de l'élève Törless* de Musil, du *Professor Unrat* de Heinrich Mann (*L'Ange Bleu*) ou encore de *L'Institut Benjamenta* de Robert Walser, pour ne citer que des titres connus du grand public français, n'a rien à envier à celui de l'*Enfant* et du *Bachelier* de Jules Vallès. Or on a parfois l'impression que, dans la société française d'aujourd'hui, la guerre des enseignants et des enseignés que décrivait cette littérature n'a pas cessé d'avoir cours. Les relations entre enseignants et enseignés sont plus tendues qu'elles n'étaient dans les années 1970, comme si la guerre, quelles qu'en soient les causes – les exigences des programmes, la démocratisation de l'enseignement et le changement dans la composition du public scolaire – avait repris. Il me semble qu'on ne peut pas dire la même chose de l'Allemagne.

Ce qui surprend les Allemands qui ont eu l'occasion d'enseigner en France est l'agressivité et la dureté (réciproques) de la relation entre enseignés et enseignants. Ils sont parfois choqués par une demande d'autorité émanant des élèves eux-mêmes (et des familles, bien sûr, qui veulent que leurs enfants soient « tenus »). Ils sont habitués à avoir avec les élèves des relations cordiales et à pouvoir compter sur une participation spontanée. Ces relations n'excluent pas les accrochages et les conflits, mais elles n'exigent pas d'abord, comme préalable, une démonstration de force. Or les lycéens français sont demandeurs d'une autorité qu'ils ne reconnaissent comme telle que sous sa forme la plus nue : menaces, sanctions, mesures répressives diverses. De l'aveu même des élèves, la manifestation de cette force est le préalable au respect de leur part : « C'est votre faute, vous n'avez qu'à vous faire respecter, vous n'avez qu'à punir si vous voulez que nous restions tranquilles. » Ils ne sont prêts à accepter un contenu que paré des attributs de la force. Une telle attente est inimaginable de la part d'un élève allemand qui ne verrait dans ces mesures répressives, surtout si elles sont préventives, que des brimades. Il ne lui viendrait pas à l'idée de solliciter systématiquement le rapport de force, ni de considérer l'absence d'une manifestation de force comme un aveu de faiblesse.

Une classe française donne davantage l'impression d'être un groupe soudé dans l'hostilité à l'enseignant qu'une classe allemande. Dire que le chahut n'existe pas en Allemagne serait sans doute forcer le trait. Mais l'indiscipline y a moins le caractère d'une fronde collective, avec son mélange caractéristique de passivité et de résistance de principe à l'autorité. Les relations avec les élèves allemands sont plus coopératives et consensuelles, favorisées par l'habitude du travail en groupe mais surtout par cet apprentissage précoce de la vie collective. Organiser un chahut dans la classe, ce serait un peu comme saboter la société à l'échelle de la classe. Il y a des conflits, mais ces conflits sont plus liés à des questions individuelles. De même, participer en classe n'est pas nécessairement interprété par les pairs comme une tentative de fayotage. Les élèves qui ont envie de participer ne se trouvent pas en porte-à-faux par rapport à leurs camarades, comme c'est le cas en France, où ils sont pris dans un conflit entre la solidarité due au groupe et leur intérêt pour ce qui se fait en cours. C'est là un des paradoxes de l'enseignement français, qui, tout en récompensant la docilité et la soumission au système, finit toujours par mettre les éléments participatifs dans une situation de double allégeance inconfortable et malsaine. C'est un autre des paradoxes de ce système qu'il soit obligé de s'appuyer sur d'importantes mesures répressives qui restent sans effet éducatif notable.

Une autre différence dans les relations entre enseignés et enseignants est qu'en Allemagne les relations sont plus personnalisées, moins anonymes. Pas au sens où les profs iraient prendre un pot avec leurs élèves après les cours, mais au sens où ils s'efforcent de voir dans

Styles pédagogiques

les élèves autre chose que des cerveaux à remplir et des résultats à évaluer. Les élèves eux-mêmes sont demandeurs d'une attention qui aille au-delà de leurs prestations scolaires et prenne en compte leur personne et leurs projets. Ils n'excluent pas de voir dans l'enseignant un interlocuteur.

En France, on ne prend en compte que le travail et les résultats. Toute tentative de chercher l'individu derrière l'élève serait interprétée comme une entorse à l'égalité républicaine – égalité qui a en réalité pour mission de révéler la hiérarchie des capacités : un élève est ce qu'il peut, il est les capacités qu'il manifeste selon des critères précisément normés. Pis encore, cette tentative serait perçue comme une volonté de situer la relation sur un plan affectif, chose tabou entre toutes. Du côté des élèves, les pairs y verraient une demande de favoritisme. Tout échange en dehors du cours proprement dit est *a priori* suspect parce qu'on lui prête systématiquement une charge affective malsaine. Il ne me semble pas qu'on soit pour autant dans la « confusion des rôles ».

Les conséquences d'un mode de socialisation différent

S'il me semble que les enfants allemands en famille, surtout avant l'âge de l'école, sont plus tyranniques (et que le sacrifice imposé aux mères allemandes n'est pas très productif), il me semble au contraire que les enfants plus grands et les adolescents dans le cadre d'un groupe, que ce soit au *Hort* ou à l'école, n'ont pas cette attitude d'opposition frontale qui me paraît, par comparaison, typiquement française. L'attitude allemande est plus consensuelle, plus soucieuse de la bonne marche du groupe, mais aussi plus individualisée et plus autonome.

Il y a plusieurs raisons à cela : un quotidien beaucoup plus coercitif en France, mais aussi un mode de socialisation des enfants et des adolescents très différent. Les adolescents français passent le plus clair de leur temps avec leurs pairs, dans leur classe d'âge. Ils sont donc beaucoup plus soumis à des dynamiques collectives. L'une des activités naturelles du groupe de pairs est précisément la conspiration contre l'autorité de tutelle. Passant beaucoup moins de temps à l'école et plus en famille ou dans des relations et dans des activités choisies plutôt que dans la sociabilité forcée de la classe, les adolescents allemands sont moins exposés à la pression des pairs et moins pris dans des logiques de groupe.

Ils sont aussi beaucoup mieux armés pour y résister. L'apprentissage de la démocratie participative, commencée dès les plus jeunes années, se poursuit dans le secondaire où l'on retrouve une conception globale de l'éducation qui ne dissocie pas l'acquisition des savoirs de celle des règles de la vie en société. En France, au plus tard à partir du collège, toute préoccupation en matière de vie collective est complètement déconnectée de l'enseignement proprement dit et se résume à de très nécessaires mesures répressives. En Allemagne, on s'efforce toujours d'établir une continuité entre des savoirs et des pratiques, entre l'équivalent de l'éducation civique et la vie à l'intérieur de la classe ou de l'établissement, qui sont pensées comme les bancs d'essai de la société, comme une société en modèle réduit. L'école française – surtout à mesure que l'on s'approche de la fin du cursus – est un temps d'attente et de préparation, un mauvais moment à passer en dehors de la vraie vie et de la société, un sacrifice à faire.

Il n'est que de voir les réactions mitigées suscitées au départ par l'introduction de l'heure de « vie de classe » au lycée : certains enseignants considèrent la chose comme une responsabilité ingrate et pas très utile, les élèves y voient eux aussi quelque chose « qui ne sert à rien ». Tant l'institution que ses usagers sont démunis pour réfléchir ensemble aux problèmes de la vie collective, tout simplement parce qu'ils n'en ont pas l'habitude, parce qu'ils n'y ont pas été formés.

En Allemagne, on a appris aux individus à se méfier des logiques de groupe. Cette méfiance est peut-être, pour les raisons historiques que j'ai évoquées plus haut, un des articles les plus fondamentaux dans la doxa psycho-politique allemande contemporaine : les dynamiques de groupe peuvent être dangereuses. Le rôle d'une éducation bien comprise et des adultes responsables est de prévenir ces mécanismes et de mettre les jeunes en situation de se défendre. Que ce soit au *Hort* ou aux différentes étapes du cursus scolaire, les phénomènes de bandes et le harcèlement sont observés avec beaucoup d'attention par les enseignants et les éducateurs. Ils font éventuellement l'objet de discussions collectives ou de mesures : on encouragera un enfant ou un adolescent à se défendre, à faire valoir ses droits, à ne pas se laisser manipuler par les autres. Ce qui n'empêche pas par ailleurs d'être *gruppenfähig* (capable de vivre en groupe). Dans des situations semblables, les enfants et surtout les adolescents français sont beaucoup plus livrés à eux-mêmes. Les enseignants français sont assez indifférents à ce genre de problèmes et considèrent qu'ils sont plutôt du ressort du conseiller d'éducation, ce qui reflète l'éternelle hiérarchie entre l'instruction et l'éducation, entre le savoir – principale valeur reconnue – et le reste.[39]

Personnalité autoritaire contre personnalité démocratique ?

Le comportement des adolescents français, façonné par une institution scolaire coercitive et par une socialisation entre pairs, me semble présenter certains aspects de la « personnalité autoritaire » décrite par Adorno et ses co-auteurs. Certes tous les aspects de la personnalité autoritaire énumérés par l'étude – la peur de tout ce qui est étranger ou la peur de l'autre – ne se constatent pas chez les ado-

---

[39] 2017 : la situation a évolué en France avec les projets de développement de la « vie lycéenne ». Le harcèlement est reconnu comme un fléau à combattre. Mais quand je compare les ressources mises à disposition par l'Éducation nationale et par le Sénat de Berlin, les premières consistent à réaffirmer des grands principes, les secondes vont beaucoup plus loin dans l'offre de procédures de remédiation.

lescents français. Mais on retrouve chez eux la demande d'une autorité extérieure perçue comme sécurisante et la soumission à des dynamiques de groupe qui interdisent un comportement autonome et critique. Ni l'une ni l'autre n'empêchent les comportements de rébellion, bien au contraire.

Le groupe de pairs à l'école est le prototype du groupe solidaire. On peut voir dans ces comportements scolaires une préfiguration de comportements ultérieurs, en particulier dans le monde du travail et les conflits sociaux : opposition frontale reposant sur une solidarité horizontale et définie par le statut en France ; recherche du compromis qui suppose une individualisation plus poussée des négociations en Allemagne.

En France, on vit mentalement sur le schéma de l'opposition « nécessaire ». Les dynamiques collectives que j'ai essayé de décrire chez les lycéens français sont encouragées par l'institution scolaire, mais aussi, plus sournoisement, par la conscience collective et la culture psychologique commune. Avoir su s'opposer au père ou à ses figures de substitution, faire l'expérience de la solidarité horizontale dans le groupe est spontanément considéré comme une expérience adolescente formatrice. C'est dans ce sens que va notre doxa psychologique. Les comportements d'opposition auraient quelque chose d'honorable et même de psychiquement sain, par opposition à la collaboration et à la recherche de la solution négociée.

L'opinion publique allemande a été assez choquée par les mauvaises performances des ses élèves relevées par l'enquête PISA en 2001 et on s'interroge sur les causes de ce qui est perçu comme un petit désastre national. Les hypothèses formulées sont variées et vont de la remise en cause du *Freispiel* au jardin d'enfant et de l'*Einschulung* tardive. On voit même apparaître un soupçon d'intérêt pour les institutions éducatives de l'ancienne RDA : la RDA n'aurait-elle pas eu une meilleure école ? Ce qui est un comble quand on sait à quel point ses institutions sont été traînées dans la boue ces dix dernières années.

Mais il est une chose que l'enquête PISA – du moins sa récente édition – ne mesurait pas : c'est précisément le rôle socialisateur de l'école. Dans ce domaine, il est à parier que les résultats de l'Allemagne auraient été plutôt bons.

Choix existentiels
Vocation contre « logique de l'honneur »

Rencontre d'étudiants français et allemands lors d'un séminaire organisé dans le cadre d'un partenariat entre leurs deux universités : les Français – en fait toutes des françaises – sont en licence de LEA. Les Allemands sont titulaires de l'équivalent du DEUG, sont donc eux aussi en cinquième ou sixième semestre, mais ils sont dans l'ensemble un peu plus âgés, parfois nettement plus. Bien que plus jeunes, les Françaises savent dans l'ensemble très précisément ce qu'elles vont faire une fois leur diplôme de LEA en poche, quel stage dans quelle entreprise, quelle formation complémentaire pour quels débouchés. Elles ont un but professionnel à assez court terme. Du côté allemand, à l'exception de ceux qui préparent un diplôme d'enseignement, personne ne sait ce qu'il ou elle va « faire plus tard ». Personne ne s'est encore posé très concrètement la question et n'est pressé d'arrêter son choix. Chacun dit explicitement vouloir profiter de sa vie d'étudiant. Les Françaises jugent cette attitude puérile et irresponsable. Elles veulent en finir au plus vite. C'est, d'après elles, le seul choix vraiment adulte, tout le reste est du dilettantisme. Les Allemands, au contraire, s'étonnent de tant d'acharnement à vouloir entrer si vite dans la vie active. Ils ne sont pas pressés de s'installer dans la vie. Les Françaises raisonnent toutes en termes de débouchés, terme pour lequel nous cherchons en vain un équivalent allemand exact.

Il se peut bien sûr que la comparaison soit faussée par le fait que, de tous les cursus de langues, la filière LEA est une des plus professionnalisantes. Il existe certainement aussi des étudiants français qui s'inscrivent à l'université sans savoir ce qu'ils veulent faire. Mais j'ai été aussi frappée par la manière dont les lycéens français, déjà, envisagent leur avenir professionnel. Même quand ils n'ont pas une idée très précise de ce qu'ils veulent faire après le bac, ils sont déjà très précisément informés des filières académiques possibles et des débouchés. Alors que les Allemands, à ce stade, se contentent d'avoir une idée du domaine dans lequel ils aimeraient travailler plus tard. En outre, et c'est là le point décisif, les jeunes Français se déterminent dans leurs choix en fonction de l'offre sociale, des points de chute possibles dans la vie active (quelle niche professionnelle correspondant à mes capacités est susceptible de m'accueillir ? comment la trouver ?) alors que les Allemands commenceraient plutôt par se déterminer en fonction d'eux-mêmes (quelle occupation correspondant à mes goûts me permettra de me réaliser ?) avant de se demander comment donner corps à ce projet dans la société telle qu'elle est.

Les projets professionnels des lycéens français sont presque toujours pensés en termes d'ambition sociale (que l'individu vise à accéder à un statut plus élevé ou à retrouver par son cursus personnel le statut de sa famille) : « s'en sortir », « arriver à quelque chose dans la vie » sont des expressions qui reviennent souvent même dans la bouche de ceux qui ne viennent pas des classes les plus défavorisées de la société. Ils voient la société et la vie professionnelle comme une échelle à gravir. La hiérarchie des choix – entre l'enseignement général et l'enseignement technique, entre les grandes écoles et l'université – est donnée à l'avance par la société ; l'individu se détermine dans ses choix en fonction de cette hiérarchie qu'il a intériorisée. Un cursus académique, un débouché professionnel, immédiatement interprétables en termes de hiérarchie sociale, sanctionnera leur position dans la société.[40] Non que les Allemands soient indifférents à la réus-

---

[40] C'est le sens du concept de « logique de l'honneur » forgé par Philippe d'Iribarne en référence au ressort du gouvernement monarchique chez Montesquieu, qui est précisément l'honneur. Cf. *La Logique de l'honneur*, Seuil, 1989 (1993 pour la

site professionnelle, mais elle n'est pas définie aussi fortement par une hiérarchie préexistante dans la société. Les individus – subjectivement au moins, mais cette impression subjective est un aspect essentiel de la différence – sont moins prisonniers d'une donne sociale dans leurs décisions. L'éventail des possibilités n'est pas aussi immédiatement traductible en une hiérarchie du prestige. En Allemagne, les cursus ont beau se différencier très tôt – encore aujourd'hui, c'est à la fin de l'équivalent du CM1 que l'on choisit entre plusieurs types d'enseignement – il existe des passerelles qui permettent à tous les niveaux de se réorienter et de changer de cursus. Et surtout, les choix, n'étant pas orientés ou stigmatisés par une « logique de l'honneur », ils sont vécus comme des choix individuels.[41]

La pression sociale intériorisée par les jeunes Français est relayée avec une efficacité redoutable par les parents qui ont pour leurs enfants le souci qu'ils puissent choisir la meilleure voie, c'est-à-dire la

---

parution en édition de poche augmentée d'une préface à laquelle je renvoie ici). Les révolutionnaires français ont voulu « créer une aristocratie des 'talents' destinée à se substituer à celle du 'sang', mais sans réelle remise en cause du référent aristocratique » (p.VIII). La hiérarchie républicaine des talents qui confère à chacun un rang dans la société continue à déterminer « l'opposition entre le plus ou le moins noble » et « le refus de déchoir dans la société française ». Ces valeurs permettent de « comprendre l'importance qu'a en France le 'niveau' atteint en matière de formation générale par rapport à la spécialisation acquise. Ce niveau [...] révèle les 'capacités' de l'individu, son potentiel, ce à quoi il peut légitimement prétendre, ce qui est, dans une logique de rang, plus important que le fait d'avoir telle ou telle variété de connaissances. De même, cela permet de comprendre le rôle si particulier que jouent les grandes écoles et les concours qui permettent d'y accéder dans la société française, l'épreuve du concours constituant un rituel où se révèlent solennellement les capacités de chacun » (p.IX).

41 La logique allemande serait plutôt une logique de la « vocation » au sens où Judith Schlanger la définit dans *La Vocation* (Seuil, 1997) : une harmonie trouvée entre les aspirations et les talents individuels et la société dans laquelle ils trouvent à se réaliser. Le modèle en est donné par la vocation laïque, la vocation du savant ou de l'artiste, tel que ce modèle s'affirme au XIXe siècle. La manière allemande d'articuler l'individu et la société dans les choix professionnels me paraît tout à fait correspondre à ce modèle : l'aspect du choix individuel est premier par rapport aux valeurs imposées par la société.

plus prestigieuse socialement. Pour cela, parents et enfants sont prêts à beaucoup de sacrifices et d'investissements : les premiers à faire donner des cours de soutien, éventuellement à mettre leurs enfants dans une institution privée, plus petite, où ils seront mieux encadrés et soutenus ; les enfants à faire le sacrifice d'une orientation qui conviendrait mieux à leurs goûts ou à leurs capacités. Ils investissent aussi beaucoup de temps dans leur travail strictement scolaire au détriment d'autres activités afin de ne pas être éjectés de la voie royale, clef de la bonne école et de la bonne situation.

Au terme de ses quatre années d'école primaire, un petit garçon allemand de ma connaissance a été orienté vers une *Realschule* – un enseignement secondaire court, à visée plus appliquée que l'enseignement général, sans être directement professionnel. « Tu comprends », m'avait dit sa mère (qui est enseignante, le papa aussi, mais avant de devenir prof, il a fait un apprentissage et il est également compagnon menuisier), « nous pensions que c'était mieux pour lui. Il n'aime pas trop les choses abstraites. Le lycée aurait représenté trop de pression. Il sera plus heureux comme ça. Qu'il passe d'abord son *Realschulabschluss* (son diplôme de fin d'études secondaires courtes) et après il verra s'il a envie de passer le bac ou s'il préfère un apprentissage. » Par contre, la petite sœur, qui n'a pas la même personnalité – ce n'est même pas tellement une question de résultats, comme on dirait en France, car les résultats du frère n'étaient pas du tout mauvais –, est allée au lycée. Ces choix différents au sein de la famille n'ont pas l'air de poser de problèmes. Une telle sérénité serait impensable de la part de parents français – à plus forte raison de la part de parents enseignants ! – qui auraient fait des pieds et des mains pour que leur enfant reste le plus longtemps possible dans la voie considérée par la société comme royale. Ce qui me paraît aussi caractéristique dans le choix de cette famille, c'est que les parents, pas spécialement inquiets pour l'avenir de leur fils et ne voyant pas dans cette orientation un déclassement social, n'hésitent pas à prendre en compte son bonheur présent, là où une famille française serait persuadée que, pour mettre toutes les chances de son côté, leur enfant doit consentir certains sacrifices. Les parents allemands laisseront plus volontiers leurs enfants faire des études aux débouchés incertains, de théâtre ou de musique par exemple, si tels sont leur désir et leur vocation. Aux enfants de faire leurs preuves dans le domaine choisi par eux. Leurs homologues français projettent tout à la fois sur leur progéniture un désir de prestige et une mentalité sécuritaire qui conduit à privilégier ce qui est censé être une valeur sûre : « reste en S », c'est « la section qui laisse toutes les portes ouvertes » ; « passe ton bac d'abord » ; fais une bonne école qui te donnera une bonne situation. « Qui peut le plus, peut le moins » me dit un père ; sa fille (qui veut faire médecine) passera donc un bac S option math – plutôt que bio, qui a priori préparerait mieux à l'orientation désirée. Les Allemands sont toujours surpris par la logique qui gouverne ces choix : pourquoi s'astreindre à faire des maths quand on ne veut pas devenir mathématicien ? Et ils sont choqués que la même logique se retrouve plus loin dans le cursus médical. Il leur paraît surprenant que certaines matières soient la condition d'accès à certains cursus, alors que d'autres pourraient être considérées comme plus pertinentes par rapport au but choisi. Quel est ce diktat social qui oblige à subir à dose massive des matières qui ne vous intéressent pas ? Pourquoi se refuserait-on à faire ce qui nous intéresse...

La finalité de l'école n'est pas la même. En France, on lui demande d'assurer l'ascension sociale, l'accès à un statut supérieur ou au moins le maintien du statut existant – ce qui explique aussi pourquoi l'école produit de l'échec. Il y a bien sûr des mesures objectives de l'échec scolaire (des compétences non acquises à un certain stade). Mais ce qu'on appelle en France l'échec scolaire (expression qui n'a pas d'équivalent dans le débat public sur l'école en Allemagne) désigne tout simplement l'impression de ceux qui sont exclus des voies considérées par la société comme royales et envoyés sur des voies considérées comme des voies de garage, selon des critères qui ne sont d'ailleurs pas directement ceux de l'argent et du pouvoir, mais seulement ceux du prestige social. L'échec scolaire est, en partie, le produit d'une perception subjective qui désigne certaines activités et certains cursus comme plus ou moins prestigieux. En Allemagne, on attend plutôt de l'école qu'elle prépare l'individu à sa vie d'adulte, d'une manière globale, qu'elle l'aide à devenir une personnalité autonome, responsable, capable d'assumer des responsabilités professionnelles, de travailler en équipe. Ce qui va au-delà de la réussite scolaire interprétée dans son sens le plus strict. Le projet éducatif est plus global, il embrasse tous les aspects de la personnalité.

Curieusement, le chômage, qui a pourtant connu une évolution comparable dans les deux pays au cours des trois dernières décennies, semble ne pas avoir eu le même effet sur les décisions individuelles en matière d'orientation. En France, le chômage des jeunes et leur difficulté à trouver un premier emploi paraît une explication plausible à l'angoisse de la réussite scolaire. Cette angoisse, intériorisée par les jeunes et leurs parents, a pour effet d'augmenter encore la pression scolaire. Il semble qu'en Allemagne, le chômage – qui frappait peut-être moins sélectivement les jeunes, il est vrai[42] – n'ait pas complètement entamé des dispositions générales favorables à des choix plus conformes aux aspirations de l'individu et moins systématiquement vécus comme des échecs.

Quoi qu'il en soit, la manière française d'aborder l'orientation professionnelle est très contraire à l'impératif allemand du respect de la vocation, au *werde, was du bist* (deviens ce que tu es) de Nietzsche, selon lequel l'individu doit de se déterminer en fonction de ses dispositions et de ses goûts – et éventuellement les chercher – et non en fonction d'une hiérarchie sociale, qui est, de toute façon, moins prégnante, l'un conditionnant l'autre et réciproquement.

On le voit, par exemple, dans le statut social très différent des formations techniques et de l'apprentissage. En Allemagne, faire un

---

42 Il a frappé plutôt des salariés plus âgés de l'ex-RDA.

apprentissage n'est pas nécessairement la sanction de l'échec scolaire. Ce n'est pas une voie de garage qui suscite le mépris social. Le terme a d'ailleurs une extension plus grande qu'en français. On fait en allemand une distinction nette entre les formations qui supposent des études supérieures (*Studium*) et celles qui supposent un apprentissage (*Lehre*). On *studiert* pour devenir médecin, enseignant, architecte...; on *lernt Krankenschwester* (on apprend [le métier d']infirmière), de secrétaire, de menuisier... On est un *gelernter Klempne*r (un plombier diplômé, qui a appris son métier), de même qu'on est un *studierter Betriebswirt* (un économiste d'entreprise diplômé par l'université). La distinction est très précise. L'apprentissage et les titres qui le sanctionnent définissent juridiquement les conditions d'accès à une profession et en protègent l'exercice. L'Allemagne a conservé les trois grades – apprenti, compagnon, maître (*Lehrling, Geselle, Meister*) qui n'existent plus en France que chez les *Compagnons*. Le grade allemand de compagnon permet d'exercer légalement la profession, celui de maître de fonder une entreprise et de former des apprentis.

L'apprentissage et les professions auxquelles il donne accès n'ont pas le même statut qu'en France. Il est socialement et existentiellement envisageable, après avoir investi un certain temps dans l'apprentissage d'un métier, de prendre à nouveau du temps pour faire des études universitaires. Il n'est pas rare de voir arriver à l'université des étudiants qui ont fait d'abord un apprentissage, par goût ou pour avoir un métier dans lequel ils pourront travailler si besoin est. On peut aussi faire un apprentissage pour se donner le temps de choisir après le bac. Parfois encore c'est une manière d'attendre une place à l'université (pour les matières soumises à un *numerus clausus*). L'apprentissage est un moyen de satisfaire le besoin de sécurité (on a appris un métier), sans pour autant annuler la perspective de faire par la suite des études universitaires. Il paraît aussi que c'est une chose qu'apprécient les employeurs sur un CV, en plus du diplôme d'études supérieures. C'est un gage de ce que le candidat a le contact avec les choses de la réalité.

Du temps à soi, déjà

Il est admis que cette recherche de l'activité qui vous convient prendra du temps, que l'on risque de se tromper et que chacun a un certain droit à l'erreur, c'est-à-dire, fondamentalement, droit à du temps. En France, il importe de finir le plus vite possible, le plus jeune possible, ce qui signifie aussi qu'il importe de ne pas se tromper. La plupart des concours sont d'ailleurs assortis d'une limite d'âge et les reconversions difficiles.

L'enseignement secondaire allemand reste fidèle au rythme scolaire instauré dans le primaire – travail le matin, liberté l'après-midi.[43] À ce stade de l'existence, ce rythme a cessé d'être un problème pour les familles et ménage du temps pour des activités extrascolaires jugées aussi importantes que l'enseignement lui-même. Par souci d'harmoniser les cursus scolaires avec ceux des autres pays européens, certains Länder débattent de la possibilité de réduire la scolarité jusqu'au bac de 13 à 12 ans.[44] L'annonce que cette réduction venait d'être décidée par la Sarre (en septembre 2000) suscite la réaction critique d'une journaliste de l'hebdomadaire *Die Zeit* chargée des questions d'éducation. Son article est un plaidoyer pour le maintien d'une scolarité longue, pas tant parce que la compression du temps scolaire obligerait à réduire les programmes, mais parce qu'elle sacrifierait les activités extra- ou périscolaires jugées essentielles à la formation de l'individu, « les groupes de théâtre, les chorales et les orchestres scolaires, les journaux lycéens, […] les clubs d'informatique

---

43 Avec quelques entorses à la règle pour certaines options ou langues rares qui obligent parfois à rester l'après-midi.

44 Alors que les Nouveaux Länder viennent d'allonger leur scolarité, passant des 12 ans qui étaient la règle en RDA aux 13 ans de l'Ouest. Dans la plupart des Länder, la scolarité se compose de 4 ans d'école primaire et de 9 ans d'enseignement secondaire jusqu'au bac (6 ans et 7 ans à Berlin). (En 2017, l'*Abitur* se passe au bout de 12 ans dans la majorité des Länder.)

et la cafétéria auto-gérée. Car tout cela est de la *Bildung* ».[45] Le terme *Bildung*, sur lequel j'aurai l'occasion de revenir, signifie « culture » au sens d'un développement harmonieux de la personnalité – sous l'influence du contact avec les lettres et les arts, mais aussi avec la société – et moins au sens d'une accumulation de connaissances (sens que le terme *culture* a le plus souvent en français). Le terme allemand *Bildung* exprime une conception beaucoup plus globale du développement personnel que le terme français culture.

Le *Studium* allemand ignore les contraintes de temps qui pèsent sur les études universitaires françaises. Jusqu'à nouvel ordre, l'enseignement secondaire dure un an de plus. Les bacheliers sont donc plus âgés. Ensuite, il n'est pas rare qu'avant de commencer des études universitaires, on préfère travailler pendant un certain temps, faire un grand voyage, ou encore commencer un apprentissage. L'enseignement n'est pas organisé en années qui imposeraient comme en France un certain volume de matières et de cours par an. D'où une tendance à l'allongement des études, qui peut parfois prendre des proportions inquiétantes. Les divers gouvernements essayent de lutter contre le phénomène des étudiants prolongés (en imposant par exemple une augmentation des droits ou l'obligation de se soumettre à un entretien avec un conseiller d'inscription à ceux qui ne termineraient pas un diplôme dans les temps), sans grand succès jusqu'ici. On est étudiant plus longtemps qu'en France, ce qui explique la présence de poussettes au resto-U et le caractère plus aigu de la conciliation des études et des responsabilités familiales.[46] En France, on a en général terminé

---

45 Suzanne Gaschke, « Die Verachtung der Langsamkeit » (le mépris de la lenteur), *Die Zeit*, 30.11 00, p. 10. Le titre de l'article est une parodie du titre du roman de Sven Nadolny, *Die Entdeckung der Langsamkeit* (la découverte de la lenteur).

46 2017 : le processus de Bologne a mis fin au phénomène des éternels étudiants, en imposant de boucler les cursus dans le temps prévu, ce qui constitue une petite révolution. Beaucoup d'universitaires, en particulier en lettres et sciences humaines, critiquent cette pression et regrettent l'ancienne liberté qui permettait de se cultiver en dehors des exigences strictes du cursus.

ses études quand on envisage d'avoir une famille. Les Français privilégient des études assurant des « débouchés ». Ils sont pressés d'en finir, car la vraie vie commence après. Les Allemands sont beaucoup plus disposés à accepter le renoncement pour un temps un peu plus long à un certain confort matériel et existentiel (renoncement très relatif, malgré tout) en regard de la liberté que procurent les années d'études.

Un peu comme aux États-Unis, le *Studium* a gardé le caractère d'une expérience existentielle. Le temps des études n'est pas seulement le moment où l'on se dépêche d'acquérir un diplôme professionnalisant, mais un temps de la vie, qui a son rythme et ses caractéristiques propres, dont il convient de profiter pour lui-même et pendant lequel l'individu se construit. L'idéal humboldtien n'a pas complètement disparu. La langue reflète d'ailleurs cette différence : le verbe allemand *studieren* peut s'employer absolument, au sens de faire des études, quelles qu'elles soient, avoir le statut existentiel d'étudiant. Alors que l'expression française *faire des études* impose de préciser de quoi.

DEUXIÈME PARTIE
LE SOUCI DE SOI

À elles seules, les attitudes et les attentes en matière d'éducation révèlent un grand souci de l'individu : son libre épanouissement est une préoccupation centrale autour de laquelle s'ordonnent les valeurs de la société. L'Allemagne serait ainsi – comme les autres sociétés occidentales – une société individualiste – par opposition aux sociétés qui « valorisent la totalité sociale et négligent ou lui subordonnent l'individu humain ».[1]

En soi, cet individualisme n'a rien de surprenant puisque il est une des caractéristiques communes à toutes les cultures modernes. Parler d'un individualisme allemand peut néanmoins paraître surprenant et vaguement provocateur, dans la mesure où cela va à l'encontre d'une idée reçue, en France mais pas seulement, que les Allemands seraient un peuple grégaire, discipliné et conformiste, ce dont témoignent pêle-mêle leur respect névrotique des règles, leur besoin compulsif d'ordre, leur acceptation massive du nazisme jadis, leur façon, à l'heure actuelle, de passer leurs vacances en colonies compactes en divers endroits du pourtour méditerranéen, etc.

Le mot individualisme est en fait d'un emploi élastique et sert à qualifier des phénomènes assez divers. Dans l'usage commun, il désigne d'abord la poursuite égoïste d'intérêts particuliers. Une société individualiste serait une société dépourvue de solidarité où chacun joue des coudes pour triompher du voisin. Le terme s'applique aussi à des comportements d'indépendance ou de résistance aux normes collectives : on qualifie d'individualiste quelqu'un qui cherche à se singulariser, à se distinguer de la masse en s'écartant de l'usage ou

---

[1] Pour reprendre la formule de Louis Dumont (*Essais sur l'individualisme*, Seuil, 1985, p. 303). La subordination de l'individu au tout social est ce que Dumont appelle le holisme, qu'il oppose à l'individualisme des sociétés modernes. Cf. aussi *Homo aequalis II. L'idéologie allemande*, Gallimard, 1991 : « Rappelons ici ma distinction habituelle entre individualisme et holisme. Dans l'individualisme, pour reprendre Jaurès, 'l'individu humain est la mesure de toute chose'. J'appelle holisme le cas inverse, où la totalité sociale, la société globale est valorisée à l'encontre des individus » (p. 268).

même en transgressant une règle. En ce sens, un individualiste est un original, quelqu'un qui fait ce qui lui plaît sans se soucier des autres et, parfois même, quelqu'un qui fait preuve d'insubordination. C'est bien ainsi que le sens commun, en français, conçoit l'individualisme. De cet individualisme-là, on tire d'ailleurs une certaine fierté nationale. On a du mal, en France, à concevoir un individualisme qui ne se manifesterait pas sous la forme de l'insubordination ou de la provocation. En ce sens, les Français sont certainement plus individualistes que les Allemands : ils ont plus facilement tendance à penser que les règles (le feu rouge, le port de la ceinture de sécurité…) ne s'appliquent pas à leur cas personnel.

Mais le terme peut aussi désigner le souci que l'individu a de lui-même et de son épanouissement, ce que Foucault, parlant du rapport à soi de l'homme libre dans les cultures antiques, appelait le « souci de soi » : ce souci s'accompagne d'une intensification du rapport à soi et de la recherche d'activités permettant à l'individu de se construire et de faire l'expérience de sa singularité. Ce souci peut prendre la forme d'un projet existentiel, dans lequel l'individu essaie de coïncider avec lui-même, en s'efforçant d'atteindre l'idéal qu'il se fait d'une vie équilibrée et riche, autonome et responsable.

Cet individualisme-là n'est pas concurrentiel, du moins pas dans son principe. Il ne se manifeste pas nécessairement d'une manière égoïste – ni contre les autres, ni dans l'opposition à la collectivité. Cette forme du souci de l'individu concerne d'ailleurs aussi bien soi-même que les autres, les proches au premier chef, pour lesquels on a à cœur qu'ils puissent se réaliser, mais aussi, virtuellement, tous les membres de la société, en qui il convient de préserver et d'honorer l'individu au même titre qu'en soi-même. L'individualisme signifie ici que chacun reconnaît comme une chose importante, pour soi et pour les autres, le fait de pouvoir se développer comme un individu singulier d'une manière qui ait du sens.

La question se posera ultérieurement de savoir comment un peuple d'individualistes peut faire société et réussir à vivre ensemble.

Autrement dit comment la manière de vivre ensemble des Allemands n'interdit pas un fort individualisme, au sens que je donne ici à ce terme. Car il y a, dans le cadre général de ce phénomène que constitue la promotion de l'individu dans les sociétés modernes, différentes manières concrètes de réaliser la suture entre des exigences croissantes en matière d'autonomie individuelle et le fonctionnement de la société. Or ces différences sont précisément génératrices de malentendus ou d'incompréhension d'une culture à l'autre.

Si j'ai choisi de commencer par le pôle « individu », c'est parce que cet aspect de la culture allemande va à l'encontre des idées reçues. Sans doute aussi parce que cet aspect de la vie allemande est moins immédiatement visible que les règles écrites et non écrites du comportement collectif. Son observation suppose que l'on ait un tant soit peu accès à l'intimité des personnes.

Dans cette deuxième partie, j'analyserai donc la manière dont ce souci se manifeste dans des domaines de l'existence ou des activités très divers : la répartition entre le temps professionnel et le temps privé, les attentes en matière de santé et d'équilibre physique et psychique, les réticences à l'égard de la famille, les rituels de célébration de l'individu, l'articulation de l'espace domestique et de l'espace public, avant d'esquisser une tentative de mise en perspective historique.

Du temps à soi

Contrairement à ce que l'on croit partout dans monde, les Allemands d'aujourd'hui ne travaillent pas plus que les autres peuples. Ils travaillent même plutôt moins. Moins que les Français en tout cas. Ils travaillent moins en nombre d'heures totales, moins également en nombre de semaines par an.

Non contents de travailler moins, ils se déclarent également moins acharnés au travail que les Français. Ils privilégient même explicitement ce qu'il est convenu d'appeler les loisirs : 34 % seulement des Allemands interrogés (contre 60 % des Français) considèrent leur travail comme « très important ». Ils sont par contre 39 % (contre 31 % des Français) à déclarer que leurs loisirs sont très importants pour eux.[2] De quoi remettre en question le stéréotype bien ancré de l'Allemand qui vit pour travailler, alors que le Français travaillerait pour vivre.[3]

Travail, loisirs et projet existentiel

Il est clair cependant que ces chiffres ne mesurent pas l'ardeur effective des uns et des autres au travail, mais seulement la place que le travail occupe subjectivement dans la hiérarchie de leurs préoccupations. Ces mesures ne préjugent en rien de l'intensité et de la qualité de ce travail. Elles ne signifient pas non plus que le travail ait cessé d'être une valeur fondamentale pour la société allemande. Elles signifient seulement que le travail n'a pas – ou plus – la priorité des priorités dans l'échelle des valeurs. Les individus valorisent plutôt la part de l'existence qui n'est pas accaparée par l'activité professionnelle, par opposition aux Français qui continuent à se définir encore beaucoup plus par leur travail.

---

[2] Hélène Riffault, « Arbeitswerte in Deutschland und Frankreich » (Valeurs liées au travail en Allemagne et en France), *Wertewandel..., op. cit*, p. 113. La même étude fait apparaître que 53 % des Français interrogés contre seulement 15 % des Allemands pensent qu'il est important d'inculquer aux enfants le zèle au travail. De même, les Allemands sont 48 % à acquiescer à la phrase « j'aime travailler, mais je ne veux pas que mon travail empiète sur le reste de ma vie », contre seulement 21 % des Français interrogés. Enfin, dans l'échelle de leurs priorités, les Allemands ne mentionnent le travail qu'en quatrième position, après la famille, le temps libre et les amis, alors que les Français le mentionnent en seconde position, directement après la famille.

[3] Heiner Meulemann, « Arbeit und Selbstverwirklichung in Balance » (L'équilibre entre le travail et la réalisation personnelle), *Wertewandel ..., op. cit*, p. 148.

Du point de vue de la réalisation personnelle, travail et loisirs sont d'ailleurs moins pensés comme antagonistes qu'en France. Ce n'est qu'en apparence un paradoxe. Le travail est et reste pour les Allemands une valeur fondamentale ainsi qu'un mode de réalisation de l'individu. La différence serait plutôt que les Allemands y voient d'abord un moyen de se réaliser personnellement, alors que les Français y verraient le moyen d'assurer une position sociale.

Lorsqu'on demande aux gens ce qui est le plus important pour eux dans leur travail, les Allemands nomment des qualités qui sont en rapport avec l'activité elle-même et la manière dont cette activité s'insère dans leur vie. Les qualités nommées sont l'autonomie, la flexibilité des horaires, l'absence de stress, la possibilité de se réaliser... L'activité professionnelle est intégrée à un projet de développement personnel et jugée en fonction de lui. Les Français mentionnent d'abord la possibilité d'accéder rapidement à des responsabilités plus importantes et d'avancer dans leur carrière. Ils sont aussi prêts à faire des sacrifices pour la conquête ou le maintien d'un statut et à subordonner leur vie personnelle à leur travail. Ce statut est le critère auquel se mesure la réalisation personnelle, alors qu'elle se mesure en Allemagne selon des critères plus privés, moins nécessairement liés à une place dans l'échelle sociale et professionnelle. Pour schématiser, on pourrait dire que l'individu essaie de définir lui-même les critères de sa réussite, alors qu'en France, il se plie aux critères de réussite proposés par la société.

D'où, en Allemagne, les deux tendances conjointes – et pas contradictoires – qui consistent d'une part à favoriser l'adaptation du travail à l'individu plutôt que l'inverse et, d'autre part, à préserver du temps en dehors du travail. Dans la mesure où le travail s'intègre plus facilement à un projet de réalisation personnelle, on est plus désireux de limiter ce qui, au sein même du travail, pourrait s'y opposer. D'où l'importance plus grande accordée à des facteurs qualitatifs (horaires flexibles, conditions de travail agréables, absence de stress) dont la fonction est de préserver la maîtrise que l'individu a de l'organisation et du rythme de sa vie, de la compatibilité entre les aspirations professionnelles et la vie privée et familiale, là où les Français se disent plus enclins à sacrifier cet équilibre pour leur travail.[4]

Je m'étonne qu'une amie française, maman d'une petite fille de quatre ans, ne rentre chez elle le soir que vers 19 heures. Elle se plaint que la petite fille, ramenée de l'école et gardée jusqu'à son retour par une baby-sitter, refuse de se coucher avant 21 ou 22 heures. « Tu comprends, elle a envie de m'avoir un peu pour elle. » Je me risque à lui demander s'il n'est pas envisageable qu'elle rentre un peu plus tôt du bureau. « Mais je suis cadre ! Il faut que je sois sur place » me répond-elle du ton de l'évidence. En France, la pression sociale qui intime d'être sur place, l'arme au pied, là où les choses se décident, est beaucoup plus fortement intériorisée.

Inversement, une amie française qui a travaillé quelque temps à la rédaction d'une grande firme de disques allemande s'était étonnée que tous les salariés, y compris les cadres, pointent. Il est beaucoup plus impensable pour un patron allemand de retenir sa secrétaire au-delà de ses heures de travail. Ce serait considéré comme une grande indiscrétion, une atteinte à un droit fondamental, au droit à ne pas travailler plus que ce pourquoi on est payé et dans le cadre des horaires prévus. Et même dans les postes à responsabilités, on ne se croit pas tenu de manifester son sérieux en passant sa vie sur son lieu de travail en dehors des heures dues.

Ce qui provoque parfois des frictions entre partenaires français et allemands : « C'est drôle, me dit un ami, ingénieur à l'EADS (Airbus) à Toulouse, les Allemands ont la réputation d'être des bêtes de travail. Mais quand il y a un truc imprévu et qu'on a besoin de quelqu'un un peu tard, tu peux être sûr qu'il n'y a plus personne. » Les Allemands ont une manière de ne plus être disponibles en dehors des heures prévues qu'il interprète comme un manque de sérieux, comme l'indice d'une faible identification à leur travail. Sans prendre leur travail à la légère, les salariés allemands refusent d'être taillables et corvéables à

---

4 Voir les travaux déjà cité de Heiner Meulemann, Jacques Pateau et Hélène Riffaut.

merci et ils tolèrent bien moins que les salariés français des journées de travail à rallonge. En France, la nature des relations hiérarchiques fait que la présence et la disponibilité constantes sont des éléments beaucoup plus importants dans la progression d'une carrière.[5]

Dégager du temps libre

On accorde donc plus d'importance qu'en France au fait de ne pas être envahi par son travail. Il y a une vie après le travail – ou en dehors de lui – et c'est cette vie-là qui est précieuse, ce temps dont l'individu est maître, dont il dispose à son gré et qui lui permet de se réaliser. Ce n'est pas un hasard si de grandes entreprises allemandes comme Volkswagen ont été les premières en Europe à tenter des expériences sur la réduction et l'aménagement du temps de travail.

Il y a un mot, intraduisible en français, qui dit bien la coupure entre le temps de travail et le temps privé, mais aussi la hiérarchie de l'un par rapport à l'autre : c'est le mot *Feierabend*. En quittant le bureau, on souhaite à ses collègues *einen schönen Feierabend*, une bonne soirée après le travail. Étymologiquement, le *Feierabend* était la veille, elle-même chômée, d'un jour de fête. En allemand moderne, c'est le temps après le travail, du temps pour soi, pour la vie familiale et amicale, pour d'autres activités.[6] L'un des sens du mot *Feierabend* est précisément qu'il existe une vie après le travail, tout comme, pour les enfants, il existe une vie après l'école. C'est ce temps privé, beaucoup plus que le temps professionnel, qui est valorisé. Le terme *Feierabend* a d'ailleurs un emploi figuré un peu familier qui confirme l'idée d'une coupure nette : *und Schluss und Feierabend* signifie quelque chose comme « et maintenant c'est terminé » et sert parfois de clau-

---
5   Jacques Pateau, « Arbeitswerte und Managementstile », *Wertewandel...*, *op. cit.*, p. 166.
6   Jacques Pateau (*ibid.*) attire l'attention sur l'usage de ce terme.

sule à une affirmation catégorique qui ne souffre pas de contradiction, un peu comme on dit en français « et point-à-la-ligne ».

On peut voir, dans la coupure nette entre le temps de travail et le temps libre que désigne ce terme, le symptôme de ce que l'anthropologue américain Edward T. Hall appelle une culture monochronique. Les cultures monochroniques, dont l'Allemagne serait un exemple paradigmatique, se caractérisent par la séparation dans le temps des activités : on ne fait qu'une chose à la fois et chaque chose en son temps. Elles s'opposent aux cultures polychroniques, comme l'est la culture française, dans lesquelles on fait plusieurs choses à la fois, travailler et s'amuser par exemple.

À l'opposition entre un traitement successif / simultané des tâches se superpose l'opposition entre le caractère explicite des consignes (qui dispensent d'une référence au contexte) dans les cultures monochroniques et leur caractère implicite (nécessitant en permanence une référence forte au contexte) dans les cultures polychroniques.[7] En Allemagne, on travaille, puis on se repose et on s'amuse, mais on ne s'amuse pas pendant le temps de travail, de même qu'on ne prolonge pas le travail par des activités qui lui resteraient liées tout en n'étant déjà plus du travail proprement dit, par les différentes formes de sociabilité liées au travail – réunions, conférences, pots, repas d'affaires – qui en France lui seraient intégrées ou le prolongeraient. En France, qui est au contraire une culture polychronique par excellence, on fait plusieurs choses à la fois : on travaille et on s'amuse, la sociabilité professionnelle adopte le style de la sociabilité amicale et privée, mais elle a aussi tendance à déborder dans la sociabilité privée. Il n'y a donc pas de limite aussi nette et, par conséquent, le risque d'un débordement dans le temps privé d'activités professionnelles ou liées au travail. D'où les étincelles qui se produisent parfois lors de réunions de travail entre Français et Allemands, lors d'un congrès par exemple.

---

7 Edward T. Hall, *Guide du comportement dans les affaires internationales. Allemagne, États-Unis, France*, Seuil, 1990.

Les Allemands sont désireux de respecter l'heure prévue pour la fin de la réunion et le début du dîner. Les seconds sentent moins la nécessité de ne pas faire déborder la réunion, le débordement étant à la limite interprété comme un signe du succès de la réunion.

Un autre facteur qui contribue à dégager plus de temps privé est le fait que la journée de travail commence légèrement plus tôt et que la pause de midi est plus courte. Du coup, la journée s'achève plus tôt. Dans le métro, le trafic de pointe commence vers 15 heures et s'achève à 17 heures au plus tard. S'il est vain de chercher à joindre une administration française entre 13 h et 14 h 30 ou même 15 h, on est sûr de ne plus trouver personne dans une administration allemande après 16 h, parfois même 14 h ou 15 h. Ces horaires différents conditionnent des rythmes différents : selon un manager allemand, « les Français démarrent lentement le matin, atteignent leur rendement optimal en fin d'après-midi et leur niveau d'efficacité reste constant tard dans la soirée. Les Allemands, eux, sont efficaces dès la première heure, maintiennent leur rythme jusque dans le milieu de l'après-midi et, à partir de là, leur performance s'amenuise. »[8]

Le rythme de travail des adultes reproduit bien évidemment une habitude contractée très tôt dans l'enfance : travail scolaire le matin, temps libre l'après-midi. Inversement, si les Français acceptent plus facilement des journées de travail à rallonge, c'est parce qu'ils ont été habitués depuis leur plus tendre enfance à des journées qui ne se terminent jamais avant 17 heures. « Le lycée français de Berlin a-t-il des horaires français ou allemands ? », me demande mon mari d'un ton soupçonneux au moment d'y inscrire notre fille. « Parce que pour moi, c'était très important d'avoir mes après-midi, de jouer tout seul, d'aller voir mes copains, de lire, de faire de la musique, d'être autorisé à ne rien faire ». (Oui, il a des horaires allemands, mais aussi une cantine comme les écoles françaises !)[9]

---

8   Cité par E. T. Hall, *ibid.*, p. 210.
9   2017 : cette remarque datait du temps où ma fille aînée était dans les petites classes.

Ainsi, même s'il existe en Allemagne comme partout des *workaholics*, des situations d'urgences et des métiers où l'on ne travaille qu'à coup de charrettes, il en résulte globalement plus de temps privé, non accaparé par l'activité rémunératrice, dont l'individu peut disposer à sa guise.

Il n'en a pas toujours été ainsi : on travaillait sans doute plus et on n'accordait peut-être pas la même importance à ses loisirs dans l'Allemagne de la reconstruction et du miracle économique ! Il est certain que l'augmentation, mais peut-être surtout la redistribution sociale du temps libre sont un luxe nouveau, un effet de la société d'abondance, de l'État providence et de la démocratisation. Mais il est significatif que la demande collective d'une existence moins absorbée par l'activité professionnelle, moins aliénée par le travail, ait été ressentie et entendue en Allemagne plus tôt qu'en France.

S'il est de nature à remettre en question la routine et la quiétude de la fameuse *Angestelltengesellschaft* (la société des salariés), dans laquelle tout le monde bénéficie d'une protection sociale hors pair et rentre chez soi à 17 heures au plus tard, le développement de formes de travail inédites en liaison avec la nouvelle économie – travail indépendant, absence d'horaires fixes, abolition de la distinction entre lieu de travail et espace privé – s'accompagnera peut-être d'un travail plus intense, sporadiquement au moins, mais il est néanmoins probable que ces développements iront dans le sens d'une individualisation plus grande des rythmes.

Du bon usage du temps libre

Que font donc les gens de ce temps dont ils disposent en plus grande abondance et qu'ils défendent jalousement ? Ce temps libre est tout d'abord le temps de la vie domestique et familiale. Il est, entre autres choses, l'effet de l'adaptation du monde du travail aux horaires scolaires. Même si cette adaptation est loin d'être parfaite et si la conciliation des temps scolaire et professionnel reste un casse-tête pour les familles et, bien sûr, au premier chef, pour les femmes, adultes et enfants passent beaucoup de temps chez eux et en famille, alors que les adultes comme les enfants français passent plus de temps en dehors de leur domicile et avec leurs pairs, avec leurs collègues ou leurs camarades de classe, ce qui façonne, on l'a vu, des personnalités différentes dès l'enfance. Mes enfants et moi-même avons eu beaucoup de mal à nous réadapter à la brièveté de la soirée française qui ne laisse guère le temps que de faire les devoirs et de dîner, mais certainement pas celui de ressortir pour aller voir les copains ou de faire un tour. À l'heure d'envoyer les enfants au lit, j'avais l'impression de ne pas leur avoir consacré assez de temps. Eux-mêmes étaient encore sur leur faim d'histoires et de jeux.

Le temps libre est aussi le temps de la sociabilité, celui de la vie associative par exemple. Si la vie associative, jusqu'à ces dernières années du moins, était plus développée en Allemagne qu'en France, c'est peut-être tout simplement parce que les gens avaient plus de temps.

Mais ce temps libre est surtout le temps des pratiques amateur. La pratique d'un sport ou d'un instrument n'est pas, en soi, l'apanage des Allemands. Je connais, en France aussi, des passionnés d'escalade, des musiciens amateurs, des copines qui pour rien au monde ne manqueraient leur gym du mardi. Je ne suis même pas en mesure de dire qu'il y en a moins, quantitativement. Mais les intéressés ne tiennent pas le même discours sur leurs violons d'Ingres. En France, c'est une activité que l'on pratique parce qu'on l'aime, à la rigueur parce que cela vous fait du bien et qu'on y trouve des choses dont on est privé pendant le temps de travail. En Allemagne, les activités dites de loisir font partie intégrante de la réalisation d'une vie bonne et équilibrée qui permet à tous les aspects de la personnalité et à tous les dons d'être cultivés. Ils font plus partie d'un projet existentiel, essentiel pour la manière que l'individu a de se définir.

C'est la raison pour laquelle l'absence de temps libre est ressentie, beaucoup plus qu'en France, comme quelque chose qui vous éloigne de vous-même : « Je travaille trop en ce moment », me dit une amie, « je n'ai le temps de faire qu'une chose pour moi (*für mich*), je prends des cours de dessin ». Ce « pour moi » signifie qu'elle dessine non seulement pour son propre plaisir, mais pour son enrichissement intérieur, ou, autrement dit, que l'un et l'autre se confondent. Mais cette seule activité ne suffit pas à créer le sentiment d'une vie personnelle pleine et elle ressent sa trop faible disponibilité pour ce type d'activités comme un manque. En France, l'intérêt pour les activités de loisir se passait jusqu'ici de cette justification existentielle. Et surtout les gens ont eu jusqu'ici si peu l'habitude d'avoir du temps à eux que leurs exigences en la matière sont beaucoup plus réduites.

Le paradis des pratiques amateur

L'Allemagne est ainsi une terre d'élection pour les amateurs de toute nature : musiciens, peintres, poètes. On a le temps pour une activité de ce genre et on considère que c'est important, même si on n'est pas un professionnel. La pratique d'un instrument, traditionnellement, est plus répandue qu'en France et socialement mieux distribuée : elle est beaucoup moins l'apanage de la bourgeoisie cultivée.[10] C'est important pour le plaisir et l'épanouissement de l'individu, même si les résultats sont parfois seulement touchants. Ce qui compte, c'est ce que telle ou telle pratique apporte au plaisir immédiat et à l'enrichissement personnel, qu'il s'agisse d'un amateur de haut vol ou d'un débutant, d'un adulte ou d'un enfant.

La culture française, elle, est dure aux amateurs. Ce qui compte, ce sont les performances. Et il est clair que celles des professionnels

---

10 Encore que, là aussi, il faille nuancer, dans la mesure où la pratique d'un instrument s'est considérablement démocratisée en France ces dernières années. Disons plutôt qu'en Allemagne elle était traditionnellement plus répandue, y compris dans des milieux où elle était inconnue en France jusqu'à il n'y a pas longtemps.

sont meilleures. On tolère moins bien les velléités artistiques des individus comme vous et moi. Les manifestations de l'individualité créatrice sont facilement taxées de ridicule. Passe encore pour les peintres du dimanche. Il y a un mot pour le dire, même s'il est méprisant. Mais *quid* d'un poète du dimanche ? C'est tout simplement inavouable. Une même gêne entoure la communication des premiers essais littéraires. Ou bien on est un poète reconnu et on est autorisé à montrer ses tripes. Ou bien on n'est rien du tout et il vaut mieux garder ses essais pour soi. Il est inavouable en société de consacrer du temps à une activité dont les résultats sont incertains. L'histoire ne dit pas comment on passe du statut de poète obscur à celui de poète reconnu, de celui d'impétrant à celui de pro. Il faut bien essayer, disent au contraire les Allemands : non seulement on a le droit d'essayer, mais aussi le devoir de cultiver ses talents particuliers.

L'enseignement de la musique aux enfants – ainsi qu'aux adultes amateurs – me paraît très caractéristique de cette reconnaissance de la légitimité et de la dignité du statut d'amateur. On prend mieux en compte ses attentes spécifiques. Dans ce pays de musiciens, – le paradoxe n'est vraiment qu'apparent – on ne considère pas que faire faire de la musique à des gens qui ne deviendront pas des professionnels ou des amateurs de haut niveau soit une activité en pure perte. On s'efforce aussi, avec un succès bien plus grand qu'en France, de faire en sorte que la phase d'apprentissage ne soit pas qu'une longue et ingrate préparation à des lendemains meilleurs : à l'école de musique, on a le souci de faire jouer même les plus débutants dans une petite formation. Il faut que dès les premiers moments l'enfant ait le plaisir de faire de la musique. Sans être moins exigeante, la pédagogie de la musique est beaucoup plus ludique. Plus intégrée aussi : pas de séparation entre le solfège et l'instrument, le premier étant, en France, encore trop souvent considéré comme la condition d'accès au second ! Une école de musique de base, comme l'est celle de notre quartier, offre à ses élèves un peu plus avancés la possibilité de jouer en soliste un mouvement de concerto avec l'une des formations de l'école : la description de ce cours précise explicitement qu'il s'agit de donner à des amateurs la possibilité de « vivre par eux-mêmes l'expérience du soliste ». On est préoccupé de ce que vit l'amateur, de ce que peut lui apporter cette activité qu'il a choisie, à lui, tel qu'il est. On ne se détermine pas en fonction d'une performance abstraite qu'il faudrait réaliser, mais en fonction de l'individu, de son plaisir et de son édification personnelle.

Rien de comparable avec la perspective un peu punitive que j'ai retrouvée à l'école de musique municipale en France : tu auras le droit de jouer le morceau si tu fais bien la gamme. Et comme je m'étonnais de la sécheresse de cette approche, demandant s'il n'était pas possible, pour motiver un jeune élève, de lui donner un petit morceau même si la gamme n'était pas parfaite ou peut-être même de le faire jouer en duo : « Mais Madame, il faut en passer par là. »

Le travail sur soi

Cette disponibilité serait une version moderne et démocratique de l'*otium* antique, du temps dont dispose l'homme libre, libéré qu'il est de toute activité rémunératrice, pour des activités nobles, choisies, qui lui permettent de se chercher et de se construire. Plus directement, dans la tradition allemande, cette recherche d'un temps pour soi renoue avec l'idéal de la *Bildung*, terme intraduisible – et donc clef – que l'on traduit en général par culture, mais qui signifie aussi construction. *Sich bilden*, c'est se construire, se former. L'important dans la *Bildung* est son caractère de processus jamais achevé.[11] Le terme français de

---

11 Sur l'histoire et la signification anthropologique et historique du concept de *Bildung*, voir Louis Dumont, *Homo aequalis II. L'idéologie allemande* de Louis Dumont, *op. cit.* (« La Bildung autour de 1914 » et « Aux sources de la Bildung »). Louis Dumont rappelle l'inspiration grecque de la réflexion de Humboldt sur la Bildung : « ...le modèle en est la *paideia* des Grecs » (p. 120). En allemand, voir Rudolf Vierhaus « Bildung », in *Geschichtliche Grundbegriffe*, Francfort, Klett-Cotta, 1972, ainsi que l'ouvrage d'Aleida Assmann, *Arbeit am nationalen Ge-*

culture insiste plutôt sur le résultat (la quantité de culture stockée) et sa fonction de distinction sociale. La *Bildung* allemande est plus centrée sur le processus de construction et de transformation de l'individu par la fréquentation de la littérature et des arts. Il ne serait pas totalement erroné de traduire *Bildung* par « culture de soi ».

Je ne connais pas non plus d'équivalent français courant à ces deux expressions allemandes que sont *an sich selbst arbeiten* (littéralement travailler à soi-même, se rapprocher de soi-même par un travail conscient sur soi) et *sich selbst finden* (se chercher / se trouver, parfois sous sa forme substantive *die Selbstfindung*, le fait de se chercher). En français, elles appartiennent au discours des psys. Leur usage en allemand dans le langage courant manifeste une conception de l'existence individuelle comme quelque chose qui se construit et se travaille, entre autres grâce à ces activités choisies qu'un loisir généreux rend possible. En France, les loisirs ignorent cette justification implicite par la *Bildung*. En Allemagne, ce qui anime la recherche de soi n'est pas tant l'ambition sociale, que le sentiment d'un devoir existentiel.[12]

Exigences et réticences à l'égard de la famille

L'Allemagne a le taux de natalité le plus bas d'Europe. Ce taux est bas dans son ensemble en Europe, il est partout en dessous de deux enfants par femme, mais l'Allemagne, avec un taux de 1,1 bat tous les records. Le taux de natalité de la France, avec 1,9 enfants est bas lui aussi, si on le compare avec ce qu'il était il y a quelques générations, mais il reste comparativement l'un des plus hauts en Europe occiden-

---

    dächtnis. *Eine kurze Geschichte der deutschen Bildungsidee*, Francfort / Main, Campus, 1993.
12 2017 : entre temps, ce que l'on appelle le développement personnel est devenu une préoccupation commune en France aussi.

tale. La différence entre l'Allemagne et la France n'en est que plus significative. La rareté des familles de trois enfants et plus est une autre différence marquante. En France aussi, il est vrai qu'une partie significative de la génération en âge d'avoir des enfants choisit de ne pas en avoir. Mais à partir du moment où un couple décide d'avoir des enfants, il n'est pas rare qu'il en ait trois, même parfois plus. La famille de trois enfants est d'ailleurs non seulement assez fréquente dans les faits, mais aussi considérée par une majorité de gens, y compris par ceux qui n'ont pas d'enfants, comme la famille idéale. Alors qu'en Allemagne, manifestement, la famille idéale a deux enfants, pas plus, juste ce qu'il faut pour que le premier ne soit pas seul.

Des études comparatistes montrent également que le fait d'avoir des enfants est considéré comme une valeur en soi par une proportion plus importante de Français que d'Allemands. Ne pas avoir d'enfant par choix, rencontre un plus haut degré d'acceptation en Allemagne qu'en France. Inversement, la proposition, « qu'une femme a besoin d'avoir des enfants pour se réaliser » suscite deux fois plus l'assentiment en France qu'en Allemagne. De même, les Français interrogés approuvent dans une proportion beaucoup plus importante l'idée que « c'est le devoir des parents de tout faire pour leurs enfants », alors que les Allemands interrogés (du moins parmi les générations nées après la guerre) se montrent plus réticents.[13]

À première vue, ces données – et en particulier la réaction allemande plutôt réticente à la proposition « c'est le devoir des parents de tout faire pour leurs enfants » – contredisent le perfectionnisme éducatif dont j'ai essayé de décrire les manifestations dans les chapitres précédents. Elles désigneraient l'Allemagne comme une société d'individus, une société post-industrielle typique, où dominent des valeurs hédonistes-égoïstes, pour lesquelles l'épanouissement de l'individu est

---

[13] Cf. Claudine Attias-Donfut, « Generationsverhältnis und sozialer Wandel » (Rapport des générations et mutations sociales), in *Wertewandel…*, *op. cit.*, p. 184.

central, ce qui expliquerait pourquoi la génération actuellement en âge d'avoir des enfants choisit de ne pas en avoir. À l'opposé, la France serait encore une société de familles.

Projet personnel et projet familial

Mais cette interprétation est un peu courte. Ces données apparemment contradictoires sont les deux faces d'une même médaille. La génération actuelle, quand elle a des enfants, est très exigeante vis-à-vis d'elle-même. Elle est pénétrée du sentiment de ce qui est dû aux enfants. Or ce qui est dû aux enfants, notamment dans les premières années de la vie, c'est essentiellement du temps. Du coup, on comprend que cette génération, qui est aussi plus exigeante que les générations précédentes en termes de temps à soi, soit aussi plus méfiante par rapport au projet d'avoir des enfants. On hésite avant de s'engager dans un projet dont on sait qu'il requiert un investissement tel qu'il entrera forcément en concurrence avec d'autres projets existentiels. Le fait d'avoir des enfants oblige à renoncer partiellement – ou temporairement – à une qualité de vie définie non seulement par le confort et la consommation, mais aussi – et surtout – par le temps et l'énergie dont on dispose pour se réaliser. D'un côté comme de l'autre, la barre est placée très haut : du côté des attentes en matière de disponibilité pour soi-même, mais aussi du côté des attentes en matière d'investissement dans la famille.

Le perfectionnisme éducatif qui lie la qualité de l'éducation à son caractère privé, à l'importance du temps passé par les enfants en compagnie de leurs parents, est aussi une cause du refus de la famille nombreuse, fût-ce de la famille de trois enfants. J'avais été très frappée, presque choquée, par les réactions de mon entourage à l'annonce que j'attendais un troisième enfant. Certains m'ont demandé sans ambages si « c'était un accident ». Il me semble qu'en France, on n'aurait pas osé enfreindre la convention sociale qui veut que la venue d'un enfant soit un « heureux événement » dont on se réjouit par principe et jusqu'à plus ample informé. Quand j'ai expliqué que ce n'était pas un accident, j'ai lu dans le regard de mes interlocuteurs une perplexité qui signifiait quelque chose comme « est-ce que deux ne vous suffisaient pas ? Est-ce que vous n'étiez pas prévenus ? » Comme s'il ne fallait que du masochisme pour remettre ça. J'étais ainsi coupable de faire mon propre malheur, mais aussi – et c'est là le plus grave – potentiellement coupable de ne plus m'acquitter convenablement de mes devoirs envers les aînés. Coupable, autrement dit, d'avoir remplacé la qualité par la quantité. Les familles nombreuses sont suspectes de ne pas (ou de mal) remplir le contrat implicite auquel le fait d'avoir des enfants engage les parents – contrat aux termes duquel l'enfant a droit à une certaine attention individuelle. Au-delà de deux enfants, la représentation collective n'arrive plus à concevoir que ce soit encore possible selon les critères qualitatifs implicitement en vigueur.

On invoque souvent, pour expliquer à la fois le record de dénatalité et la faible proportion de femmes qui travaillent, l'absence de structures d'accueil pour les jeunes enfants. L'absence de structures d'accueil rend en effet le choix entre famille ou vie professionnelle plus dramatique. Mais le refus de la société allemande de se doter de structures de garde pour les jeunes enfants est tout autant une cause des réticences à l'égard du projet familial que l'effet d'un système de valeurs éducatives qui préfère l'éducation au sein de la famille plutôt que dans une institution collective. Ce n'est pas seulement parce que les gouvernements successifs hésitent devant le coût de telles mesures. C'est parce que l'éducation au sein de la famille est considérée comme qualitativement supérieure à un placement en crèche ou chez une nounou pendant les premières années. La famille est le lieu où l'enfant recevra l'attention la plus individualisée possible. L'exigence de choix individualisés est en fait la même pour les enfants et pour les adultes. Ces deux exigences se font concurrence.

L'obligation de choisir entre réalisation personnelle (par le travail) ou vie familiale n'est donc pas seulement imposée par les structures, mais par le sérieux de l'entreprise familiale et éducative. C'est tout autant un problème de valeurs que de structures sociales, les unes conditionnant les autres et réciproquement. Tout se passe comme si les besoins des enfants et ceux des adultes étaient par définition contradictoires et que tout effort pour les concilier ne puisse se faire qu'au détriment des enfants. C'est la raison pour laquelle, il vaut mieux renoncer à avoir des enfants si l'on n'est pas disposé à payer le prix...

C'est dans cette impossible conciliation entre ce que l'on se doit à soi-même – c'est-à-dire beaucoup – et ce que l'on doit à ses enfants – beaucoup aussi et même plus – qu'il faut chercher la cause des réticences allemandes à l'égard de la famille. Les chiffres cités au début de ce chapitre n'indiquent rien sur l'attitude effective des Allemands avec leurs enfants quand ils en ont. Ils ne signifient surtout pas que les Allemands, collectivement, se désintéressent du sort de leurs enfants. Au contraire ! Ces mesures n'indiquent qu'une chose : que les Allemands et les Français interrogés ne donnent pas le même sens aux termes de la question qui leur était posée. Les Allemandswet les Allemandes – interrogés associent tout autre chose à la proposition « tout faire pour ses enfants ». Ce « tout » représente pour eux beaucoup plus que les Français ne sauraient imaginer ! La méfiance allemande vis-à-vis des enfants n'est que le résultat d'une ambition éducative très haute qui exclut de déléguer une partie des tâches éducatives à des tiers ou à des institutions, ce qui implique des renoncements existentiels beaucoup plus importants qu'en France, et pas seulement sur le plan matériel. Si l'individualisme est bien en jeu dans cette décision, il ne se borne pas à un égoïsme consumériste.

Encore que l'aspect financier des choses ne soit, jusqu'ici, pas très engageant non plus : sur le plan fiscal, pas de quotient familial, mais seulement un abattement forfaitaire par enfant ;[14] nécessité pour un des deux parents de ne pas travailler ou de travailler à temps partiel;

---

14 Dont l'effet est bien sûr très inférieur à celui de la demi-part française, surtout dès que le revenu est un peu important.

années passées en congé parental non comptabilisées pour la retraite...
Les enfants sont donc jusqu'ici un facteur de vulnérabilité financière.[15]

Une autre conséquence de la difficulté de concilier activité professionnelle à temps plein et responsabilités familiales est la précarité plus grande des familles monoparentales. Élever seul(e) des enfants n'est facile nulle part, mais en France, c'est faisable. En Allemagne, beaucoup de femmes qui élèvent des enfants seules et ne peuvent exercer d'activité salariée, tant en raison de l'absence de structures d'accueil que de la pression sociale intériorisée qui enjoint de s'en occuper à plein temps au début, sont dans une situation sociale précaire et, dans une proportion bien plus forte qu'en France, condamnées à l'aide sociale. Le langage, d'ailleurs, témoigne de cette difficulté : alors qu'on parle en France de *familles monoparentales*, on parle en Allemagne de *Alleinerziehende* (parents qui élèvent leurs enfants seul(e)s). La langue met l'accent sur le parent et ses difficultés propres, se refusant à désigner la cellule qu'il forme avec son ou ses enfants comme une vraie « famille ».

Mais j'insiste sur le fait que le problème n'est pas seulement matériel et pécuniaire. Avoir des enfants a tout simplement, pour le parent – la mère – qui se consacre à eux pendant au moins quelques années, un coût existentiel plus grand qu'en France.

En théorie, on admet que les pères puissent assurer aussi bien que les mères les tâches éducatives et même jouer le rôle d'homme au foyer. S'il n'y a pas ou peu de partage des tâches éducatives entre les familles et la société (sous la forme des institutions de garde collectives), il y a peut-être un peu plus de partage entre les hommes et les femmes qu'en France. Les pères au foyer sont certainement une infime minorité, mais la chose existe et je peux citer dans mon entourage un

---

15 Selon une étude récente, les hommes gagnent encore les trois-quarts du revenu des ménages. La société serait idéologiquement mûre pour une autre répartition des tâches, mais la politique fiscale et sociale les maintient dans ce rôle (cf. Michael Metzner, *Vaterschaft heute. Klischees und soziale Wirklichkeit*, Francfort / Main, Campus Verlag, 1998).

certain nombre de pères ayant réduit leur temps de travail pour s'occuper de leurs enfants et libérer leur femme. En France, paradoxalement, le meilleur partage des tâches éducatives entre les familles et la société a pour effet que les femmes arrivent à concilier famille et activité professionnelle, même si c'est à leur corps défendant, de sorte que les hommes se sentent moins sommés de participer aux tâches domestiques et éducatives.[16] Il y a environ une dizaine d'années, un journaliste du *Zeit* (Rüdiger Dilloo) avait fait ce choix et écrivait chaque semaine une chronique de sa vie d'homme au foyer. En France, de toute façon, le problème ne se pose pas dans ces termes. Dans la mesure où les deux parents travaillent, la question n'est pas de savoir qui restera à la maison, mais comment seront partagées (ou pas) les tâches domestiques.

La proportion de femmes qui travaillent n'est que de 40 % environ en Allemagne, contre 80 % environ en France.[17] Je peux citer parmi mes connaissances un grand nombre de femmes de mon âge qui ont fait des études brillantes, ont eu un début de carrière non moins brillant et qui abandonnent leur travail en sachant que l'interruption sera si longue (éventuellement jusqu'à trois ans – et même plus si l'on a la folie de mettre un deuxième enfant au monde, sans parler d'un troisième) et la reprise si laborieuse (temps partiel probable, les horaires du jardin d'enfants et plus tard ceux de l'école ne permettant pas autre chose, tant que les enfants n'ont pas un minimum d'autonomie), qu'il est impossible d'envisager une carrière « normale ». Une amie m'a clairement dit un jour qu'elle souhaitait au départ deux enfants, mais

---

16 Des enquêtes récentes montrent au contraire qu'en France la participation des hommes aux tâches familiales et domestiques reste désespérément faible et qu'elle a même tendance à régresser.
17 Cf. le *Rapport* du Conseil d'analyse économique sur l'égalité entre hommes et femmes (mars 1999) et l'étude comparatiste *Herrenhaus Europa* (Susanne Schunter-Kleemann [éd.], Berlin, Edition Sigma, 1992). 2017 : la situation a bien changé, le taux d'emploi des femmes est comparable dans les deux pays. Les parents allemands – dans la pratique essentiellement les mères – prennent cependant des congés plus longs et sont plus nombreux à travailler à temps partiel.

qu'elle a calé après le premier parce qu'elle ne supportait pas l'idée de devoir tout abandonner une seconde fois. On place si haut la barre des exigences requises par l'éducation d'un enfant qu'y satisfaire relève de la prouesse. La venue d'un enfant a donc forcément quelque chose d'une petite catastrophe. Et tout se passe comme si une société entière avait intériorisé la menace de cette petite catastrophe.

Par contraste, on aurait envie de dire que les Français ont beau jeu de faire plus d'enfants et de répondre aux questions des sondages que les enfants, c'est bien... C'est moins difficile pour eux. À la fois parce que des institutions de garde collective prennent le relais de la famille, mais aussi parce que les valeurs éducatives françaises ne disent pas avec la même violence qu'une socialisation trop précoce est préjudiciable à l'enfant. [18] En France, en raison tant des structures d'accueil que des valeurs éducatives, la présence d'enfants dans une famille et dans la société toute entière remet moins en cause le fonctionnement du monde adulte. Le fait d'avoir des enfants est moins incompatible avec une activité professionnelle – et donc avec toutes les gratifications qui lui sont liées : argent, mais aussi contacts et reconnaissance sociale. De sorte qu'on peut l'envisager plus sereinement. Ce qui expliquerait peut-être pourquoi la société française a conservé vis-à-vis du projet familial ce qui vu d'Allemagne ressemblerait presque à de l'insouciance.

Idéalisation de la famille

La culture allemande contemporaine se méfie donc d'autant plus du projet d'avoir des enfants qu'elle attribue de très hautes responsabilités à la famille. La doxa psychologique et le discours politique idéalisent la famille qui serait (sauf cas de force majeure) le seul lieu

---

18 À quoi s'ajoute toute une législation facilitant l'embauche de gardes d'enfants inimaginable en Allemagne dans l'état actuel des choses.

concevable pour les premières années. Par la suite, elle n'est peut-être pas le seul théâtre de l'éducation, mais elle conserve un rôle privilégié, même par rapport à l'école. Elle reste le cadre naturel et idéal du développement individuel, le cocon réparateur et fortifiant dont il ne faut pas trop éloigner l'enfant. Inutile de dire que cette famille dont on fait une panacée éducative et sociale, d'ailleurs placée, avec le mariage, sous la protection explicite de la Constitution,[19] correspond de moins en moins aux familles réelles, qui sont, comme en France, dans une proportion toujours plus grande, monoparentales ou recomposées.[20] Ce ne sont certes pas ces familles-là que la Constitution entendait protéger, mais bien la famille idéale, avec un papa et une maman dûment mariés. La législation allemande, qui lie beaucoup plus étroitement la définition de la famille au mariage, peine au contraire à reconnaître les nouvelles formes de famille. La « famille » à laquelle on attribue tant de vertus et dont on rêve tend à n'être plus la norme – statistique du moins. C'est une idéalisation de ce que devrait être la famille. Il est d'ailleurs caractéristique que les politiques familiales mises en œuvre jusqu'ici visent plutôt à libérer les parents du travail professionnel pour leur permettre de s'occuper de leurs enfants, mais pas vraiment à leur permettre de concilier les deux.

Les médias et les politiques tiennent d'ailleurs sur la famille un discours très moralisateur et à la limite volontariste. Les journaux, ces dernières années, regorgent d'articles ou de livres intitulés, par exemple, « Sabotage éducatif : regard sur la famille »[21] ou bien « La

---

19 « Le mariage et la famille sont placés sous la protection de la constitution. »
20 Encore que cette idéalisation puisse aussi refléter ou prolonger un état de fait : en France, la proportion de naissances hors mariage atteint entre temps presque 50 %. En Allemagne elle reste beaucoup plus faible. La proportion de couples mariés est également plus forte en Allemagne. On continue à se marier pour fonder une famille, alors qu'en France on n'en prend plus toujours la peine.
21 « Erziehungssabotage. Aus politischen Zeitschriften : Rückblick auf die Familie », *Frankfurter Allgemeine*, 14.06.00. Cet article était en fait le compte-rendu de différents articles parus récemment sur le thème de la famille dans des revues de sociologie. Les articles commentés suggéraient de calquer le temps de travail d'au

catastrophe parentale »[22], dont le message est à peu près le suivant : la famille n'assume plus ses responsabilités, les parents se délestent sur l'école de tâches éducatives qui leur incombent à eux en priorité, ils fuient leurs responsabilités. Or l'école ne saurait remplacer la famille. La revendication d'une école qui accueillerait les enfants le matin et l'après-midi, formulée malgré tout par certains, est violemment critiquée par d'autres, sous prétexte que ce serait, pour les parents, un confort égoïste. Ce discours accuse les parents de tout ce qui va mal dans la société, de l'échec scolaire à la délinquance juvénile.

En France aussi on s'interroge sur les mutations de la famille et sur leurs possibles retombées psycho-sociales. Mais jamais médias et pouvoirs publics n'oseraient tenir un discours si moralisateur, demander aux parents – aux mères – de « s'occuper plus de leurs enfants » et préconiser une improbable restauration de la famille nucléaire.

De l'autre côté du Rhin, la critique moralisante de la famille met en cause soit le carriérisme des parents, soit l'abdication d'une responsabilité individuelle au profit de l'État. Ce dernier point est d'ailleurs ce que les Allemands de l'Ouest ont reproché aux Allemands de

---

moins un des deux parents sur les besoins des enfants, « de prendre en considération ce que l'on peut imposer aux enfants et ce qui serait trop pour eux ». Ils insistaient tous sur le rôle de la famille ou sur sa faillite à remplir la mission que l'on attend d'elle, sur le sentiment de sécurité (*Geborgenheit*) que doit sécréter la famille. La création d'institutions d'accueil pour les jeunes enfants ou l'après-midi pour les enfants du primaire ne ferait que pousser les familles dans la voie de la démission, les conduire à abdiquer un peu plus de leur mission éducative. Or cette abdication serait à l'origine de tous les maux de la société.

22 Susanne Gaschke, *Die Elternkatastrophe, Die Zeit*, 2001 : « l'école ne peut pas rattraper ce que les familles sont coupables de ne pas faire pour les enfants ». L'auteure se demande dans quelle mesure « une chose aussi privée que l'éducation des enfants peut être déléguée à l'État ». Selon elle, « une institution étatique comme l'école ne dispense pas les familles des prestations éducatives fondamentales ». Sans condamner tout à fait la proposition, discutée actuellement, d'une école accueillant les enfants toute la journée, elle objecte cependant « qu'elle détournerait l'attention des carences éducatives dans les familles » et aurait des effets négatifs – ceux-là mêmes qui étaient dénoncés par l'étude américaine sur l'influence néfaste des jardins d'enfants...

l'Est : de s'être débarrassés de leurs enfants (*abgegeben !*) en les confiant à leurs affreux jardins d'enfants collectivistes et à leurs écoles « autoritaires » et à leurs mouvements de jeunesse où les enfants étaient « embrigadés », mais pas « éduqués ». J'ai eu souvent l'occasion de parler avec des femmes de l'Est, en marge de séances de formation continue, qui me disaient toutes : nous n'avons pas cru mal faire en mettant nos enfants à la crèche ou en les laissant aller chez les Pionniers. Et maintenant on nous le reproche. On nous reproche d'avoir été de mauvaises mères.[23]

Quand tout va mal dans la société, c'est donc la famille que l'opinion publique allemande accuse et qu'elle rend responsable de l'échec scolaire et de la délinquance juvénile. Dans la même situation, l'opinion française accuse l'école (qui ne joue plus son rôle intégrateur, son rôle d'ascenseur social...). Il est caractéristique que les uns s'en prennent à une institution privée, les seconds à une institution publique et collective.[24]

---

[23] Voici d'ailleurs comment un sociologue allemand présente la situation française : « Qu'on s'imagine une société dans laquelle la continuité d'une activité professionnelle fait partie de la biographie normale des femmes, même quand elles sont mères de famille, où les jeunes enfants, dès la fin du congé de maternité ou du congé parental, sont confiés à des nourrices agréées ou à des crèches publiques, sans que cela occasionne des scrupules et des tiraillements de conscience particuliers, où les enfants, dès l'âge de deux ou trois ans sont gardés, nourris et élevés à l'extérieur de la famille dans des écoles maternelles où ils restent toute la journée, où les enfants et les adolescents sont éloignés de leur foyer tous les jours de 8 à 18 heures. Pour le bon sens ouest-allemand et les conditions historiques dans lesquelles il s'est constitué, un tel scénario est spontanément associé à la RDA et suscite une désapprobation consternée » (Franz Schultheis, « *Familie oder Beruf ? Mariannes Antwort auf eine Gretchen-Frage* » [Famille ou travail ? La réponse de Marianne à une question de Gretchen], *Lendemains*, 1991, 61, p. 103).
[24] 2017 : ce discours moralisateur sur la famille me semble en voie d'extinction.

Femmes dans la société

Munie de mes réflexes français, je me suis étonnée longtemps (et en réalité je continue à le faire, même si je comprends mieux les tenants et les aboutissants du problème) de ce qu'il n'y ait pas, dans cette situation à la fois institutionnelle et idéologique qui interdit aux parents de déléguer davantage les tâches éducatives, matière à revendication pour les femmes et pour les partis politiques. Qu'un parti comme la CDU refuse de voir là un problème qui appellerait des mesures politiques n'est pas étonnant. Mais que les partis de gauche, y compris les Verts pourtant à la recherche de formes sociales nouvelles, n'aient pas plus conscience de l'urgence du problème et de son caractère clef pour la promotion des femmes dans la société, est déjà plus surprenant. Et plus encore qu'il n'ait jamais été véritablement une revendication féministe prioritaire.

Pour moi, c'était et c'est toujours une évidence féministe et politique qu'une prise en charge collective d'une partie des tâches éducatives – que ce soit par l'État, les communes ou n'importe quelle collectivité locale – est une condition nécessaire à une plus grande égalité entre les sexes. On peut, à cet égard, opposer les sociétés à forte prise en charge collective (la France, les pays scandinaves, les anciens pays socialistes) aux sociétés à faible prise en charge collective des tâches éducatives (l'Allemagne, mais aussi les États-Unis). Même si l'Allemagne réunifiée ne voulait pas des jardins d'enfants est-allemands tels quels, c'était peut-être une institution à sauver et à étendre à l'Allemagne de l'Ouest, en repensant bien sûr l'approche pédagogique et en l'adaptant aux exigences des parents de l'Ouest. Si je partage certaines des réticences des Allemands de l'Ouest à l'égard de la pédagogie qui se pratiquait en RDA, je suis persuadée qu'il n'est pas impossible de créer des institutions d'accueil qui satisfassent au bien des enfants tout en facilitant la vie des parents et, au premier chef, des femmes.

Manifestement, les femmes – même les féministes – allemandes ne voient pas les choses ainsi. Leurs revendications se sont cristallisées autour de deux axes, qui – toujours de mon point de vue français – donnent l'impression de ne pas se rencontrer.

L'accent a été mis, tout d'abord, sur la réalisation personnelle par le travail et le droit des femmes à poursuivre une carrière et à satisfaire leur ambition comme les hommes, en d'autres termes, le droit d'échapper aux « trois K » (*Küche, Kinder, Kirche*). Cette revendication s'est concrétisée, par exemple, par la création dans les entreprises publiques et privées de postes de « chargée des femmes » (*Frauenbeauftragte*) ou de « chargée de l'égalité » (*Gleichstellungsbeauftragte*), dont le rôle est de veiller, notamment lors des processus d'embauche, à ce que les droits des femmes ne soient pas bafoués. Elles essaient de mettre en œuvre une politique proche de l'*affirmative action* américaine.

Dans les conditions particulières de la société allemande, la réalisation personnelle par la carrière exclue très vite le projet d'avoir des enfants. La famille est difficile à intégrer à ce programme. D'où le corrélat de ce projet, la grève des ventres. Un livre au titre évocateur, *Un enfant ? Un au plus !*[25], classique de la littérature féministe des années 1980, dénonce avec une violence qu'on ne connaissait plus en France depuis Beauvoir le piège de la maternité. Il propose de garder malgré tout de la maternité ce qui peut être pour les femmes une forme d'accomplissement personnel. D'où l'enfant unique « à la rigueur ». Mais les femmes doivent refuser ce qui, dans le parentage, constitue aussi un service sans contrepartie à la société, refuser d'assurer le renouvellement des générations gratuitement et au détriment de leur épanouissement personnel. Ce livre assez violent brosse un tableau très noir des renoncements et sacrifices qui s'imposent aux parents en termes de confort matériel, mais surtout de temps et de liberté. Il s'en prend au discours conservateur qui idéalise la famille et l'enferme dans

---

25 Anita Desaï, *Ein Kind ? Höchstens eins !*, 1985.

des images d'Épinal pour mieux nier les sacrifices et les servitudes qu'elle impose aux parents en général et aux mères en particulier. La mise en garde vaut au premier chef pour les femmes, premières victimes de cette mystification, mais elle vaut aussi pour les hommes. Elle vise le parentage en général. Ce discours n'est que la formulation radicale d'une tendance qui touche la société dans son ensemble.

Sous cette forme, ce discours est impensable en France actuellement, peut-être parce qu'il a été tenu par Beauvoir très tôt et que les femmes ont eu le temps de réagir. Peut-être aussi parce que, paradoxalement, le discours beauvoirien a été battu en brèche par des structures sociales qui ont permis aux femmes de s'émanciper par le travail sans pour autant renoncer à avoir des enfants. La tradition propre au féminisme français veut néanmoins que l'émancipation des femmes passe par le travail. Cet aspect du message beauvoirien a été reçu, il a trouvé une traduction dans la société, puisque les femmes françaises travaillent massivement.

En revanche, cette autre composante du message beauvoirien – le refus de la maternité conçue comme un piège pour les femmes – semble ne pas avoir été suivi au pied de la lettre, puisque les femmes françaises, si elles travaillent, n'en ont pas moins des enfants. La conciliation de la vie professionnelle et des tâches familiales a été rendue possible par la prise en charge institutionnelle de l'accueil des jeunes enfants. Pour être équitable, il faut dire qu'en France, le développement de l'école maternelle et des crèches n'a jamais été une revendication féministe. C'est un aspect de la politique sociale des gouvernements de l'immédiate après-guerre. Mais, bien que n'ayant pas été une revendication féministe, ces institutions ont permis la réalisation (partielle, bien sûr) de cette autre revendication qu'est l'émancipation par le travail.

Cet état de choses explique que l'on soit assez réfractaire, en France, à une idéologie parentale qui tendrait à remettre en cause cette évolution. Il paraîtrait impensable de demander aux parents – aux femmes – d'arrêter de travailler pour se consacrer exclusivement à leurs enfants. Toute tentative de valoriser les tâches parentales au détriment de l'activité professionnelle serait immédiatement dénoncée comme une sanctification cachée du rôle maternel. On est toujours prêt, en France, à dénoncer dans le recours idéologique à l'instinct maternel et à la valorisation des tâches éducatives et domestiques, une construction idéologique réactionnaire, un piège pour les femmes. « Cette histoire d'allaitement prolongé, c'est vraiment pour ruiner la vie des femmes », me dit une amie française avec une certaine violence dans laquelle s'exprime son féminisme (français).

L'autre composante du discours féministe (allemand), opposée mais parallèle à la première, un peu plus récente peut-être, est la redécouverte émerveillée de la maternité et des enfants. La maternité en particulier et le parentage en général seraient des expériences passionnantes et exaltantes. Selon le discours de la « nouvelle maternité », il faut reconnaître à cette expérience unique sa dignité et sa grandeur. Les enfants peuvent être une forme de la réalisation de soi. Le projet familial peut avoir la même envergure que n'importe quel autre projet existentiel. En outre, il faudrait que soit socialement, c'est-à-dire financièrement, reconnue la valeur de la maternité. Voilà déjà un point sur lequel la « nouvelle maternité » se sépare malgré tout du discours conservateur : elle aimerait pouvoir exiger la reconnaissance sociale de la prestation éducative fournie par les familles.

Ce regain d'enthousiasme va de pair avec la critique des conditions de vie dans la société industrielle qui ont fait perdre aux tâches parentales et éducatives la plénitude de leur sens. Ces conditions de vie, et en particulier le travail salarié avec ses horaires imposés, la séparation qu'il impose entre la sphère du travail et la sphère domestique, mais aussi des principes éducatifs hygiénistes trop normalisés ont fini par vider cette expérience d'un sens qu'il s'agit de retrouver.

Quand, dans l'intention naïve de montrer à mes interlocuteurs combien la situation des femmes est de ce point de vue plus favorable en France, je décris la situation française – le retour au travail relativement rapide des mères –, on me répond invariablement que « ça n'arrange que les adultes, les mères », mais que « ce n'est pas l'intérêt de l'enfant » ; que « l'on ne fait pas des enfants pour s'en débarrasser aussitôt », ce qui reviendrait précisément à nier la valeur de la fonction parentale; que cette expérience a une valeur en soi autant que le travail rémunéré ; que s'occuper des enfants est une tâche noble et qu'il faudrait au contraire qu'elle soit mieux honorée par la société, plutôt que de contraindre les parents à travailler, etc. Si j'insiste encore en disant qu'avec cette conception exigeante des tâches parentales, les femmes sont les victimes désignées, on me répond que ce n'est pas une raison pour sacrifier l'intérêt des enfants, que la solution passe par des dispositifs qui libèrent les parents des tâches professionnelles pour qu'ils puissent se consacrer aux tâches éducatives et que le travail n'est pas une fin en soi. Que c'est à la dictature du travail salarié qu'il faut s'en prendre et non pas aux enfants.

Cela dit, on ne m'ôtera pas l'impression qu'à l'image d'Épinal de l'éducation modèle, avec sa maman – à la rigueur son papa – disponible pour accompagner la merveilleuse aventure de l'enfance correspond un vécu parental – maternel – d'ennui, de frustration et de sacrifice, qui est précisément synonyme de renoncement à certaines promesses de la « société des individus ».

Ces deux tendances des revendications féministes contemporaines, bien qu'elles soient, dans les conditions actuelles de la société allemande, vouées à ne pas se rencontrer, sont l'une et l'autre la manifestation d'un désir croissant de prise en charge par lui-même de l'individu et de tout ce qui le concerne – y compris ses enfants. En dépit du recoupement avec les thèmes du discours conservateur, l'exigence d'une éducation très privatisée, est une revendication qui va dans le sens de plus d'individualisation de ce qui est donné à l'enfant, mais aussi de ce qui est vécu par les parents / par la mère. Même quand elle donne l'impression de retomber dans les ornières du discours conservateur (les femmes et les enfants à la maison), elle est éminemment « moderne », au même titre que la volonté de créer son destin par le choix d'une vocation ou d'une carrière.

Cette volonté existe aussi en France, mais à l'état de tendance seulement : la contradiction entre les deux projets, entre les deux aspirations, n'est pas aussi criante, tant parce que les exigences en matière de (re-)prise en charge de l'éducation par les familles est moins grande que parce que ces relais institutionnels que sont les structures d'accueil pour les jeunes enfants changent la donne.

Inversement, le double impératif de la vie familiale et professionnelle également réussies est moins contraignant qu'en France. On peut, sans se déconsidérer, mettre en veilleuse le volet professionnel si on a des enfants. Tout comme on fait peut-être plus facilement le choix de ne pas avoir d'enfants.

L'espace privé

Je ne souscris pas à l'idée qui traîne un peu partout que l'espace privé, en Allemagne, serait barricadé contre l'extérieur.[26] Dans mon expérience, il l'est plutôt moins qu'en France.[27] Par contre, il me semble juste de dire que les Allemands « ont le sens du privé »[28], ce « sens du privé » n'étant cependant pas synonyme d'une défense contre les intrusions extérieures.

Pour ce qui est de l'espace – et à la différence du temps –, je dirais que la valorisation du privé se marque non pas par la séparation (empêcher l'un d'envahir l'autre), mais plutôt par la contamination de

---

26 Comme l'affirme par exemple un observateur aussi crédible que E. T. Hall : « Pour les Allemands, l'espace est sacré. Les maisons sont protégées du monde extérieur par des barrières, des haies, des murets, par des rideaux, des stores, des jalousies, ceci afin de prévenir toute intrusion » (*Guide du comportement*, *op. cit.*, p. 73-74).
27 Sur les relations de voisinage, voir plus loin. Observant les Français, E. T. Hall remarque qu'ils ne « partagent pas leur espace de manière tacite et reconnue », comme le feraient les Américains (*ibid.*, p. 202). Les Allemands ne sont peut-être pas aussi partageurs que les Américains de leur espace, mais certainement plus que les Français.
28 E. T. Hall, *ibid.*, p. 74.

l'un par l'autre.²⁹ C'est l'espace privé qui offre un certain nombre de qualités que l'on s'efforce de transposer à l'espace extérieur, que ce soit le lieu de travail ou les divers « lieux », réels et métonymiques, qui constituent l'espace public.

L'espace privé, modèle de l'espace public

Le bon espace, celui où l'individu se sent bien, c'est l'espace privé. C'est le seul qui soit vraiment *gemütlich*. Ce mot, intraduisible en français, désigne la qualité d'un espace familier et conçu pour l'intimité. L'Allemagne a d'ailleurs en partage avec les autres pays d'Europe du Nord ce type d'intérieurs dans lesquels les individus passent beaucoup plus de temps qu'on n'en passe chez soi en France. Moins offert aux regards que l'intérieur hollandais ou nordique, l'intérieur allemand obéit néanmoins à une conception de la décoration assez voisine : plus de plantes vertes, plus d'objets d'artisanat, des bibelots sur l'appui de la fenêtre, des mobiles, des étoiles et autres décorations en paille suspendues à la fenêtre au moment de Noël, le bouquet de branches de saules dont les bourgeons sont prêts à s'ouvrir et où l'on accroche les œufs de Pâques, les bougies, dont les Allemands font une très grande consommation (la flamme de la bougie étant censée avoir des vertus intimistes). Tous ces éléments de décoration sont autant d'attributs de l'intimité. Ils sont la patine que l'individu dépose dans le lieu qu'il habite et qui rend ce lieu hospitalier : « Il leur semblerait parfois qu'une vie entière pourrait harmonieusement s'écouler entre ces murs couverts de livres, entre ces objets si parfaitement domestiqués qu'ils auraient fini de tout temps par les croire créés à leur unique usage, entre ces choses belles et simples, douces, lumineuses. » Cette

---

29 Le mot public a ici le sens d'accessible à tous dans la société (au sens de *öffentlich* en allemand) et non, comme c'est souvent le cas dans l'usage français, le sens de ce qui relève de la compétence de l'État.

phrase des *Choses* de Perec, qui décrit l'intérieur idéal rêvé par les héros du roman – et dont ils ne sauront jamais se donner les moyens – me semble bien décrire l'impression que fait un intérieur allemand *gemütlich*. Perec décrit très bien la symbiose entre les individus et les « choses » auxquelles ils s'identifient et qui les reflètent. Ces choses sont aussi les empreintes déposées par leur présence, les détails créateurs d'ambiance qui révèlent l'appropriation par les individus d'un espace qui les abrite et les exprime tout à la fois. Les illustrations des livres pour enfants célèbrent cette douceur de la maison d'une manière qui n'a pas son équivalent en France : chambres d'enfants, scènes de goûter au retour de l'école autour d'un bol de chocolat chaud avec un chat qui dort sur un coussin en arrière plan. Pour citer quelque chose qui sera peut-être familier au public français, les dessins de Gerda Muller, qui a illustré un grand nombre d'albums du Père Castor depuis les années 1960, célèbrent eux aussi la douceur d'un espace quotidien et domestique à la mesure des enfants. Enfin, il me semble qu'un catalogue IKEA donne une idée assez juste de cette conception de l'espace domestique. Gerda Muller est néerlandaise et IKEA suédois, mais la conception de l'espace domestique est la même : c'est le lieu où l'individu trouve une protection contre les intempéries, mais aussi contre les vicissitudes de la vie au dehors – de la vie à l'école ou avec les collègues. Son foyer est pour chaque individu son lieu naturel, le lieu où il est bien par définition, le lieu où il se refait. C'est aussi le lieu de la sociabilité, alors que, dans les pays d'Europe méridionale, elle se déroule pour une bonne part à l'extérieur, dans des lieux publics comme le café ou le restaurant.

L'appropriation individuelle de l'espace public

Si elle est d'abord caractéristique de cet espace individualisé – ou plus exactement personnalisé – qu'est l'espace privé, la *Gemütlichkeit* n'en est pas l'apanage : un restaurant, un café ou même un lieu de travail peuvent aussi être *gemütlich*. Le terme désigne précisément ce qui les rapproche de l'espace privé, ce qui corrige l'impression d'anonymat et fait que ces lieux, quoique publics, présentent certaines des qualités de l'espace domestique et privé.

Un lieu de travail, un bureau par exemple, est susceptible d'être *gemütlich*. Récemment, dans le bureau d'un éditeur français, qui était en fait une éditrice, je me suis fait la réflexion qu'un tel bureau ne pouvait pas être allemand. Ce n'était pas tant le désordre apparent et l'empilement de livres et de dossiers, que l'absence de signes personnels et de marques d'intimité : pas de photos, pas de décorations, rien qui aurait pu rapprocher ce bureau d'un lieu personnalisé. En Allemagne, l'occupante de ce bureau, à plus forte raison une femme, se serait efforcée de déposer son empreinte et sa patine sur les lieux, d'aménager un tant soit peu son lieu de travail sur le modèle de sa maison. En France, l'aménagement et la décoration d'un bureau obéissent éventuellement à une volonté de représentation (ce qui n'était pas le cas du bureau évoqué ci-dessus). Mais un aménagement rappelant par trop l'intimité d'un lieu domestique serait mal venu.

Mon propre bureau n'est pas différent du bureau français que je viens de décrire. Je n'ai décoré la moitié du bureau que je partage à la fac avec une collègue que de quelques dessins d'enfants. Ma collègue, elle, a des plantes vertes et orne toujours sa table de quelques décorations de saison : des branches de sapin avec un ruban rouge et une bougie avant Noël (c'est la version allégée de la couronne de l'Avent), quelques œufs magnifiquement décorés dans un petit panier pour Pâques (ma collègue est originaire de Roumanie et possède un art consommé de la teinture et de la décoration des œufs de Pâques). Parfois même ce sont les étudiants qui apportent la branche de sapin de l'Avent dans la salle du séminaire... C'est « une petite attention », un geste destiné à humaniser un lieu inhospitalier parce qu'anonyme. Que personne n'y voie une intention de prosélytisme religieux ! C'est simplement *gemütlich*. Au début, je trouvais ces petits gestes mièvres et déplacés, stupidement sentimentaux. En France, ils seraient immanquablement interprétés non seulement comme du sentimentalisme, mais éventuellement comme un manque de sérieux, comme une intrusion inappropriée du privé. Mais au fond, je me dis que c'est bien agréable, que ces petits gestes ont effectivement la vertu de rendre l'espace moins anonyme – et peut-être, par là même, plus respectable (on a moins tendance à dégrader un lieu qu'on s'est approprié en le personnalisant). Mais à chaque fois, je constate aussi que je n'aurais pas pensé de mon propre chef à transporter ces attributs de l'intimité dans mon bureau. Il me manque cette capacité de revêtir un lieu de cette patine qui le rende *gemütlich*.

De la même manière, les lieux qui accueillent les enfants, le jardin d'enfants et le *Hort* et même l'école, bien que dans une moindre mesure, s'efforcent de reproduire certains des attributs de la maison, du foyer. Le jardin d'enfants et le *Hort* sont des lieux publics, mais ils n'en sont pas moins conçus sur le modèle du lieu privé par excellence qu'est la maison. Même à l'école, il y a toujours de quoi boire – au moins de l'eau minérale – sur une table dans un coin. Chacun peut venir se servir quand il a soif, entre deux fiches de maths. Comme à la maison.

La valorisation de l'espace privé et de ses qualités propres par rapport à l'espace public ne signifie pas nécessairement qu'on se retire dans sa sphère privée et qu'il n'y a pas d'espace public, mais que l'on s'efforce de modeler la sphère publique sur le modèle de l'espace privé. De faire en sorte que la première soit plus douce aux individus, qu'à défaut d'héberger les individualités comme le fait l'espace privé, elle en soit respectueuse et ne les abîme pas. Elle signifie que l'individu transporte dans la sphère publique l'exigence d'un traitement respectueux de l'individualité et l'exigence d'un contrôle individuel ; l'exigence, également, d'une continuité entre la morale individuelle et la morale publique.

En Allemagne, ce souci, en lui-même typique de l'individualisme contemporain, revêt peut-être aussi une signification politique. On pourrait l'interpréter comme une réaction aux efforts des régimes nazi et socialistes pour régenter l'espace privé, pour s'immiscer dans les familles et y faire triompher leur idéologie. C'est une réaction a posteriori (pour le nazisme) ou a contrario (pour le socialisme). L'espace privé et sa valeur de critère serait une métonymie de la prééminence morale accordée à la conscience individuelle, appelée à faire entendre sa voix, à faire reconnaître ses critères et ses exigences dans l'espace public. L'espace public ayant été – historiquement – accaparé par l'État, par des idéologies relayées elles-mêmes par des institutions collectives (mouvements de jeunesse), il importe de faire en sorte que la sphère publique reste soumise au contrôle de valeurs éthiques, qui ne sont nulle par mieux préservée que dans l'espace privé. En ce sens, l'espace privé est une métonymie de l'individualité éthique.

Le corps et l'âme
Techniques de soi

On se passionne plus – et depuis bien plus longtemps – qu'en France pour toutes les techniques du corps et de l'âme promettant un meilleur équilibre : l'acupuncture, l'homéopathie, le yoga, les fleurs du docteur Bach, l'aromathérapie, la thérapie respiratoire, etc. Ces thérapies sont l'équivalent du projet existentiel en matière de santé : l'individu souhaite prendre en main son équilibre et en être lui-même l'artisan. Il attend de ces techniques ou de ces régimes de mieux coïncider avec lui-même et avec ses rythmes naturels sans avoir à se bourrer de produits chimiques. La construction de cet équilibre, qui ne se résume pas à ne pas être malade ou à guérir d'éventuelles maladies, requiert sa participation active.

Les conduites alimentaires seraient un bon exemple de cette recherche d'une discipline de vie. En France, on fait encore essentiellement un régime – même le plus extravagant – pour maigrir. Et, en dehors de cet écart que constitue le régime, les conduites alimentaires sont moins justifiées par des principes philosophiques ou par une doctrine particulière. Elles obéissent à une norme collective, mode culinaire ou traditions familiales. En Allemagne, le régime – végétarien avec toutes ses nuances, macrobiotique, cru, etc. – a fréquemment la dimension d'une discipline de vie. C'est une démarche individuelle, qui fait l'objet de décisions concernant l'individu de la manière la plus intime.

Haro sur la Schulmedizin

Vue d'Allemagne, la France se caractérise toujours par une confiance encore inébranlée dans les pouvoirs de la médecine moderne et de ses prouesses techniques, qui ne sont remises en question que par une minorité d'irréductibles. En Allemagne, on est depuis déjà vingt ou trente ans beaucoup plus critique à l'égard d'une médecine technicienne, opérant à grand renfort de machines et de médicaments. Cette attitude déborde le cercle étroit des homéopathes de toujours. Elle est partagée à des degrés divers par l'ensemble des patients, mais aussi par les médecins et, de plus en plus, par les institutions, hôpitaux et cliniques, s'efforçant de répondre à la demande collective.

À la *Schulmedizin* (la médecine d'école, classique, technicienne), on oppose les médecines alternatives, moins agressives. Elles auraient surtout la vertu de prendre en compte la personne toute entière au lieu de soigner seulement un symptôme isolé. On a une conception plus holiste de la guérison, qui passe par la récupération d'un équilibre global. Cet équilibre serait menacé par une prescription abusive de médicaments qui, soignant exclusivement le symptôme, empêcheraient les mécanismes naturels de jouer.

Les médecins allemands prescrivent moins de médicaments que les médecins français et les patients n'en redemandent pas. Sur ce point, il y a un consensus, qui contraste avec la consommation effrénée de médicaments des Français (qui détiennent en la matière un triste record européen). On est plus prudent qu'en France, mais aussi plus prudent que dans l'Allemagne d'il y a vingt ou trente ans, quand il s'agit de prescrire des antibiotiques. Un généraliste allemand n'en prescrira pas pour une toux bronchiteuse ou une otite. Il se contentera d'abord d'un simple sirop, se réservant la possibilité de recourir aux antibiotiques « s'il le faut vraiment ». En vous expliquant, si besoin est, le danger que représente l'abus d'antibiotiques et le fait que la génération qui était enfant dans les années 1960 et 1970 en a été tellement abreuvée que cela a affaibli ses défenses immunitaires.

On reproche à la *Schulmedizin* de mettre l'équilibre naturel de l'organisme en danger par des interventions trop brutales. On est mis en garde à tout instant contre les possibles effets secondaires des médicaments, surtout quand il s'agit de médicaments classiques (de synthèse). Ma pharmacie préférée à Kreuzberg était gérée par un collectif de femmes à la pointe de tous les combats. Un jour que je demandais innocemment un baume à appliquer sur les gencives de mon bébé, l'une de ces pharmaciennes de choc me répond d'un air de reproche : « Mais ces produits contiennent des substances sédatives. Vous ne préféreriez pas essayer de lui faire mordre un peu de racine d'iris ? » J'ai beaucoup regretté la disparition de cette pharmacie, remplacée un beau jour par un magasin d'antiquités. Elle vous vendait malgré tous les médicaments figurant sur l'ordonnance, mais se faisait un devoir de suggérer des alternatives.

Alors qu'on commence seulement à s'interroger en France sur le bien fondé de l'opération systématique – parfois presque préventive (« une bonne chose de faite » !) – des amygdales ou de l'appendicite, il y a déjà un certain temps qu'on en est revenu en Allemagne, où l'on n'opère plus que dans les cas vraiment aigus.

Enfin, bien que je ne sois pas en mesure de l'affirmer chiffres en main, il me semble que, si les médecins français, répondant en cela à l'attente de leurs patients, prescrivent plus de médicaments, les médecins allemands prescrivent plus d'arrêts de travail.[30] En France, on se

---

30 L'Allemagne aurait le plus fort taux d'absentéisme en Europe après les Pays-Bas.

fera prescrire des antibiotiques et des analgésiques « pour pouvoir aller travailler, docteur ». En Allemagne, le médecin, en accord avec son patient et avec un consensus plus général, préfèrera le renvoyer à la quiétude de son foyer, en considérant qu'un peu de temps à soi, soustrait au stress du travail, dans la *Gemütlichkeit* de son chez soi lui permettra tout aussi efficacement de se refaire une santé. On notera, là encore, la valorisation de l'espace domestique, élevé au rang de thérapie ! Lu sur une affiche dans le métro (il s'agissait du titre d'une conférence médicale destinée au grand public) : « *Freizeit ist die beste Medizin* » (le temps libre est le meilleur remède).

D'ailleurs, être *krankgeschrieben*, littéralement inscrit malade, être malade avec une autorisation médicale – porté pâle en d'autres termes – revêt une autorité – presque un prestige – qui n'a pas son équivalent en France, où l'on craindrait plus facilement que ce ne soit interprété comme un manque de sérieux.

La médecine allemande semble plus disposée à envisager la continuité entre l'âme et le corps. Tous les généralistes diront qu'ils sont un peu psychothérapeutes. Mais en Allemagne, il n'est pas rare qu'ils aient aussi une vraie formation – et une activité – de psychothérapeutes.

La hantise du collectivisme sanitaire

L'autre grief fait à la *Schulmedizin* sont les mesures prophylactiques jugées excessives et insuffisamment individualisées, notamment les vaccins. Ils sont seulement conseillés, mais pas obligatoires. Certains pédiatres les recommandent. D'autres y sont hostiles. Il faut donc choisir son pédiatre en accord avec ses propres options. Il existe un véritable courant d'opinion contre les vaccins, nourri par toute une littérature que l'on trouve parfois dans les salles d'attente des médecins. Des campagnes d'information dénoncent le danger des vaccinations pour certains individus (elles peuvent provoquer des allergies), leur inefficacité (contre les souches résistantes, dans le cas de la tuberculose) et le fait qu'elles détruiraient les défenses naturelles de l'organisme en empêchant qu'elles soient sollicitées. Enfin, toujours selon la littérature anti-vaccin, la pression exercée sur l'opinion et notamment sur les parents en faveur des vaccins ne serait qu'une vaste manipulation orchestrée par l'industrie pharmaceutique pour laquelle ce marché est très lucratif. Quoi qu'on pense de ces arguments, il y a, en Allemagne, beaucoup de parents pour refuser de faire vacciner leurs enfants, au motif que le souci prophylactique est disproportionné par rapport au danger et qu'il vaut mieux une bonne rougeole – ou même une bonne coqueluche ! – qu'un vaccin.

Quand je dis qu'en France les vaccinations sont obligatoires sauf en cas de contre-indication médicale avérée, qu'il faut présenter le carnet de vaccinations pour l'inscription à l'école maternelle, mes interlocuteurs sont très choqués : ils y voient une ingérence « autoritaire » de la puissance publique dans ce qui, à leurs yeux, relève de la liberté de choix et de l'intimité des personnes.[31] Les gens me disent que cela leur rappelle la médecine de l'ex-RDA ou, pire encore, l'ingérence d'une autre dictature dans les choix de santé des individus.[32] La médecine socialiste, là encore, tout comme le jardin d'enfants et l'école socialistes, sert de repoussoir immédiat. Elle a la réputation d'avoir été une médecine collectiviste qui ne tenait pas compte du caractère nécessairement individuel des décisions en matière de santé. « C'était vaccin-ra-

---

31 2017 : ces lignes sont doublement historiques. Depuis environ trois ans, le gouvernement allemand, alarmé par le recul de la couverture vaccinale, a lancé une campagne incitant se faire vacciner et à faire vacciner ses enfants. Symétriquement, l'annonce pendant l'été 2017 par le gouvernement Macron d'une extension de la couverture vaccinale suscite l'opposition entre temps beaucoup plus nombreuse et organisée des anti-vaccins.

32 Il est d'ailleurs significatif que l'une des raisons pour lesquelles les écoles Waldorf françaises ont été incriminées est que les enfants n'étaient pas vaccinés. Cette décision parentale, tout à fait conforme aux préceptes de l'homéopathie et de la médecine Waldorf, a été interprétée par les pouvoirs publics français comme le signe que ces enfants étaient négligés et que les parents ne remplissaient pas leurs devoirs, alors qu'en Allemagne une telle décision relève exclusivement des familles.

dio-antibiotique juste au cas où » m'a dit une fois ma voisine, qui est infirmière, d'un ton à la fois méprisant et horrifié : une médecine de cheval, préventive de préférence, qui écrasait une mouche avec un marteau piqueur sans souci des effets secondaires. Et aussi une médecine collectiviste qui ne se souciait pas beaucoup d'accompagner les soins spécifiquement médicaux d'un environnement psychologique propice.

Les attentes et les pratiques en matière de santé révèlent de grandes disparités entre la France et l'Allemagne, mais aussi entre l'Allemagne de l'Est et de l'Ouest. La mésaventure d'une de mes collègues illustre par la négative les attentes ouest-allemandes en la matière. Installée à l'Est peu de temps après la Réunification, c'est là qu'elle a mis au monde son deuxième enfant. Elle en parle comme d'une expérience traumatisante : discipline de fer de l'hôpital, sages-femmes et personnel soignant considérant les patientes comme des numéros, attitude condescendante de l'obstétricien (« vous râlez trop, on va vous faire une petite piqûre pour vous calmer »). Elle était si choquée de cette expérience qu'à sa sortie de l'hôpital, et au risque de passer pour une « Wessie » (une femme de l'Ouest) qui fait des histoires, elle a écrit à la clinique pour dire qu'elle avait trouvé l'attitude du médecin peu respectueuse et « autoritaire », qu'elle avait d'autres attentes à l'égard d'une maternité. Elle a reçu une réponse assez embarrassée : le médecin, manifestement, n'avait pas l'habitude que l'on conteste sa façon de faire et il n'imaginait pas qu'une patiente ait une idée précise sur ce qu'elle attendait de l'hôpital. Ce point d'opposition entre l'Est et l'Ouest – c'était le cas du moins il y a à peu près dix ans – montre bien dans quel sens ont évolué les attentes et les pratiques à l'Ouest.

On a beaucoup reproché à l'institution hospitalière son côté inhumain. Du coup, l'institution elle-même a évolué. La médecine anthroposophe n'a pas peu contribué à faire évoluer les mentalités et les attentes : il existe des hôpitaux anthroposophes, certains privés, d'autres semi-publics ou subventionnés, et des médecins – des généralistes notamment – qui ont complété leur formation classique par une formation spécifique. La médecine anthroposophe a transformé l'approche de l'hospitalisation et elle a été pionnière en matière de soins palliatifs, évitant de recourir par principe à des soins qui nécessitent un appareillage lourd, auxquels sont préférés le traitement de la douleur l'accompagnement de la personne. Dans l'ensemble, on est soucieux du confort psychique du patient. Et soucieux aussi de le faire participer aux décisions qui le concernent, de le mettre en face d'alternatives qu'on ne veut – qu'on ne peut juridiquement – pas trancher pour lui.

Une autre approche de la naissance

L'approche de la naissance me paraît un autre point de clivage. Dans tous les pays occidentaux, l'évolution des techniques médicales et une meilleure connaissance de la vie pré- et postnatale ont fait évoluer la perception de la naissance. Partout on est convaincu de l'importance de l'événement pour tous les protagonistes. Mais là encore, il semble que l'Allemagne et la France aient donné une traduction pratique différente à ce nouveau savoir. Dans l'ensemble, la France se caractérise par sa grande fidélité à une naissance toujours très médicalisée. En Allemagne, au contraire, la mode est à la naissance à domicile (certaines sages-femmes sont spécialisées dans les accouchements à la maison) ou dans une *Geburtshaus* (maison de naissance). Les *Geburtshäuser* sont entièrement gérées par les sages-femmes, les médecins n'y interviennent qu'en cas d'urgence s'efforcent d'offrir un environnement qui rappelle la maison par opposition à l'univers aseptisé de l'hôpital : meubles, musique, effort pour échapper à l'anonymat et à un appareillage médical trop sophistiqué, quand il n'est pas expressément nécessaire.[33] Même dans les cliniques classiques, la

---

33 Des maisons de naissance existent aussi en Suisse, aux Pays-Bas, au Canada et aux États-Unis. En France, leur création s'est heurtée jusqu'ici à la résistance du pouvoir médical et à une culture dominante qui assimile toute tentative de démédica-

naissance est moins appareillée et médicalisée : pas de péridurale systématique (on essaie d'expliquer au contraire de quels inconvénients se paie le confort relatif qu'elle procure), pas d'administration automatique d'ocytocines pour accélérer le travail. Dans certains cas, on renonce également à des mesures hygiénistes (telles que baigner le nouveau-né) jugées superflues et même nocives (cela élimine de la peau des substances chimiques qui lui permettent de mieux se défendre contre les microbes). La relative démédicalisation de l'accouchement ne veut pas dire qu'on renonce à certaines interventions quand elles sont nécessaires. Mais elles sont moins systématiques qu'en France.

Nos deux premiers enfants sont nés en France, la troisième en Allemagne. Tout bien pesé, j'ai préféré l'accouchement allemand. Je n'aurais peut-être pas vécu une naissance dans une clinique restée encore « socialiste » comme une agression, ni pensé à qualifier l'attitude du personnel soignant d'autoritaire, parce que je n'avais pas d'attentes très précises en la matière, mais ce que m'a décrit ma collègue de son séjour à la maternité étant pourtant assez voisin de ce que j'ai connu en France. À l'usage, il me semble que la voie (ouest-) allemande n'est pas la pire.

L'expérience allemande m'a remis en mémoire certains détails des naissances françaises que je n'avais pas relevés comme particulièrement choquants sur le moment, mais qui, par comparaison, ont pris un autre relief : j'avais demandé si la perfusion que l'on m'avait installée dès mon arrivée à la clinique était nécessaire et j'avais voulu savoir ce qu'il y avait dans la bouteille. On avait répondu avec un peu d'agacement que la perfusion faisait partie des précautions d'usage (« autant vous mettre l'aiguille tout de suite parce que, s'il y a une urgence, on risque de ne plus trouver la veine ») mais que la bouteille

---

liser la naissance à un retour en arrière obscurantiste. 2017 : en France, le principe des maisons de naissance a été officiellement autorisé en 2015, après des années de négociations. Les projets en sont encore au stade expérimental.

ne contenait que de l'eau sucrée. Devant mon air dubitatif, la sage-femme avait ajouté : « et si vous n'êtes pas contente, vous n'aviez qu'à aller dans une clinique non-violente » (sic). Je ne crois pas que, dans la même situation, une sage-femme allemande, même de mauvaise humeur, se serait permis ce genre de paroles. Qu'une culture se caractérise aussi par ce qu'elle interdit de dire...

Outre le fait que, même dans une clinique, la perfusion reste réservée aux cas où elle est absolument nécessaire (d'après la petite enquête que j'ai menée parmi les mamans de mon entourage, perfusions et péridurale étaient l'exception), on n'aurait pas invoqué immédiatement la nécessité de l'ordre en réponse à une question qui n'était qu'une demande d'information. En outre, on se serait fait un devoir d'y répondre. J'ai été frappée, chaque fois que j'ai mis les pieds dans un établissement de soins, pour moi ou pour mes enfants, par le souci systématique d'informer, d'expliquer les procédures et de mettre les patients en situation de choisir.

Une chose, en tout cas, étonne beaucoup toutes celles et ceux avec qui j'en ai parlé : comment se fait-il que la France, patrie des Lamaze, Leboyer et Odent, dont les livres continuent à être des best-sellers en Allemagne, n'ait pas plus évolué dans le sens que préconisaient ces pionniers ? Pourquoi sont-ils si peu prophètes en leurs pays ? Pourquoi ont-ils eu si peu d'influence sur l'institution ?

Inversement, on aurait tendance, en France, à considérer la péridurale en particulier comme ce qui libère les femmes de la malédiction d'Ève (« tu enfanteras dans la douleur... ») et donc comme un progrès féministe.

Un observateur français dira probablement aussi que toutes les évolutions allemandes que je décris sont la manifestation d'un penchant atavique pour la nature – et que ce penchant est suspect et irrationnel. Je reviendrai ultérieurement sur le court-circuit conceptuel sur lequel repose cette phobie française de la nature, considérée comme la mère de toutes les barbaries. Pour ma part, je vois plutôt dans cette préférence pour des pratiques plus simples et moins génératrices d'effets secondaires le refus de la technicisation. Et j'y vois surtout la demande d'une meilleure prise en compte des besoins individuels : on prend plus au sérieux le fait que la naissance d'un enfant est pour la mère un événement exceptionnel de son existence et qu'il ne convient pas d'imposer à toutes les femmes le même rythme, la même position, les mêmes médications au nom de la discipline et des habitudes de la clinique.

L'anniversaire, célébration de l'individu

Mon anniversaire tombe en été, à une date où je ne suis pas toujours joignable. Une année, désespérant de me trouver, mes (à l'époque futurs) belles-sœurs et beaux-parents ont appelé les uns après les autres chez mes parents pour me souhaiter un bon anniversaire, insistant pour qu'on n'oublie pas de me faire la commission. Mes parents s'en sont acquittés d'un ton un peu narquois, se gaussant presque de cette sollicitude touchante, mais excessive et puérile à leurs yeux. De leur côté, il ne leur est jamais venu à l'esprit de souhaiter son anniversaire à mon mari, ni d'imaginer une seconde qu'il puisse s'en offenser comme d'un manque d'égards ou d'affection.

En France, l'anniversaire une affaire restreinte à la famille nucléaire dont l'importance décroît au fur et à mesure que l'on avance en âge. On souhaite leur anniversaire à ses enfants, son conjoint, ses parents et ses frères et sœurs. En Allemagne, l'anniversaire fait l'objet d'un rituel très marqué qui ne se limite pas à la famille proche. On félicite aussi le jour de leur anniversaire les membres de la famille plus éloignée ainsi que les collègues. Un patron se doit d'avoir ce jour-là une petite attention pour sa secrétaire, au moins un bouquet de fleurs. Quand on est nouveau, il faut donc s'informer de la date d'anniversaire de ses collègues. Le statut des fonctionnaires allemands (qui accorde d'incroyables avantages par rapport au reste des salariés, bien au-delà de la sécurité de l'emploi, comme c'est le cas en France) prévoit même la possibilité de prendre un congé le jour de son anniversaire.

On ignore la réserve des dames d'un certain âge qui, en France, trouveraient indiscret qu'on leur demande leur âge. Oublier de féliciter quelqu'un (ce dont je me suis maintes fois rendue coupable avant de comprendre l'importance du geste : que les offensés me pardonnent) est considéré comme très grossier. C'est une marque d'indifférence. En outre, il faut féliciter au jour dit. Féliciter quelqu'un en avance pour son anniversaire porte malheur !

Dans ma famille, on profite de ce que tous les cousins sont réunis pendant les vacances pour fêter en bloc les anniversaires les plus proches, quitte, parfois, à anticiper un peu ou à rattraper les anniversaires en retard. Un tel laxisme choque beaucoup les interlocuteurs allemands auxquels je brosse le tableau de nos mœurs familiales pour excuser mes impairs. Même entre adultes, on ressent la nécessité d'une petite mise en scène solennelle. On se doit absolument de féliciter, fût-ce au téléphone. L'anniversaire se marque au moins par un *Kaffee und Kuchen* festif. *Das Geburtstagskind* (le héros de la fête – qui n'est plus toujours un enfant) est ce jour-là l'objet d'une attention et d'une sollicitude particulière.

Ma fille aînée, dont l'anniversaire tombe régulièrement pendant les vacances d'hiver où elle est chez ses grands-parents, s'est plaint quand elle était plus petite de n'avoir pas ses parents le jour de son anniversaire. Une maman de mes amies me téléphone pour chercher un peu de réconfort : elle sera absente pour des raisons professionnelles le jour du sixième anniversaire de son aîné et ses voisins (eux-mêmes parents) lui ont dit : « Mais tu ne peux pas faire ça ! Cela risque de laisser des séquelles psychiques. »

L'importance accordée à l'anniversaire est plus ancienne que la division Est-Ouest et elle lui a survécu. Il m'a même semblé que mes collègues et connaissances à l'Est étaient encore plus pointilleux sur la question. D'ailleurs, avant la chute du Mur, l'anniversaire rond d'un parent vivant dans l'autre Allemagne pouvait être un motif d'autorisation de se rendre en RDA pour les Allemands de l'Ouest et même parfois un motif d'autorisation de sortie pour les Allemands de l'Est ! La presse se fait même l'écho de l'anniversaire des gens importants ! lorsqu'une personnalité politique, intellectuelle ou artistique atteint une dizaine ronde (et même tous les cinq ans quand il s'agit de quelqu'un d'âgé), les journaux lui consacrent des articles qui font le bilan de sa carrière. En France, ces articles n'ont d'équivalent que les notices nécrologiques ! Il arrive d'ailleurs qu'on lise dans de grands journaux allemands de ces articles bilans consacrés à des personnalités françaises qui atteignent un chiffre rond, alors que personne ne s'intéresse à eux dans la presse française. L'anniversaire est l'occasion de célébrer un bilan individuel. C'est une façon d'honorer l'individu dans ce qu'il a accompli.

À y regarder de plus près, en France aussi, la tendance pour les adultes est à célébrer les anniversaires avec plus de solennité et dans un cercle plus large : la mode des grandes fêtes pour les décennies rondes s'est répandue chez les adultes jeunes et moins jeunes. Mais ces fêtes sont plus un prétexte pour permettre des retrouvailles (une fonction voisine de la fonction traditionnelle des mariages ou des baptêmes) : pour ses 40, 50... ans, on réunit tous ses amis, et surtout ceux qu'on n'a pas vu depuis longtemps. Si elles répondent à un besoin de ritualiser le temps de l'existence individuelle, ces fêtes n'ont cependant pas tout à fait le même sens que le rituel allemand qui célèbre d'abord l'individu et ses accomplissements plutôt que son univers relationnel.

En France d'ailleurs, l'anniversaire est un rite relativement récent : il était encore peu répandu au début du XXe siècle. Dans la France catholique d'autrefois, on souhaitait plutôt la fête. Une fois, en réponse à ma petite enquête, une vieille dame française m'a répondu que c'était d'ailleurs bien mieux ainsi : la fête, rappelant à l'enfant son saint patron, était une chose autrement plus intéressante que l'anniversaire, qui ne célèbre que la personne. Ce qui, par opposition, semblerait indiquer une corrélation entre le protestantisme, l'ancienneté et l'importance, du rituel d'anniversaire. *

Si l'individualisme est un trait caractéristique des sociétés contemporaines, l'Allemagne semble plus avancée dans l'exploration d'un individualisme qui fait de l'existence une œuvre à construire. Chacun est censé être l'auteur et le créateur de sa propre vie. Les choix existentiels font l'objet d'un discours méta-existentiel plus intense. Je ne veux pas dire que des évolutions du même ordre ne soient pas observables en France. Mais cette forme d'individualisme est plus récente.[34] Elle rencontre les freins d'une société globalement plus autoritaire et plus contraignante pour l'individu. J'ai évoqué l'autoritarisme plus grand du système scolaire. La même chose vaut pour les relations de travail, qui sont plus hiérarchiques.[35]

En France, le développement de ce nouvel individualisme cohabite avec le vieil individualisme gaulois, avec la résistance de principe à l'autorité, au chef, au gendarme, à l'État et à tous ceux qui incarnent l'ordre et l'oppression. À une autorité plus forte, plus omniprésente, l'individu répond par une contestation qui devient elle aussi structu-

---

34 Pour une réflexion théorique sur l'individualisme contemporain, manifestement nourrie d'un travail sur l'évolution de la société française, voir Jean-Claude Kaufmann, *Ego. Pour une sociologie de l'individu*, Nathan, 2001. Dans le cadre d'une comparaison franco-allemande, on a le sentiment que la description par Kaufann de l'individualisme contemporain correspond assez bien à la situation allemande, alors qu'en France elle serait presque en avance sur l'évolution réelle.
35 Voir par exemple aussi J. Pateau, dans son analyse des valeurs liées au travail et des styles managériaux (*op. cit.*, p. 160) : il souligne le fait qu'en Allemagne, l'autorité dans l'entreprise est liée essentiellement à la compétence, alors qu'en France elle est plus liée au statut des personnes. Des comparaisons internationales mesurant la distance hiérarchique (*power distance*), définie entre autres par le caractère statutaire du pouvoir, font apparaître une opposition entre la France et l'Allemagne : sur une échelle allant de 1 à 100, l'Allemagne est créditée d'un indice de distance hiérarchique de 35 (indice légèrement supérieur à celui du Danemark, de la Suède ou de la Norvège, tous entre 20 et 30, et très voisin de celui de l'Angleterre), alors que la France atteint 75 points de distance hiérarchique (indice supérieur à ceux de l'Italie et de l'Espagne, compris entre 50 et 60). La France serait donc la société européenne avec le plus fort indice de distance hiérarchique (voir Geert Hofstede, *Cultures and organizations : software of the mind, op. cit.*, p. 23–48).

relle. C'est la rébellion des petits pour qui l'ordre public – l'État – était complice des puissants et des exploiteurs. L'individualisme, c'est encore et toujours la satisfaction de faire quelque chose qui n'est pas permis, de feinter le gendarme, de s'affirmer et de se singulariser aux dépens de l'ordre dominant. La permanence de l'individualisme gaulois qui sous-tend l'attitude française d'opposition systématique rend les manifestations de l'individualisme allemand, qui n'exclut pas une attitude consensuelle et civique, totalement opaque aux observateurs français.

En Allemagne, l'individualisme n'a jamais vraiment eu cette dimension de contestation, même dans des états anciens, plus autoritaires de la société. Comparant l'émergence de l'individualisme en France, en Allemagne et en Angleterre, Louis Dumont a montré que l'individualisme allemand se caractérise d'abord par la culture de soi et se manifeste à l'origine uniquement dans la sphère privée : il apparaît d'abord dans l'approfondissement – protestant – d'une relation individuelle avec Dieu, puis se sécularise sous la forme de la *Bildung*. Il ne remet pas pour autant en cause l'identification et la subordination de l'individu à la communauté. Tant s'en faut. Toujours selon la terminologie de Louis Dumont, les Allemands auraient été à la fois très individualistes en privé et « holistes » dans leurs liens avec la communauté, l'un n'excluant pas l'autre : « En accord avec la Réforme, l'individualisme allemand est un individualisme intérieur, spirituel, celui de la *Bildung*, culture personnelle au sens d'éducation et même littéralement de formation de soi-même, qui laisse intacte l'appartenance à la communauté, que dis-je, qui prend appui sur elle. C'est donc en réalité une combinaison *sui generis* d'individualisme et de holisme où, selon les situations, l'un des deux principes prime l'autre : le holisme commande au plan de la communauté, voire de l'État, l'individualisme au plan de la culture et de la création personnelles ».[36]

---

36 *Essais sur l'individualisme, op. cit.*, p. 157-158. Il est cependant erroné de dire, comme on le lit parfois, que Louis Dumont aurait parlé d'un retard allemand en

Ce qui caractérise l'individualisme allemand jusque dans la première moitié du XXᵉ siècle est qu'il n'a pas débouché sur une expression politique.³⁷ C'est cette même discontinuité entre la sphère privée et publique qui est systématisée et valorisée par Thomas Mann dans les *Considérations d'un apolitique*. Si l'individualisme allemand contemporain renoue aussi de manière très évidente avec la tradition de la *Bildung*, dont il est une variante démocratisée, il n'est cependant pas sûr que son mode d'articulation avec la sphère politique et sociale soit resté le même.

---

matière de développement de l'individualisme. Ce « retard » concerne uniquement la traduction politique de l'individualisme. L'Allemagne, avec la Réforme, est un des foyers importants du développement de l'individualisme moderne. Cf. aussi *Homo aequalis II. op. cit.*

37 C'est cette discontinuité entre les deux niveaux – le privé et le politique – qui explique que le soin privé que l'individu a de lui-même, la *Bildung*, n'ait pas empêché l'acceptation d'un ordre commun qui devient monstrueux. Même les *Bildungsbürger* (les bourgeois cultivés) ont toléré le régime nazi sans le combattre, quand ils ne l'ont pas salué comme un principe d'organisation dans l'ordre du politique. C'est le sens de cette attitude qu'on a qualifiée d'« exil intérieur » : tout en désapprouvant le régime, on ne s'y oppose pas ; on se retire dans la tour d'ivoire d'une individualité cultivée, habituée à se penser en retrait par rapport à la sphère du politique. Fritz Stern fait une analyse semblable dans *Das feine Schweigen. Historische Essays* (*Le Silence distingué. Essais historiques*, Munich, Beck, 1999) où il montre, à partir de l'analyse de biographies de savants, comment le bourgeois cultivé ou l'universitaire ont cautionné le régime nazi par leur « silence distingué », en cultivant par-devers eux une activité qui n'était pas censée interférer avec le fracas et la vulgarité du pouvoir en place.

TROSIÈME PARTIE
SOI ET LES AUTRES

Comment les Allemands vivent-ils ensemble ? Quelles relations entretiennent-ils avec leurs voisins et leurs amis, avec les inconnus, avec la puissance et le bien publics ? Comment se déterminent-ils dans leurs opinions et leurs choix face aux questions d'intérêt général – c'est-à-dire politiques –, que ce soit dans leur dimension locale ou nationale, et même au-delà ?

La question est d'autant plus cruciale que les comportements collectifs des Allemands, leur manière de faire société, font l'objet de stéréotypes tenaces. Dans la perception passée et présente qu'en ont les autres peuples, les Allemands continuent à se caractériser par un comportement grégaire et une soumission bornée à l'autorité. Vous trouverez toujours un observateur zélé pour dire qu'il a vécu en Allemagne et confirmer que – oui – les relations de voisinages sont difficiles, les gens peu ouverts, agressifs si vous ne triez pas correctement les ordures (ce point semble cristalliser l'attention des observateurs français…). On sait pourtant que l'un des modes de perpétuation des stéréotypes est qu'ils s'auto-vérifient. L'observateur apporte avec lui des schémas, des idées préconçues qui orientent sa perception. Et le tour est joué : le contact avec la réalité vérifie les représentations disponibles.

Je ne cherche pas nécessairement à contester l'existence de certains comportements collectifs : il est vrai par exemple que les piétons allemands sont plus disciplinés et respectueux des feux rouges que les piétons français (ou new-yorkais !) : ils attendent sagement que le feu soit vert pour eux, surtout s'ils sont accompagnés d'enfants ou s'il y a dans les parages des enfants à qui il ne faudrait pas donner le mauvais exemple. Les automobilistes protestent d'une manière agressive – c'est vrai – si on les oblige à s'arrêter alors que le feu est vert pour eux ; et les cyclistes de même, quand on les oblige à freiner en marchant sur la piste cyclable.

Ce qui m'intéresse, au-delà de ces comportements observables et auxquels s'arrête généralement l'attention, c'est leur signification, celle que leur donnent les acteurs eux-mêmes : quelles justifications et quelles valeurs les gens associent-ils à ces comportements ? Si l'on pousse l'analyse jusque-là, les comportements incriminés par les stéréotypes traditionnels acquerront peut-être une autre signification.

J'aborderai dans un premier temps les relations de l'individu avec ses proches (voisins, amis) et les règles non écrites de la sociabilité, puis les relations à un autrui plus abstrait, à l'autre anonyme qui se manifeste dans le bien public, et enfin ce qui relie l'individu à l'espace politique.

Les Autres proches
Voisins

Les étrangers sont souvent surpris par l'agressivité des grillages dont s'entourent les maisons neuves des lotissements français : grillages nus qui ne se donnent même pas la peine de se cacher et disent bien ce qu'ils sont, une protection contre l'extérieur d'où ne sauraient venir que des agressions. En Allemagne, les maisons individuelles sont plutôt séparées les unes des autres par des haies ou des barrières en bois qui n'ont pas plus d'un mètre de haut. Très souvent, le jardin de devant n'est pas enclos. C'est un espace privé, au sens où il appartient à quelqu'un, mais pas au sens où il serait soustrait aux regards.

La même chose vaut pour l'appartement en ville, moins soustrait aux regards qu'en France : bibelots visibles sur l'appui de la fenêtre, comme s'il fallait donner au monde extérieur des signes visibles de ce que ce lieu est habité et hospitalier. En France, l'espace privé est ce que l'on ne montre pas, que l'on rend inaccessible au regard public. E. T. Hall oppose les pièces de la maison latine, séparées de la rue par un mur et donc inaccessibles aux regards extérieurs, à l'habitat nord-américain – la maison suburbaine, ouverte sur l'extérieur.[1]

---

[1] *Guide du comportement dans les affaires internationales* (op. cit. p. 201) : les Nord-Américains se sentiraient rejetés par cet espace intérieur protégé qui caractérise la maison latine.

Même si le contraste est moins saisissant, la même différence oppose aussi l'Allemagne et la France.

Les attributs de l'espace privé, les marques distinctives des occupants ont tendance à déborder dans les parties communes, ce qui n'est pas le cas en France. Dans un immeuble en ville, la personnalisation et la décoration des lieux sur le palier, déborde dans la cage de l'escalier ou dans la cour : plantes vertes, décorations en paille tressée accrochées à la porte, couronne de l'Avent en son temps, fleurs dans la cour, etc. Ces aménagements sont d'ailleurs souvent le fruit d'une collaboration entre voisins.[2]

Si les Français se barricadent pour décourager toute velléité d'intrusion, les Allemands comptent plus volontiers sur le respect spontané par les autres de frontières spatiales et symboliques pas toujours aussi explicites. Les relations de voisinage en ville sont souvent cordiales, dans certains cas marquées par une volonté explicite d'établir des liens, volonté qui me semble sans équivalent en France. E. T. Hall fait également remarquer que les Français et les Britanniques, contrairement aux Américains, ont des relations de voisinages plus distantes : « La proximité ne suffit pas à lier les gens ». À l'inverse, pour les Américains, « le voisin est proche » et on a donc des devoirs envers lui, ce qui explique que les Américains tendent à sélectionner leurs voisins. La génération allemande actuelle, en ville, a un souci d'établir des relations de voisinage rompant avec l'anonymat prêté aux relations humaines dans les grandes villes. Ce souci rappelle ce que Hall décrit comme le souci américain du voisin et s'oppose à la distance française.[3]

---

2 Dans les années 1980, il y a eu, à Berlin et dans d'autres grandes villes d'Allemagne, beaucoup de subventions municipales pour la *Hofbegrünung* (le fait de mettre de la verdure dans les cours) dans le cadre de programmes de réhabilitation de l'habitat urbain. Ces subventions étaient souvent accordées à des projets émanant d'un groupe de voisins.
3 *Op. cit.*, p. 201.

Contrairement à l'idée reçue, on invite plus facilement à la maison, d'une manière informelle et impromptue. On invite d'ailleurs plutôt pour de « petits » repas, pour le café (*Kaffee und Kuchen*, le café et les gâteaux du milieu de l'après-midi), qui est, traditionnellement, l'occasion allemande de la sociabilité, familiale ou amicale (un peu comme les *tea parties* anglaises) : pour la jeune génération, il y a aussi le petit déjeuner, qui ne s'appelle pas brunch, mais en a toutes les fonctions. Le *Frühstück* allemand étant normalement un vrai repas (un repas où l'on s'assied et que l'on prend ensemble, en famille, comme le repas du soir – il serait impensable de petit-déjeuner tout seul sans attendre les autres, debout et sur le pouce comme cela se fait en France), il se prête sans problèmes à une transposition festive.

En France, malgré l'acclimatation lente du brunch, on invite surtout à de « vrais » repas – selon les normes françaises du vrai repas –, ce qui est plus compliqué et qu'on fait donc moins facilement. L'invitation française à dîner à la maison – plutôt qu'au restaurant, en terrain neutre – oblige d'ailleurs l'espace privé à se « publiciser », à se transformer pour être à la hauteur de la circonstance et ne pas montrer aux invités ce qui est normalement soustrait aux regards. Même pour ma génération, en France, donner aux invités le spectacle de la préparation du dîner est une chose qui ne se fait pas, alors qu'en Allemagne, la maîtresse ou le maître de maison sont encore en train de faire la cuisine au moment où arrivent les invités.

Les enfants pénètrent plus facilement, me semble-t-il, dans les familles de leurs camarades. J'ai entendu à plusieurs reprises des familles allemandes vivant en France[4] dire combien les enfants avaient eu du mal à inviter les petits camarades et à se faire inviter, comme si les parents français avaient le sentiment de manquer à leurs devoirs de parents en les autorisant trop facilement. Les enfants français ont d'ailleurs toujours quelque chose à faire dans le bref laps de temps qui

---

4 Il s'agissait de familles venues vivre à Toulouse parce que l'un des parents travaillait dans l'industrie aéronautique.

leur reste après l'école. Ils sont moins disponibles pour jouer les uns chez les autres. C'est donc aussi – toujours – un problème de temps... Il faut cependant mentionner une forme de protection contre les agressions de l'extérieur qui n'a pas son équivalent en France : il est considéré comme très mal élevé – c'est comme cela qu'on le présente aux enfants – de téléphoner au domicile privé de quelqu'un entre 13 et 15 heures, à moins, bien sûr, de connaître ses habitudes : c'est la *Mittagsruhe* (le repos de midi).[5] Pour un observateur français, cette tradition (qui ne date pas d'hier) est d'autant plus surprenante que l'Allemagne ignore par ailleurs la grande coupure française de la mi-journée (les magasins restent ouverts, les administrations font une pause très courte). Cet interdit ne concerne que le domicile privé. Mais il est significatif qu'il porte sur un créneau horaire plutôt que seulement sur un lieu.

Politesse

Dans un séminaire, il y a quelques années, j'avais proposé aux étudiants de comparer des manuels de convenances français et allemands. La politesse ayant sa source dans un fonds commun aux Européens, il n'est pas étonnant qu'elle soit très semblable dans ses grandes lignes. Dans les manuels des deux pays, on s'accorde à reconnaître que les manières ont pour but de faciliter les interactions sociales. On y constate une même éclipse de la politesse traditionnelle, reléguée au ban des vieilleries inutiles, avec un retour discret mais perceptible vers la toute fin du siècle, dans le contexte d'une réflexion au fond assez politique sur l'incivilité, le lien social et la citoyenneté. Certains usages précis s'avèrent différents, mais il s'agit de différences très ponctuelles. Je ne vais pas me lancer ici dans une analyse contras-

---

5 Les contrats de location précisent d'ailleurs que le repos de midi doit être respecté, au même titre que le repos nocturne.

tive des règles qui gouvernent le trempage de la tartine dans la tasse ou son interdiction. La vraie différence concerne valeurs associées aux bonnes manières, plutôt que les manières elles-mêmes.

La comparaison du discours tenu sur les bonnes manières dans les préfaces et les commentaires accompagnant la description concrète des bons usages fait apparaître une articulation différente entre l'intériorité et le comportement en société. Les manuels français s'accordent à reconnaître la dimension de mensonge nécessaire de la politesse : elle est l'hypocrisie indispensable au bon fonctionnement des relations sociales. Elle n'a pas vocation à exprimer la vérité profonde des individus, qui n'est pas forcément bonne à dire, mais seulement à civiliser un peu les relations interpersonnelles, à leur donner l'apparence de la civilité – la civilité se confondant de fait avec son apparence. Inversement, les manuels allemands insistent sur la nécessaire correspondance de l'intérieur et de l'extérieur : la politesse doit venir du cœur, la beauté des gestes doit refléter la beauté intérieure. Ils sont fondamentalement hostiles à la politesse hypocrite, qu'il serait, par exemple, hors de question d'enseigner aux enfants sous peine de les rendre cyniques ! Toute prescription se doit d'être assortie d'une justification sincère.

Primauté, donc, de l'individu, tel qu'il s'exprime dans une intériorité qui doit se manifester à l'extérieur, en Allemagne ; conception de la politesse plus pessimiste, en France, où l'on accepte qu'elle ne soit qu'un vernis, ce vernis étant cependant préférable à son absence. Mais la politesse conçue comme hypocrisie nécessaire est en un sens moins contraignante, puisqu'elle n'impose pas à l'intériorité de se manifester à l'extérieur et de se réformer pour être conforme à ce que la société et sa morale considèrent comme acceptable : on n'est pas obligé de penser du bien de quelqu'un, ni de s'imposer des sentiments que l'on éprouve pas pour être poli avec lui.

L'échange social :
jeu ou lieu du bien-être affectif ?

On a tendance, en France, à considérer l'échange social comme un jeu et même comme un art. Un jeu dans lequel il importe de tenir son rôle, de se mettre en frais pour la galerie. Cela fait partie de ce que l'on doit à soi-même et aux autres. C'est une confirmation du rôle que l'on joue dans la convivialité environnante. Ce jeu ne va pas sans une certaine ironie ou un certain détachement, qui, de l'extérieur, peuvent être perçus comme hostiles. Une amie allemande qui a travaillé pendant plusieurs années dans un cabinet d'architectes parisien m'a dit n'avoir jamais pu s'habituer à ce qui lui faisait l'effet d'une comédie sociale, d'un jeu imposant à chacun de se composer un personnage et de mobiliser en permanence les ressources de son esprit pour trouver la bonne réplique. À tort ou à raison, elle se sentait violemment exclue du jeu et m'a avoué que cette situation l'avait replongée dans des affres de timidité et de malaise, qui lui rappelaient son enfance d'écolière mal dans sa peau.

Inversement, des Français vivant en Allemagne m'ont dit déplorer le manque de jeu, d'ironie, de deuxième degré et de franche rigolade dans les interactions sociales, dans un dîner de copains par exemple. Ce qui est probablement vrai, dans l'ensemble, mais souffre de nombreux contre-exemples, à commencer par le fait que mon mari est, selon ces critères, beaucoup plus français que je ne le suis.

En France, l'échange social est un jeu et, à ce jeu, on se doit de donner le meilleur de soi-même pour garantir la convivialité. En Allemagne, l'échange social répondrait plutôt au désir de mettre l'interlocuteur en confiance, de lui manifester qu'il est en terrain ami. D'où, peut-être, le risque que les Allemands interprètent le jeu mondain français comme une agression.

Les règles de la conversation

Pendant très longtemps, mon mari m'a régulièrement vexée : dans une conversation animée entre nous, je ponctuais ses paroles d'une brève intervention, d'une remarque où je ne mettais aucune agressivité et par laquelle j'aurais voulu au contraire manifester la qualité de mon attention et de ma participation à ce qu'il disait. À chaque fois, je m'attirais un cinglant « laisse-moi finir de parler » ou « ne m'interromps pas » qui me peinait beaucoup parce que telle n'était pas du tout mon intention. Jusqu'au jour où j'ai lu, sous la plume d'une anthropologue, une description contrastive des règles de la conversation française et américaine qui m'a donné la clef du problème.[6] Là encore, l'opposition de franco-allemande recoupe l'opposition franco-américaine. Les règles implicites de la conversation française autorisent des interventions brèves de l'interlocuteur à l'intérieur d'un tour de parole, qui ponctue le propos de celui qui parle et lui signale ainsi qu'il participe à son cheminement de pensée. Ces interventions ont une fonction purement phatique : « oui, je t'écoute ». C'est une ponctuation, une redondance bienveillante. Alors que dans la conversation allemande, cette intervention est perçue comme une interruption grossière et inamicale.

Armée de cette nouvelle grille de lecture, je me suis trouvée du même coup en mesure d'identifier les variantes pathologiques de la conversation française : la personne qui, à force de vouloir manifester son approbation, finit par vous empêcher de parler et fait à votre place les réponses aux questions qu'elle vous pose. Je n'ai rencontré cette version pathologique de l'interlocuteur « participatif » qu'en France.

On pourrait interpréter cette attitude différente à l'égard des propos de l'autre de la manière suivante : primauté accordée au contenu dans la conversation allemande – et donc interdiction d'intervenir dans le tour de parole de l'interlocuteur ; le contenu du mes-

---

6 Raymonde Carroll, *Évidences invisibles*, *op. cit.*, p. 60 sq.

sage se suffit à lui-même et il n'est pas nécessaire de manifester par des remarques parasites que la communication fonctionne bien. En France, par contre, la réassurance régulière que la communication fonctionne bien est beaucoup plus nécessaire. Cette nécessité est perçue tant par celui qui parle que celui qui écoute. Elle n'éclipse pas l'importance du message, mais elle est une condition *sine qua non* de sa bonne transmission. Pour formuler la chose en termes savants, je dirais que la conversation française recoure davantage aux fonctions phatique et poétique du langage, alors que la conversation allemande se réjouit que rien n'entrave ses fonctions référentielle et émotive.

Des amis allemands m'ont souvent fait remarquer qu'ils trouvent la conversation amicale des Français superficielle : « Au cours d'un dîner, j'ai voulu faire parler mon voisin de son travail, mais il m'a fait comprendre que c'était inopportun. J'ai trouvé la conversation inintéressante et creuse », me dit une collègue. Il y a en effet une manière très française de ne pas vouloir alourdir l'atmosphère par une conversation sérieuse. On pourrait dire qu'en France, le plaisir de la conversation vient du sentiment que l'échange fonctionne, qu'il est en lui-même drôle, dense et spirituel. La conversation est conçue comme un jeu collectif qui serait à lui-même sa propre fin, c'est-à-dire une source de plaisir. En Allemagne, les qualités d'une conversation seraient plutôt qu'elle permet l'expression des différents interlocuteurs sans qu'ils soient obligés de se travestir ou de prendre sur eux. La forme compte aussi, mais elle est moins autonome.

L'affect et le rite

Ces préférences – toutes relatives – pour le contenu ou la forme de l'échange social ne sont pas étrangères à la perception des Allemands par les Français comme solennels – éventuellement lourds – et, inversement, à la perception des Français par les Allemands comme exagérément légers ou familiers. Tout se passe comme si les Français se sentaient toujours tenus de s'excuser du sérieux des choses, alors que pour les Allemands, c'est au contraire un signe de la qualité de l'échange.

Une autre différence capitale dans l'échange social est qu'en France l'affectivité y est davantage bannie. Il est de mise de manifester une certaine distance, de la réserve ironique parfois, pour ne pas grever l'échange par un étalage d'affectivité. On n'impose pas ses états d'âme ; et si l'on en fait état, il faut que ce soit sous une forme distanciée qui signifie que l'affectivité est maîtrisée. En Allemagne, au contraire, l'affectivité se doit d'être manifestée. C'est au contraire l'absence de ses marques visibles qui serait considérée comme le symptôme d'un manque, de ce que quelque chose ne va pas. D'où ce jugement français que les Allemands seraient exagérément sentimentaux.

La légèreté ou la familiarité française expriment une volonté de domestiquer les manifestations de l'affectivité, de les tenir à distance ou, plus exactement, de rassurer l'interlocuteur quant au fait qu'on en n'est pas le jouet. Les Français pratiquent certains gestes de politesse – de salutation notamment – d'une manière qui est par comparaison plus conventionnelle et plus sèche. Leurs gestes ne varient pas en fonction de l'importance qu'ils veulent donner au moment. Si l'on excepte les gestes entre conjoints ou entre parents et enfants qui ne sont pas entièrement régis par le code social, une bise est une bise, une poignée de main est une poignée de main. Ces gestes ne sont pas susceptibles d'être intensifiés ou réinterprétés selon l'humeur des individus. Ils sont toujours brefs.

Alors qu'en Allemagne, votre interlocuteur peut vous serrer longuement la main pour manifester l'importance ou l'émotion particulière qui caractérise selon lui la circonstance. Je me souviens encore très bien de la gêne que suscitait en moi, lors de mes premiers séjours en Allemagne, les gestes de salutation ou d'adieu, en particulier quand on se revoit après une longue séparation ou qu'on se sépare pour très longtemps et que le moment a une certaine solennité. L'équivalent allemand de la bise est une sorte d'embrassement (au sens étymologique du terme), une accolade qui peut durer plusieurs secondes. Elle s'accompagne souvent d'un léger balancement d'un pied sur l'autre et d'une sorte de tapotement de la main dans le dos de la personne qu'on embrasse.[7] Enfant, la durée et l'éventuelle intensité de ce geste me semblaient horriblement gênantes, parce que réservées, dans mon propre code, à un autre type de relations.

Une même gêne a accompagné pour moi pendant longtemps les « félicitations » d'anniversaire ou de Nouvel An : il importe dans ces circonstances de prononcer avec le sérieux et l'émotion voulus les paroles de félicitations (*Herzlichen Glückwunsch zum Geburtstag, alles Gute zum Neuen Jahr...*). Là encore, c'est le mélange d'émotion et de rituel qui a longtemps paru contradictoires à ma perception française, des gestes ou formules trop stéréotypées étant, dans mon propre code, incompatibles avec l'émotion. Mes catégories d'interprétation françaises admettent qu'on prononce des paroles codifiées dans une situation officielle – qui n'oblige pas à éprouver d'émotion (sans l'interdire pour autant), puisque c'est le propre des situations officielles de ne pas nécessairement mettre en jeu des affects.

Mais dans une situation familiale ou amicale, elles me paraissaient inappropriées et même ridicules. Pire : je craignais spontanément que l'interlocuteur ne les juge inauthentiques parce que trop codifiées et peut-être même qu'il se vexe. C'est tout l'inverse qui se produit : on interprète régulièrement mes réticences comme de la sécheresse et on récuserait probablement mon jugement de formalisme, dans la mesure où, pour une sensibilité allemande, ces formes ne sont pas vides de tout contenu affectif. La solennité exclut moins l'émotion.

L'incompatibilité à mes yeux entre des gestes fortement codifiés et une dimension affective m'a longtemps empêchée de comprendre l'importance accordée par mes proches à certains petits gestes – mettre une dédicace dans un livre que l'on offre pour personnaliser le ca-

---

7 Raymonde Carroll a décrit un geste américain tout à fait semblable (*Évidences invisibles*, *ibid.*) en précisant que cette forme d'accolade – et notamment le tapotement dans le dos – signifiait l'absence de dimension sexuelle de la relation.

deau, emballer joliment le cadeau... J'ai une vilaine tendance à négliger ces détails, ce qui ne contribue pas peu à ma réputation de quelqu'un qui manque d'égards : je n'arrive pas à croire qu'on attache du prix à des paroles ou des gestes disqualifiés à mon sens par leur caractère formel ou stéréotypé. J'avais un jour négligé d'emballer un petit cadeau destiné à l'arbre de Noël de la classe de Mi. Longtemps après, la maîtresse, au cours d'un entretien dont l'objet était tout autre, m'a reproché cette négligence. À son avis, ma fille en aurait été peinée comme d'un manque d'affection.

J'aimerais d'ailleurs rendre ici hommage à la somptuosité des paquets cadeaux allemands, qui témoignent de cette façon particulière de « mettre tout son cœur » dans un geste rituel : non seulement les paquets cadeaux peuvent être magnifiques, mais ils sont souvent personnalisés, rehaussés et bricolés d'une manière dont la splendeur baroque dépasse tout ce qu'on peut imaginer en France.

J'illustrerai encore par une anecdote le caractère exotique que revêt pour ma sensibilité française la façon allemande de concilier rite et affect. Pour célébrer la fin du semestre d'été, mes collègues de l'institut de romanistique de C. avaient organisé une lecture de poèmes sur le thème de l'été. Il faut dire que les lectures sont beaucoup plus fréquentes en Allemagne ; les éditeurs ou les librairies, parfois aussi des écoles ou des cercles de lectures en organisent. J'avais en l'occurrence été pressentie comme modératrice. Je devais introduire les lecteurs et leurs textes. C'était très intime, nous étions quasiment entre collègues, il y avait juste quelques étudiants. Mais tout le rituel de la lecture, y compris le rôle que j'y jouais, me semblait d'un ridicule insurmontable. Je n'étais sensible qu'à la diction ampoulée de mes collègues et au caractère, selon moi, artificiel de toute cette mise en scène qui m'obligeait de surcroît à prétendre que j'y prenais grand plaisir. J'ai si mal tenu mon rôle (est-elle de mauvaise volonté ou est-elle vraiment si nulle, se sont sans doute demandé mes collègues) que, Dieu merci, je n'ai plus jamais été sollicitée pour une tâche de ce genre. J'avais envie de dire « je ne suis pas actrice ». Mais on m'aurait répondu en substance « ce n'est pas une raison, tout le monde peut essayer ». Et si j'avais dit « je trouve cette mise en scène ridicule et je n'y prends aucun plaisir », on m'en aurait voulu. La manifestation de cette sensibilité partagée paraissait naturelle aux autres et importante pour notre existence collective d'institut. Je crois que j'aurais réussi à bien me conduire – avec discrétion, sans manifester que je trouvais ridicule ce mélange de rituel et de sensibilité démonstrative, si l'on ne m'avait demandé que d'être spectatrice. Mais la participation active était au-delà de ma bonne volonté interculturelle, dont je reconnais ici humblement la limite.

Il y a un dernier enseignement à tirer de cette anecdote : que, dans l'adaptation à d'autres us et coutumes, d'autres valeurs et d'autres rituels, le plus difficile n'est pas de faire ce qui est différent de ce qui se pratique chez vous (ce qu'on fait parfois très volontiers), mais de faire ce qui est considéré comme ridicule dans votre culture d'origine. Le sentiment du ridicule, lui aussi, est culturel et c'est probablement ce qu'il y a de plus insurmontable.

La vie allemande frappe d'une manière générale par son goût des rituels et des moments solennels qui rythment l'existence ou constituent des rites de passage. Je pense par aussi bien à l'*Einschulung* et à l'anniversaire qu'à tous les rituels destinés aux enfants – ainsi qu'aux plus grands : le défilé des lanternes de la Saint-Martin au mois de novembre, tous les rituels de Noël (couronne et calendrier de l'Avent, décorations spéciales, pâtisserie…), les déguisements du Carnaval, les arbres de mai (les garçons plantent un mât décoré d'une couronne et de rubans dans le jardin de la fille qu'ils aiment : cela ne se fait pas en ville, mais encore à la campagne). Brigitte Sauzay, dans son *Journal de Berlin*, note à propos du défilé des lanternes de la Saint-Martin : « C'est ravissant, c'est calme… c'est pré-moderne ; comment arrivent-ils à y intéresser les enfants ? »[8] Mais si, justement, les petits adorent ! Ces petits rituels ont une charge affective importante.

---

8 Plon, 1998, p. 243.

On constate d'ailleurs, en France aussi, un besoin de ritualisation et de convivialité qui s'est traduit par la réactivation de certaines traditions (comme le carnaval) et surtout la création de nouvelles fêtes : la fête de la musique a été la première, mais depuis on a créé aussi la fête du pain, celle de la vigne et du vin, celle des grand-mères, celle de la randonnée. Et il y a aussi la Gay Pride et les parades techno. Même des fêtes d'origine étrangère comme Halloween se sont acclimatées en Europe. L'instauration de ces fêtes n'est pas dénuée d'arrières-pensées commerciales (elles permettent de relancer ponctuellement les achats de cadeaux ou d'un certain produit en dehors de l'échéance des fêtes de fin d'année), mais leur succès prouve qu'elles répondent aussi à un besoin : besoin d'événements collectifs, de petits rituels festifs, dont l'existence était autrefois liée au calendrier liturgique, mais que rien n'a vraiment remplacés dans une société fondamentalement déchristianisée.

En Allemagne, certains rituels liés aux fêtes chrétiennes se sont conservés sous une forme plus ou moins sécularisée. Il s'agit en fait de très vieilles traditions païennes assimilées par le christianisme, qui accompagnaient les fêtes liturgiques : le Carnaval, bien sûr, mais aussi les branches en bourgeons où l'on accroche les œufs pour Pâques (rituel de printemps), *Erntedankfest* (la fête d'action de grâce pour les récoltes, le *Thanksgiving* allemand), la couronne de l'Avent et le sapin de Noël avec leurs bougies (rituels de lumière autour du solstice d'hiver). C'est probablement la dimension folklorique et conviviale de ces rituels qui leur a permis de survivre. Dans ce domaine encore, on est allé moins loin dans la déritualisation qu'en France. Le seul exemple d'une semblable tradition autochtone encore vivante en France serait la galette des rois – qui est, elle aussi, un vieux rite païen (romain), repris et réinterprété par le christianisme, et maintenu en dehors de lui. En Europe du Nord, ces traditions étaient à la fois plus nombreuses et elles n'ont pas été interrompues. Leur dimension folklorique a survécu à la sécularisation de la société. C'est sans doute la raison pour laquelle elles peuvent paraître pré-modernes. Elles ont été transmises et on n'a pas à les recréer ou à en inventer de nouvelles de toutes pièces, comme c'est un peu le cas en France en ce moment.

En exemple du souci de rythmer l'existence par des rendez-vous rituels, il faut évoquer aussi la tradition des repas de classe, plus vivante qu'en France – où il n'y a guère, à l'heure actuelle, que les élèves de grandes écoles qui en organisent encore longtemps après. Il ne viendrait pas à l'idée des anciens d'une classe de terminale de se chercher tous les cinq ans pour un repas commun, alors que c'est traditionnel en Allemagne. Cette tradition est sans doute favorisée par le fait qu'une classe peut rester intacte pendant plusieurs années, parfois pendant toute la scolarité secondaire. On me dit pourtant que la chose se pratique à nouveau en France et qu'il y a même des émissions de télévision et des sites Internet, pour aider les anciens d'une classe à se retrouver. Mais, là encore, il s'agit de (re)créer une tradition interrompue ou inexistante.

Si je ne suis toujours pas capable d'éprouver l'émotion voulue dans des situations trop ritualisées, je suis, avec le temps, devenue beaucoup plus sensible à la dimension de censure d'une culture qui interdit implicitement d'associer émotion et rituel, comme c'est le cas, me semble-t-il, de la culture française. Le code social impose implicitement de manifester qu'on n'est ni sentimental, ni formaliste, deux comportements censées grever le climat de bonne humeur de mise entre gens comme il faut. L'affectif doit être obligatoirement maîtrisé, tenu à distance. Ou alors on doit lui trouver des formes inédites. La forme consacrée est perçue comme une insulte au caractère individuel et unique de la situation ou de la relation. Inversement, et ce n'est qu'en apparence paradoxal, on est, en France, beaucoup moins enclin à réinterpréter les rites pour se les approprier. La chose m'a frappée dans les mariages auxquels il m'a été donné d'assister ces dernières années. Ou bien les mariés renonçaient complètement au cérémonial traditionnel du mariage pour faire une simple « fête » ; ou bien ils réactivaient la tradition de la manière la plus littérale (les générations actuelles manifestant un goût prononcé pour le retour au cérémonial dans toute sa splendeur). En Allemagne, les cérémonies étaient modifiées, repensées et personnalisées par les individus.

Le tu et le vous

On tutoie plus facilement et plus vite qu'en France : entre parents d'élèves, entre voisins, et même dans certains magasins – dans les boutiques de vêtements notamment – là où, en France, à âge égal ou dans une situation hiérarchiquement neutre, on continuerait longtemps à se vouvoyer. Le tutoiement facile est en fait une marque de génération : les gens qui ont cinquante ans et moins tutoient plus systématiquement, par opposition aux générations plus âgées. Ce tutoiement, tout comme le souci de relations de voisinage cordiales en ville, fait partie d'une volonté de convivialité démocratique.

La dentiste du quartier, une femme de quarante-cinq ans environ, assez féministe, soucieuse du bien-être physique mais aussi moral de ses patients, m'avait offert, lors de ma première visite, de nous tutoyer, au motif que « cela met les gens à l'aise, cela réduit la distance ». Je n'avais pas positivement repoussé son offre, mais j'avais éprouvé une grande réticence à la tutoyer en retour et finalement continué à la vouvoyer. Elle l'a mal pris. Mon refus, qui n'était ni clairement revendiqué, ni justifié, lui a fait l'effet d'une agression, d'un refus de ma part de donner à notre relation une dimension humaine, au-delà de la simple prestation de soins. Elle l'a sans doute aussi interprété comme un signe de conservatisme : je faisais partie de ces gens qui n'ont pas à cœur de rendre la société moins hiérarchique. Mais pour moi – ce que je n'ai pas eu la présence d'esprit de lui répondre sur le moment –, le tutoiement est au moins autant une marque d'intimité qu'un signe de l'abolition des distances hiérarchiques. Son offre me faisait l'effet d'une intrusion et l'idée d'une prestation de soins dépourvue d'affect ne me dérangeait pas – au contraire. Inversement, en France, j'ai eu le sentiment que mon tutoiement trop direct, à l'endroit d'autres parents par exemple, était malvenu. Le tutoiement allemand – fréquent sans être systématique – me paraît typique du volontarisme d'une génération qui a eu l'ambition de changer la société en s'attaquant aux gestes du quotidien et aux formes de la convivialité.

Les titres

Les usages d'une société ne sont pas toujours homogènes ou, du moins, ils ne le paraissent pas au regard des critères de la société étrangère qui les observe. Ainsi, alors qu'on tutoie plus facilement en Allemagne, à partir d'une certaine génération du moins, l'usage des titres académiques (Dr., Ingenieur, etc.) joue encore un rôle important et sans équivalent en France. Les titres académiques (ainsi, d'ailleurs, que les titres nobiliaires) font partie de l'État civil de la personne. Ils sont inscrits dans tous les actes d'État civil ainsi que sur la carte d'identité. Porter indûment un titre académique peut être passible de poursuites judiciaires.

Quand on salue quelqu'un, dans une situation hiérarchique ou si c'est une personne que l'on ne connaît pas bien, il est de bon ton de mentionner le titre. Les étudiants utilisent souvent encore les titres quand ils s'adressent aux enseignants – et plus encore à l'Est qu'à l'Ouest. C'est un usage auquel j'ai eu beaucoup de mal à m'habituer, tant pour moi le fait d'appeler quelqu'un Frau Professor ou Herr Doktor était assimilé à une marque de servilité incompatible avec mes réflexes démocratiques (et en particulier avec le style empreint de cordialité démocratique auquel m'avait habituée le milieu universitaire français ou américain – même si cette cordialité n'exclut pas les hiérarchies). Ce détail suscite d'ailleurs immanquablement de la part des observateurs étrangers des commentaires sur le goût atavique des Allemands pour la hiérarchie.

L'usage des titres académiques et professionnels (Doktor – avec toutes ses variantes phil., jur., rer. nat. –, Diplom-Ingenieur, Diplomceci ou cela) doit se comprendre comme une reconnaissance de la compétence que ces titres sanctionnent. Si hiérarchie il y a, cette hiérarchie est celle de la compétence, pas du statut social. C'est la compétence reconnue qui fonde la hiérarchie.[9] C'est la raison pour laquelle la RDA, qui était à la fois une société fondée sur le travail mais aussi une société très hiérarchique, quoique ayant voulu rompre avec les hiérarchies sociales traditionnelles, avait conservé – ô combien – l'usage des titres académiques et professionnels.

La manière de nommer les gens

On sait que l'usage de s'adresser aux gens sans faire suivre Madame ou Monsieur du nom des dits dames et messieurs est typiquement français (« bonjour madame Durand » ou « bonjour monsieur Henri » étant considéré comme populaire, à la limite de l'incorrection), alors qu'en Allemagne, comme dans le monde anglo-saxon, il faut au contraire faire suivre Frau ou Herr du nom de la personne. C'est l'inverse qui serait mal élevé, qui serait interprété comme le signe qu'on n'arrive pas à se rappeler le nom de la personne.

En Allemagne, il faut en outre signaler la quasi-disparition de « Fräulein ». Toute femme adulte, quel que soit son statut matrimonial et son âge, n'importe quelle lycéenne ayant atteint sa majorité, mettra un point d'honneur à se faire appeler madame. Les formulaires officiels ne comportent plus que l'alternative entre monsieur ou madame. À l'université, les enseignants ne s'adressent aux étudiantes qu'en leur disant madame. Le féminisme a imposé l'usage exclusif de madame, l'alternative madame / mademoiselle étant perçue comme une distinction sexiste, une interrogation indiscrète et chargée de sous-entendus. Et j'avoue que, m'étant faite à l'usage allemand,

---

9 Cf. J. Pateau, « Arbeitswerte und Managementstile... » (Valeurs liées au travail et styles managériaux), in *Wertewandel ...*, *op. cit.*, p. 166.

l'usage persistant de mademoiselle en France me choque – même si j'ai conscience qu'il s'agit plutôt aujourd'hui d'une façon de jauger l'âge de la femme à laquelle on s'adresse. Habituée sur ce point aux mœurs allemandes, je me rappelle, à une époque où je n'étais pas mariée, avoir voulu faire transformer en madame le mademoiselle de l'intitulé de mon compte bancaire français : le monsieur derrière le guichet avait opposé une certaine résistance, affirmant que la chose était juridiquement impossible, mais j'avais fini par obtenir gain de cause. Je me rappelle également avoir été surprise, à une époque où je n'étais toujours pas mariée, mais où j'avais déjà un enfant, que des correspondants français continuent à m'adresser des lettres à « Mademoiselle »...

Au téléphone, il est d'usage, quand on décroche, de se présenter immédiatement en disant son seul nom de famille (« Durand » !), même à son domicile privé, contrairement à l'usage français qui impose à la personne qui appelle de se présenter la première. Cet usage allemand fait hurler de rire mes correspondants français, d'autant que, comme le font autour de nous les couples émancipés dans lesquels le mari et la femme ont gardé chacun leur nom, nous faisons chacun suivre notre propre nom de celui du conjoint. En France, c'est seulement dans les échanges téléphoniques professionnels que celui qui décroche le fait au nom de l'entreprise (« France Télécom, j'écoute... »). J'ai eu beaucoup de mal à me faire à cet usage allemand, mais on m'a si sévèrement reproché la mauvaise éducation qui consistait à dire simplement « allô », que j'ai fini par obtempérer. Ce qui me gêne dans cet usage, c'est non seulement de devoir me présenter la première, mais surtout de le faire avec mon seul nom de famille. Or faire précéder le nom de famille du prénom serait considéré comme un signe de puérilité ou de sentimentalisme, un manque de professionnalisme. Je n'aime pourtant toujours pas cette disparition du prénom. La même chose vaut d'ailleurs quand on se présente soi-même : on dirait en France « Béatrice Durand » et en Allemagne « Durand ». Cela fait plus direct, plus efficace, plus professionnel... [10] Mais quand on présente une tierce personne, bien sûr, on fait précéder le nom de monsieur ou madame, du prénom.

(Inversement, en Allemagne, comme d'ailleurs dans le monde anglo-saxon, on signe de ses prénoms et noms, alors qu'en France on ne fait précéder le nom que de l'initiale au plus. Ce sont les signatures avec prénom qui sont considérées comme puériles en France.)

Une sociabilité plus organisée

Surprenante est de prime abord pour l'observateur français une forme de sociabilité à mi-chemin entre la vie associative et la vie amicale. En France, la sociabilité s'organise encore essentiellement autour de la vie familiale ou dans le prolongement de la vie professionnelle. En Allemagne, on voit apparaître une sociabilité qui se distingue de la sociabilité spontanée (qui se développerait sur la seule base des affinités, des relations de travail ou de voisinage). Je dirais qu'il s'agit d'une sociabilité à thème, structurée par des convictions ou des centres d'intérêt qu'on cherche à vivre ensemble, ou encore par des expériences que l'on cherche à partager. Ces rencontres n'ont pas directe-

---

10 Cet usage préférentiel du nom sans le prénom me fait penser à l'usage académique – importé des États-Unis où il a été imposé par le féminisme – qui consiste à appeler les auteures par leur nom de famille : on écrit une première fois le nom complet, « Madeleine de Scudéry » ou « Marie-Madeleine Pioche de la Vergne comtesse de La Fayette », mais dans la suite de l'article, on ne reprend plus que le nom de famille, « Scudéry » ou « La Fayette ». Cet usage prend parfois le contre-pied de la manière traditionnelle (encore en usage en France) de nommer ces personnes. Il a le mérite d'être systématique et de loger les hommes et les femmes à la même enseigne (« au diable ce reste de galanterie qui consistait à gratifier les femmes d'un madame respectueux alors qu'on leur déniait le reste », attitude dont il restait, par exemple une trace dans l'usage de certains de mes profs de lycée – dans les années 1970 – qui donnaient du « mademoiselle une tel » aux filles et appelaient les garçons par leur seul nom de famille. S'il doit y avoir une justice, je préfèrerais personnellement qu'elle s'exerce en sens inverse et qu'on accorde à tout le monde le bénéfice de son prénom.

ment un caractère militant. Il ne s'agit pas non plus toujours de la sociabilité qui peut s'établir à partir de pratiques sportives ou associatives. Cette forme de sociabilité ne repose pas sur des relations personnelles préexistantes mais sur une idée commune autour de laquelle s'organisent les rencontres. Je ne vois pas d'équivalent en France à cette forme de sociabilité (à part les rencontres du troisième âge). Ces groupes s'appellent des *Selbsterfahrungsgruppen, Erlebnisgruppen, Selbsthilfegruppen*, tous termes difficiles à traduire : groupes d'expérience authentique, groupes « d'auto-aide » qui réunissent des gens ayant en commun une même expérience telle que enfants en difficulté, expérience de pères ou de mères élevant leurs enfants seul(e)s, de parents de jumeaux ou d'enfants dyslexiques...). Entrent dans cette catégorie les fameux *Krabbelgruppen*, mais aussi des cercles de lecture et des groupes de discussion de tous ordres. Il s'agit d'un maillage qui semble devoir gagner en importance dans une société où le poids du travail tend à diminuer et où chacun est incité à assumer une identité, des goûts et des choix qui lui sont propres.

Civisme

Partout au monde la tentation est forte de considérer que ce qui est à tous n'est vraiment à personne et qu'on peut le traiter en conséquence. De même, on est plus porté à respecter les gens qu'on connaît personnellement que les individus anonymes que l'on côtoie dans les magasins, à la poste, dans le parc... Cette hiérarchie spontanée est sans doute universelle. Mais les garde-fous qui empêchent le non-respect systématique de ce qui est à tous et des gens qui évoluent au-delà de la sphère de nos relations personnelles sont plus ou moins forts selon les cultures. Ils ne sont pas partout intériorisés avec la même intensité. J'aborde donc ici une autre modalité du rapport à l'autre, à un autre abstrait, anonyme, tel qu'il s'incarne abstraitement dans l'espace et la chose publics.

Identification au bien commun

L'art et la manière de faire la queue est un premier révélateur des dispositions individuelles en matière de respect de l'ordre commun : des gens qui se pressent en une grappe compacte au départ du téléski, le bâton négligemment planté entre les skis du voisin pour l'empêcher d'avancer ne peut-être qu'un spectacle français. Comme si la bonne éducation s'arrêtait dès que l'on sort de la sphère privée, l'espace public étant assimilé à une jungle dans laquelle on ne pense qu'à défendre son intérêt immédiat. Il est vrai que le ski (ou la voiture) ont tout particulièrement pour effet de faire céder les digues de la bonne éducation. Le fait est qu'en Allemagne, quand les gens font la queue au remonte-pente, ils se rangent sagement côte à côte. L'attente en est moins tendue et moins agressive. Dans l'ensemble, l'introduction à la poste et dans les gares, tant en Allemagne qu'en France, de l'astucieux dispositif de la queue unique (d'origine américaine !) rend le resquillage plus difficile et l'attente moins rude. On n'est plus obligé de défendre sa place et on peut penser à autre chose. Mais dans l'ensemble, les Allemands faisaient déjà la queue sans resquiller, à défaut de la faire avec le sourire. Cette capacité mériterait à peine d'être mentionnée, dans la mesure où ce n'est pas là quelque chose qui les singularise. On dit que chez les Anglais, c'est un sport populaire. Quant aux Américains, ils sont connus pour leur *fairness* et leur affabilité dans ces circonstances. Ce trait de comportement collectif ferait plutôt apparaître une spécificité française.

Leur manière de faire la queue n'est qu'un exemple de ce qui fait des Français des gens moins respectueux, dès qu'ils le peuvent, de l'ordre commun. Sans disposer de statistiques précises sur le sujet, je crois pouvoir affirmer qu'il y a moins de cabines téléphoniques cassées en Allemagne qu'en France (où une amélioration est cependant perceptible ces dernières années, sans qu'on puisse dire s'il s'agit d'une évolution collective, d'une plus grande rapidité de France Télécom à réparer les cabines cassées ou encore d'une lente désaffection à l'égard des cabines publiques, moins sollicitées depuis que les gens ont des portables). Quand une cabine téléphonique ne marche plus en raison d'une destruction par les usagers, ce qui arrive, malgré tout, le service compétent de Deutsche Telekom placarde sur la cabine en question une affichette : *wegen mutwilliger Beschädigung zerstört* (intentionnellement abîmé, cassé pour le plaisir de casser, en quelque sorte), ce qui montre que les auteurs de l'affichette savent – croient – pouvoir en appeler à la conscience des usagers et à la réprobation collective. France Télécom n'imaginerait pas, même en rêve, qu'une telle affiche puisse avoir une quelconque utilité.

Des enquêtes comparatistes dans lesquelles on demande aux personnes test de dire si un certain nombre de comportements – frauder dans le métro, frauder le fisc, etc. – sont à leurs yeux acceptables, arrivent à la conclusion que la France est l'un des pays d'Europe les plus laxistes en matière de morale civique, plus laxiste que l'Espagne ou l'Italie, alors que l'Allemagne se situe, avec les Pays du Nord de l'Europe, parmi les plus rigoristes.[11] Là encore, de telles enquêtes ne mesurent pas des comportements effectifs, mais seulement des dispositions et des valeurs. Ce rigorisme n'est donc pas une spécificité allemande, mais il constitue un point d'opposition avec la France.[12] Je ne saurais dire si l'on fraude plus dans le métro de Paris que dans le métro de Berlin (où l'on fraude beaucoup, d'abord parce que c'est très facile en raison de l'absence de barrières et ensuite parce qu'une certaine catégorie de la population – « autonomes », gens qui entendent protester contre des tarifs jugés prohibitifs et contraires à une vraie politique des transports en commun – ne paie pas par principe). Par contre, les gens légitiment le fait de payer ou de ne pas payer d'une manière différente : « Je me suis fait pincer dans le métro, me dit une

---

11 Pierre Bréchon, « Politisierung, Institutionenvertrauen und Bürgersinn » (Politisation, confiance dans les institutions et sens civique), in *Wertewandel ..., op. cit.*, p. 240 sq.
12 C'est au Danemark qu'il serait le plus fort.

amie française qui vit à Berlin. Le contrôleur était très désagréable et les gens vraiment hostiles. Tu imagines, aucun d'eux n'a essayé de prendre ma défense... Je suis sûre qu'en France quelqu'un aurait dit au contrôleur : mais laissez-la tranquille, c'est une petite étudiante sans le sou... » Il est permis de douter que les passagers auraient pris sa défense à Paris... Mais ce qui est intéressant ici, c'est la perception du contrôleur et des autres usagers comme hostiles et la réécriture de la scène comme une agression perpétrée par le représentant de l'autorité publique sur une passagère en situation de victime, presque de légitime défense. Un Allemand ne pourrait pas raconter la scène de cette manière. Même furieux de s'être fait pincer, il se rendrait à l'évidence de l'infraction – à moins que le fait de ne pas payer ait eu dès le départ le caractère d'un boycott, ce qui n'était pas le cas dans cette histoire. Dans ce cas, le manquement à ce qui est malgré tout une règle commune (la tarification du métro) est présenté comme un droit légitime des étudiants qui n'ont pas le sou et le contrôleur est assimilé au représentant d'un ordre injuste.

Les Français ont gardé vis-à-vis de la puissance publique une attitude d'hostilité : l'État et les institutions qui le représentent, les divers gardiens de l'ordre public sont perçus beaucoup plus facilement comme les ennemis du peuple et des petites gens, mais aussi comme les ennemis de l'individu. À cet égard, les Français manifestent encore une mentalité pré-démocratique pour laquelle la puissance publique est l'alliée d'un ordre oppressif. Alors qu'il y a, en Allemagne ou dans les pays scandinaves, une corrélation entre un fort civisme et des convictions politiques démocratiques, fondés l'un et l'autre sur la réciprocité des droits et des devoirs. L'un ne va pas sans l'autre. En France, au contraire, les convictions démocratiques sont dissociées du civisme. Elles peuvent tout à fait aller de pair avec un grand laxisme en la matière.[13]

---

13 Pierre Bréchon, *ibid.*

Civisme

J'avais été frappée, en participant à une action de boycott du paiement mensuel pour le jardin d'enfants (il s'agissait de protester contre une augmentation importante des tarifs, alors que la municipalité venait de décider une réduction des crédits de fonctionnement alloués aux jardins d'enfants publics), du souci des initiateurs du boycott de n'agir que dans le cadre strict de la légalité et surtout de rappeler à chaque instant que notre action ne devait pas donner l'impression que nous ignorions ce que la puissance publique faisait déjà en subventionnant les tarifs : pour manifester notre bonne foi, nous ne devions pas refuser de payer purement et simplement. L'action avait finalement pris la forme d'un versement des paiements refusés à la municipalité sur un compte spécial dont le contenu avait été directement reversé aux jardins d'enfants (l'action ayant eu sous cette forme gain de cause devant le tribunal). C'est à une logique semblable qu'obéissent aussi les processus de négociation dans les conflits sociaux. Une revendication prend toujours en compte la position de l'adversaire et ses limites. Cette attitude s'enracine dans une forme de socialisation qui a privilégié la recherche du consensus négocié plutôt que l'opposition frontale.

D'autres petits gestes révèlent une identification plus grande à l'ordre commun, sans même la médiation de la puissance publique. On est facilement pris à parti lorsqu'on contrevient aux règles qui gouvernent l'usage de l'espace public (traverser alors que le feu est rouge pour les piétons, faire du vélo sur le trottoir, marcher à pied sur une piste cyclable…). En France, les gens ne vous interpellent que s'ils sont directement lésés, si vous les bousculez, si vous leur passez devant. En Allemagne, chacun se sent un peu le gardien de l'ordre commun et attend que tout le monde fasse de même. C'est là encore typiquement le genre de comportement qui fait dire aux étrangers que les Allemands sont obsédés par la discipline. Mais si on le fait remarquer aux intéressés, ils répondent qu'ils n'agissent pas par discipline, mais qu'ils obéissent à un souci du bon fonctionnement collectif.

Dans un registre un peu différent, sur un terrain de jeu, les parents français ne vous feront des réflexions que si vos enfants dérangent les leurs. Les parents allemands vous signaleront en outre que vous avez oublié de moucher votre enfant, que vous ne devriez pas le laisser jouer sans anorak parce qu'il fait trop froid, qu'il est vraiment trop petit pour le grand toboggan. Chacun se sent un peu responsable de chacun, des enfants des autres en particulier. C'était aussi un peu le sens de la réflexion de cette dame qui nous reprochait d'amener notre fille voir un film au-dessus de son âge. Elle se sentait un peu responsable de notre fille pour nous. Et ma réaction – qui avait été de penser « mais de quoi elle se mêle », une réaction typiquement française.

Se croyant dépositaires de la raison commune, les gens peuvent paraître agressifs ou sentencieux. L'autre jour, la bibliothécaire me reproche d'avoir oublié de mettre mon numéro de carte sur les bulletins. Au lieu de se contenter de me le dire, elle me fait la morale sur un ton qui m'exaspère, comme on parlerait à un enfant déraisonnable : je dois comprendre que si je ne respecte pas la procédure, je sème la panique dans le système, je n'ai qu'à m'en prendre à moi-même si je n'ai pas mes livres, etc. C'est sans doute un point commun à toutes les administrations du monde que ceux qui y assurent l'interface avec le public soient tentés de faire sentir leur pouvoir aux usagers, qui sont vis-à-vis d'eux dans une situation de demandeurs. Mais en Allemagne, ils s'abriteront beaucoup plus volontiers derrière leur fonction dans l'institution en affirmant qu'ils agissent au nom de l'intérêt commun.

Nécessaire transparence ou délation ?

Une conception différente de ce que l'individu doit à la collectivité conditionne aussi un rapport différent à la transparence. Récemment, j'ai brusqué, sans me rendre compte tout de suite de la signification de la chose, un petit garçon allemand qui était venu nous rendre visite avec ses parents dans notre maison de campagne près de Toulouse. Il y avait à ce moment-là une douzaine d'enfants à la maison – les miens, des neveux et nièces et d'autres petits amis. Ce petit garçon vient me trouver au bout de quelques jours et me dit en aparté que l'un de mes neveux – sans doute pas seul dans son cas – ne s'est pas lavé depuis trois jours. Agacée, je l'ai rembarré un peu rudement en lui disant que ce n'était pas à lui de faire la police et que de toute façon ce n'était pas bien grave. Mais je l'ai aussitôt regretté parce que j'ai vu qu'il était surpris de ma réaction hostile. Il s'attendait à ce que je le remercie de cette information utile. Or j'avais interprété son geste comme du « rapportage », ce qui est par définition une vilaine chose en français. Lui croyait faire une bonne action en portant à la connaissance de l'adulte responsable ce qui lui paraissait être un dysfonctionnement de l'ordre domestique.

Outre le fait qu'il avait, en toute bonne foi et même en vacances, une conception de l'hygiène un peu plus exigeante que la nôtre, il ne croyait pas mal faire. Manifestement, il n'avait pas l'intention de nuire à mon neveu en le faisant gronder. C'était sans doute quelque chose qu'on lui a enseigné : quand quelque chose ne va pas, on le dit à la personne responsable, parce que c'est mieux pour tout le monde, alors qu'on a inculqué très tôt aux enfants français que rapporter est une forme de collaboration honteuse, quel qu'en soit l'objet. L'idée d'une collaboration honteuse est encore renforcée par la dynamique du groupe de pairs. Cet interdit est le même que celui qui pèse sur la participation des bons élèves en classe.

À la réflexion, je me suis dit qu'il y avait aussi quelque chose de très français dans la division implicite des tâches qu'exprimait l'image dont je me suis servie spontanément : c'est à la police de surveiller et pas aux simples citoyens ; dans la logique française, la surveillance des citoyens n'est pas du ressort des autres citoyens, mais de spécialistes dont c'est le métier et qui ont le monopole de la surveillance. Quiconque surveille les autres alors que ce n'est pas son métier, alors que personne ne lui a rien demandé, « se mêle de ce qui ne le regarde pas », c'est un indic, un cafteur. Manifestement, ce petit garçon ne partageait pas ma vision par trop spécialisée du maintien de l'ordre public.

Il existe bien un mot pour dire « rapporter » en allemand, mais son usage est plus spécifique : dans *petzen*, il y a l'intention de nuire; alors que dans *rapporter*, il y a surtout la nuance d'une collaboration déshonorante avec l'instance de pouvoir. C'est cette collaboration, indépendamment de son contenu, qui est *a priori* une vilaine chose pour les Français, alors qu'elle le serait moins pour les Allemands, qui privilégient l'intérêt commun. Là encore, on retrouve une posture française, le refus de collaborer avec l'ordre commun contre lequel s'affirme l'individu ; et une posture allemande qui légitime la collaboration avec l'ordre commun. C'est dans ces sens divergents que les uns et les autres éduquent leurs enfants.

Les deux attitudes ont leurs avantages et leurs inconvénients. Le « je ne m'en mêle pas, ce n'est pas mon boulot de collaborer avec les flics » français peut être une forme de discrétion et de respect de la vie privée d'autrui. Mais cela peut être, dans certains cas, un refus de porter assistance ou de dénoncer une injustice, une façon de fermer les yeux ou de tolérer l'intolérable en laissant régner une loi du silence d'essence mafieuse, qui conduit à des entorses à la justice et au bien commun. C'est cet interdit qui empêche des élèves rackettés ou maltraités par leurs pairs de s'en ouvrir à un enseignant (ou à leurs camarades de le faire pour eux). L'attitude allemande de transparence et de collaboration, au contraire, peut être une forme de civisme, parfois de courage, mais elle peut aussi être une forme de délation. Comme toute forme d'identification forte à la chose commune, elle peut enfin être manipulée. Elle l'a été, dans l'histoire allemande, par les régimes dictatoriaux, par le régime nazi ou celui de la RDA, qui n'ont eu aucun scrupule à utiliser cette identification, quand ils n'usaient pas de moyens de pressions plus musclés.[14]

---

14 La Stasi comptait en effet 170 000 collaborateurs inofficiels pour une population de 17 millions d'habitants, ce qui représente à peu près 1 % de la population de la RDA.

Dans un ordre d'idée légèrement différent, puisqu'il ne s'agit pas à proprement parler de délation, mais seulement d'identification de l'individu à la puissance publique, l'historien germano-américain Fritz Stern a analysé à propos du physicien Max Planck quelles avaient pu être les désillusions et les révisions déchirantes auxquelles ont pu être contraints sous le IIIe Reich des gens qui se considéraient comme des serviteurs de l'État, à partir du moment où il était impossible d'ignorer que cet État était devenu criminel.[15]

Entre des extrêmes que le droit et la morale réprouvent, il y a actuellement toutes sortes de situations ambiguës, que les certitudes immédiates transmises par l'une et l'autre culture ne permettent pas de trancher. À partir de quand le fait de porter à la connaissance publique – ou à la connaissance de l'adulte responsable dans mon exemple domestique – les agissements délictueux ou criminels d'une tierce personne est-il justifié et quand est-ce de la délation ? Quand le silence est-il d'or et quand est-il coupable ? À ces questions, ni la société allemande, ni la société française n'ont actuellement de réponse simple. Dans les deux pays, un certain nombre de débats publics – la discussion sur la transparence dans la vie politique et le financement des partis, l'ouverture du débat sur le secret ayant entouré jusqu'ici la compromission du pouvoir politique dans la guerre d'Algérie en France, les révélations de la presse sur le passé de certains hommes politiques (Jospin, Fischer et leurs passés d'extrême gauche respectifs, pour donner un exemple comparable), ce que peut et ne peut pas couvrir le secret professionnel[16] – font apparaître des

---

15 *Das feine Schweigen, op. cit.*, « Max Planck : Größe des Menschen und Gewalt der Geschichte » (Grandeur de l'être humain et violence de l'histoire), p. 35–63.
16 Le supérieur de l'abbé Bissey, Mgr Pican, évêque de Bayeux, s'est abrité derrière le secret professionnel pour justifier son refus de traduire en justice le prêtre qui était sous ses ordres. Manifestement, la justice n'a pas jugé recevable cette conception du secret professionnel. Je me souviens également d'une campagne d'affiches française contre les viols d'enfants par un proche : l'affiche représentait une toute jeune fille, presque une enfant, enceinte jusqu'aux dents. La légende était la suivante : « Si les voisins s'étaient mêlés de ce qui ne les regarde pas, elle n'en serait pas là. »

situations qui appellent une réflexion renouvelée sur les rapports entre privé et public, entre la nécessaire protection de l'individu et la non moins souhaitable transparence exigible dans une société démocratique. En France comme en Allemagne, on s'interroge sur le degré de transparence qu'une société est en droit d'attendre de ses dirigeants, sur ce que couvre la raison d'État et sur ce qu'elle ne doit pas cautionner.

J'aimerais, pour clore ce chapitre, citer un commentaire paru dans le *Monde* au moment de l'affaire des caisses noires de la CDU, parce que cet article illustre une position classiquement française sur le problème de la transparence et du secret. Bien que pressé par l'opinion publique, Helmut Kohl a refusé de donner le nom de son bailleur de fonds. L'auteur de l'article critiquait l'exigence de transparence formulée par les médias et l'opinion publique allemands : selon lui, Kohl, s'il avait cédé, se serait soumis à une exigence naïve de transparence, typique des cultures protestantes et nord-européennes, mais étrangère à une raison politique mature. L'auteur jugeait la position du silence plus sage, plus conforme à la raison d'État et typique d'une culture politique adulte, comme le seraient la France ou les autres sociétés du Sud. On lui laissera la responsabilité d'une préférence aussi catégorique. Mais il me paraît caractéristique qu'il l'ait formulée en termes de différence culturelle.[17]

La violence de l'image montrait bien que ses auteurs avaient conscience de toucher à un tabou très fort en enjoignant de « se mêler de ce qui ne vous regarde pas ». En même temps, cette campagne remettait en question l'intangibilité du principe de non-ingérence dans la sphère privée d'autrui, en désignant des situations où l'ingérence est légitime.

17 Luc Rosenzweig, « Helmut le maudit », *Le Monde*, 27.01.2000. Pour mieux cimenter une opposition, relevant selon lui d'attitudes culturellement déterminées – et ce de fort longue date –, il opérait un rapprochement entre le désir de transparence émis par l'opinion publique allemande, la présence tentaculaire de la Stasi dans la société de l'ancienne RDA et la tradition de la confession publique chez les piétistes allemands du XVIIe siècle.

Le politique

Pour m'en tenir au cadre qui a été jusqu'ici le mien, en deçà des aléas de l'actualité politique, j'aborderai la dimension politique par la petite porte. Je ne m'intéresserai pas à la partie émergée de l'iceberg (le programme des partis, l'action des gouvernements, les résultats des élections...), mais aux valeurs et à quelques scénarios mentaux qui, dans la conscience – ou dans l'inconscience – de chacun, font que nous avons tous part au politique – que nous avons des convictions, des préférences, même et surtout pour ceux qui n'ont pas d'activité dite politique. L'outillage mental à l'aide duquel nous sentons et existons dans l'ordre du politique s'est constitué à partir d'expériences historiques différentes dans les deux pays. D'où, une fois de plus, le risque de mal interpréter les comportements et les positionnements de l'un à partir des lunettes de l'autre.

En Allemagne, certaines personnes n'achètent pas d'ampoules Siemens (ou produites par des sous-traitants de Siemens) parce que Siemens est le principal constructeur d'équipements nucléaires.

Ma copine A. a participé à une action contre les crottes de chiens : les crottes de chiens, en effet, nuisent gravement à la qualité de la vie – et en particulier à celle des petits enfants, ces laissés pour compte de la vie urbaine ; c'est un problème qui nous concerne tous. Certes il y a des problèmes autrement plus graves – le chômage ou les skin heads, par exemple – mais la gravité de ces problèmes ne doit pas faire oublier que des questions apparemment humbles ont aussi leur importance... L'action consistait à planter dans les crottes de chien qui jonchaient la pelouse centrale d'un parc des petits fanions jaunes sur lesquels était écrit *Wir finden es Scheiße* (nous trouvons ça dégueulasse, c'est de la merde). La floraison de petits drapeaux jaunes sur la pelouse était, paraît-il, du plus bel effet. On ne sait pas si, dans l'immédiat, cela a incité les maîtres à « nettoyer après leur chien » (ce à quoi des panneaux invitent le propriétaire de chien dans les grandes villes américaines sous peine d'une amende de 100 dollars), mais l'action s'étant répétée en plusieurs endroits de la ville, la presse locale en a parlé.

Mes voisins n'achètent qu'exceptionnellement leurs légumes au supermarché. Ils préfèrent aller dans une *Reformhaus* ou un *Bioladen* (qui vendent également du café du Nicaragua «produit dans des conditions équitables», de l'huile d'olive en provenance d'une coopérative autogérée d'Andalousie, etc.). Une autre amie fait son marché où ça lui chante, mais n'achète jamais de fraises du Chili en février («tu imagines tous les litres de kérosène et le conditionnement nécessaire pour que les fraises arrivent en bon état dans ton assiette, alors qu'on peut attendre qu'il y en ait ici»), ni de haricots verts du Cameroun («cultivés uniquement pour l'exportation, sur les sols les plus riches et au détriment de l'agriculture vivrière, avec une consommation d'eau indéfendable dans ces pays, je te passerai un livre là-dessus») ni de fleurs coupées de fleuristes («les roses vendues à l'unité par les Indiens le soir dans les restaurants viennent très souvent d'Afrique ou d'Amérique du Sud ; même topo que pour les haricots verts»).

Mes amis A. et St., qui sont très croyants et très engagés dans la vie locale, (associations de parents, de quartier…) ont récemment placé une grosse somme d'argent provenant d'un héritage à l'Ökobank en achetant des actions de matière premières agricoles.

Ces gestes minuscules et quotidiens, parfois plus exceptionnels, ont pour point commun d'être difficilement imaginables en France.[18]

«Cette histoire de café politiquement correct», me dit une amie française à qui j'essaie d'exposer les règles qui gouvernent la consommation éclairée, «c'est débile. Ça ne sert qu'à donner bonne conscience aux gens.» Je fais remarquer qu'après tout, la bonne conscience n'est qu'un effet secondaire du commerce équitable, pas son but principal et qu'elle ne suffit pas à le condamner pour peu qu'il ait des résultats,

---

18 (2017 : ces préoccupations sont entrées dans les mœurs françaises ; il y a quinze ans, elles constituaient une différence.)

même ponctuels. Mais elle tient à condamner les gens « qui font ça pour se donner bonne conscience ». Et puis ces histoires de « poulets heureux » (c'est-à-dire de poulets qui courent, par opposition aux poulets élevés en batterie), me dit-elle, c'est encore plus suspect. Cet amour de la nature et des animaux, c'est louche. » J'objecte que les œufs et la viande sont meilleurs. Mais elle persiste à trouver l'intention louche.

Une observatrice française, Pascale Hugues dans *Le Bonheur allemand*, raconte sur un ton ironique les états d'âme éprouvés par une féministe anti-nucléaire au moment de mettre dans son caddie une ampoule de la mauvaise marque ; elle finit par la remettre sur le rayon, préférant faire un détour pour acheter ailleurs une marque politiquement correcte.[19] Le témoignage de Pascale Hugues sur l'Allemagne, dans l'ensemble, décrit admirablement de l'intérieur des petits faits de mentalité avec une empathie et un degré de compréhension nettement supérieurs à tout ce qui s'écrit en France sur ces sujets. Mais sur ce point, elle ne peut pas s'empêcher de faire de l'ironie.

Une autre définition du politique

L'autre point commun à tous ces raisonnements, ou à ces démarches qui se pensent comme politiques est qu'ils reposent sur une définition implicite du politique très différente – beaucoup plus humble – de celle qu'on en donnerait en France.

En France, on est resté fidèle à une définition du politique en rapport avec la conquête, l'exercice ou la critique du pouvoir. Quand le discours "citoyen" déplore le recul du politique, la perte du sens civique, il le fait en fonction de cette définition, aux termes de laquelle un certain nombre de thèmes (tous ce qui touche à l'alimentation, le logement, l'environnement, la qualité de la vie urbaine...) ne seraient

---

19 *Op. cit.*, p. 115.

pas politiques parce que du ressort de la sphère privée des individus. Ces thèmes seraient à la rigueur du ressort de la société civile, mais pas de la sphère citoyenne et politique, l'espace de la société civile ne s'identifiant pas à celui du politique. On est donc plus prompt, en France, à porter sur la société actuelle la condamnation d'apolitisme.

En Allemagne, on a interprété plus littéralement l'idée soixante-huitarde que « tout est politique » : la qualité des légumes et de l'air, la circulation, le logement... La matière du politique est donc beaucoup plus diffuse. Elle peut être minimale et proche, puisque tout, y compris et surtout le quotidien, en relève.

Nouveaux thèmes

L'Allemagne a été sensible plus tôt aux nouveaux thèmes politiques que sont l'écologie, la qualité de la vie et de l'environnement urbain, le logement, l'alimentation.[20] En prise directe sur la vie quotidienne, ces thèmes sont en phase avec l'expérience de chacun, sans être pour autant liés aux seuls rapports de travail, comme c'était le cas des enjeux traditionnels de la politique.[21]

Ces thèmes ont été intégrés beaucoup plus tôt aux préoccupations des partis et des gouvernements, alors qu'ils restaient marginaux en France. Leur importance dans la discussion politique allemande n'est pas étrangère au fait que les Français la perçoivent comme dépolitisée. Inversement les Allemands sont surpris quand on leur

---

20 2017 : en quinze ans tous les thèmes liés à l'environnement et à la qualité de la vie se sont définitivement imposés en France, de sorte que la différence n'est plus significative.
21 Joachim Schild, « Wertewandel und politischer Protest. Die wachsende Bedeutung direkter Partizipationsformen » (Évolution des valeurs et protestation politique. L'importance croissante de formes de participation directe), in *Wertewandel..., op. cit.*, p. 249) attribue à un chômage long et massif la persistance en France des « vieux thèmes » politiques liés au travail et l'acclimatation plus lente des « nouveaux thèmes » liés à la vie quotidienne.

renvoie cette image d'eux-mêmes : « Nous apolitiques ? Mais tout est politique ! »

Car nous serons tous atteints par les radiations d'un réacteur nucléaire qui fuit ; car les œufs des poules « heureuses » sont aussi meilleurs pour le consommateur ; en achetant du café du Nicaragua, produit par des paysans qui travaillent dans des conditions de sécurité et d'hygiène acceptables, dont la santé n'est pas mise en danger par l'emploi de pesticides, dont les libertés syndicales sont respectées et les salaires décents, je contribue – très modestement – à un meilleur équilibre des échanges mondiaux tout en consommant un produit de meilleure qualité. J'établis entre le producteur et moi un lien qui influera peut-être sur les lois du marché.

D'autres formes de protestation

Si la tendance protestataire est plus forte en France, il y a en Allemagne un potentiel de mobilisation collectif plus important sur ces nouveaux thèmes. Leur introduction dans le débat politique va de pair avec de nouveaux modes d'action et de protestation : boycotts, consommation sélective, marches, grands rassemblements.[22] Certaines actions peuvent être spectaculaires – le blocage de l'ultime Castor (le train qui ramène les déchets radioactifs retraités à la Hague en Allemagne) étant la dernière en date – mais elles peuvent aussi être très discrètes, à la limite d'un geste privé à valeur de manifeste. Accessoirement, ces gestes auront peut-être une incidence économique ou environnementale – comme la décision de ne pas consommer tel produit, celle de limiter l'utilisation de sa voiture privée et de prendre les transports en commun, ou encore de limiter volontairement sa vitesse sur l'autoroute pour réduire la pollution atmosphérique : *Freiwillig*

---

[22] 2017 : là encore, la différence s'est considérablement réduite. Les réseaux sociaux induisent partout le même type d'actions et de rassemblements spontanés.

100 auf der Autobahn. Der Umwelt zu liebe disait le slogan (volontairement à 100 à l'heure sur l'autoroute par égard pour l'environnement). Personne, sans doute, n'a jamais appliqué ce slogan à la lettre – dans un pays où existe par ailleurs un très fort lobby automobile. Mais il a pu être formulé.

Les interventions ponctuelles ou quasiment privées ne nécessitent pas une structure et un engagement permanents. Elles ne sont pas exclusives d'autres activités. C'est une manière individuelle de vivre l'articulation avec l'espace commun. La protestation est plus diffuse mais aussi plus intégrée à la vie quotidienne voire même familiale : dans une manifestation, on amène les enfants dans leur poussette. Les enfants étaient de toutes les *Lichterketten* (chaînes de lumières) organisées spontanément en réaction aux attentats perpétrés contre les familles turques ou contre les foyers de demandeurs d'asile. Dans ces gestes, il y a une volonté de manifester une continuité avec la vie quotidienne.

En France, à l'occasion des licenciements chez Lu et Danone, la presse s'est fait l'écho de débats sur l'opportunité d'organiser des boycotts (rappelant d'ailleurs qu'il n'y avait pas eu, en France, de boycott d'une véritable ampleur depuis celui des oranges Outspan du temps de l'apartheid). Certains critiquaient le principe même du boycott au nom de son inefficacité. En Allemagne, même si les actions de boycott restent probablement aussi sans incidence majeure sur l'activité économique, elles sont prises plus au sérieux par les consommateurs-citoyens. On est plus disposé à croire aux vertus des actions minuscules, fût-ce à titre de manifeste et de prise de position symbolique.

Enfin, les actions protestataires ont beau être parfois spectaculaires, elles sont le plus souvent soucieuses d'opérer dans un cadre juridique irréprochable. Il y a dans ce juridisme, dans ce souci explicite de prendre en compte la loi (même si c'est pour arriver à un résultat paradoxal) une forme de civisme qui contraste par exemple avec le caractère de défoulement collectif d'une action d'agriculteurs français.

Betroffenheit

Le dernier point commun aux gestes « politiques » que je donnais plus haut en exemple est que leurs auteurs se sentent personnellement concernés par ce qui suscite leur geste. Il y a un mot, *Betroffenheit*, qui désigne cette façon d'être touché par ce qui arrive dans le vaste monde. La *Betroffenheit* est la manière dont le fracas des catastrophes extérieures affecte l'individu, personnellement ou par procuration. On peut en être *betroffen* à des degrés divers : directement frappé par une catastrophe climatique, par le chômage, par une situation politique... ou s'associer en pensée à la *Betroffenheit* de ceux qui sont directement concernés. C'est une façon de vibrer à l'unisson des malheurs du monde. Le terme indique la participation morale à un événement. « *Betroffenheit* » a été l'un des gros titres à la une du *Bildzeitung* dans les jours qui ont suivi les attentats contre le *World Trade Center*.

La *Betroffenheit* est, en un sens, le critère de l'intégrité et de la bonne foi : de ceux qui sont *betroffen*, on est en droit d'attendre une réaction authentique. Il est caractéristique de tous les thèmes introduits par les Verts dans le débat politique qu'ils s'imposaient à partir de l'expérience de tout un chacun : peur de la mort nucléaire, environnement, répartition du travail, modes de consommation. Les causes de solidarité ne sont pas absentes de ces préoccupations, mais elles sont vécues comme une expérience par procuration. Le politique a donc une dimension beaucoup plus existentielle. On se demande comment être un citoyen acceptable, un citoyen de chez soi, mais aussi un citoyen du monde et contribuer par ses gestes quotidiens à un ordre collectif plus juste. Dans la culture de la *Betroffenheit*, le politique se vit au quotidien.

Cette culture suscite la critique d'un observateur français : « Si mon séjour en Allemagne m'a appris quelque chose, c'est à me méfier comme de la peste de cette *Betroffenheit* [c'est moi qui souligne] qui vous oblige à vous sentir responsable de tout le malheur du monde. Il ne fait pas bon être un homme blanc, riche et un peu bon vivant dans cette société qui met ces qualités au pilori. C'est dommage, car ce sont précisément les gens qui font régner un tel ordre moral qui me sont idéologiquement les plus proches, qui ont un parcours historique semblable au mien. »[23] L'observateur français s'en prend tout d'abord à la « mauvaise conscience de l'homme blanc ». Sa critique de la *Betroffenheit* recoupe celle du politiquement correct et confond les États-Unis et l'Allemagne dans une même accusation d'immaturité politique. Elle recoupe aussi la critique, virulente en France ces temps-ci, de l'envahissement du champ politique par la morale et les bons sentiments, volontiers interprété comme un symptôme du « dépérissement de la politique ». Les actions humanitaires seraient le meilleur exemple de cet envahissement de la politique par les bons sentiments, au détriment d'une raison politique lucide, douée d'un véritable projet citoyen et consciente de l'autonomie du politique. La culture de la *Betroffenheit*, c'est précisément cela : faire du sentiment moral le fondement d'une conviction et, éventuellement, le mobile d'un geste ou d'une action.

L'opposition entre une raison politique mature et une politique des bons sentiments (qui seraient à la raison politique ce que l'enfance est à l'âge adulte) pourrait être rapprochée de l'opposition faite jadis par Max Weber entre l'éthique de la responsabilité et l'éthique de la conviction. Le réalisme qu'impose l'éthique de la responsabilité oblige ceux qui assument les responsabilités à des décisions qui peuvent s'écarter de ce que dicterait la seule « conviction ». L'éthique de la responsabilité va dans le sens du réalisme politique ; à la limite elle pourrait rejoindre la raison d'État, par opposition à l'éthique de la conviction, qui, n'étant pas confrontée à l'exercice réel des responsabilités, n'est pas obligée de réviser à la baisse ses principes moraux.

Or la culture politique allemande contemporaine – après la seconde guerre mondiale – fait une place importante, noble, à quelque

---

23 Luc Rosenzweig, *Die Zeit*, 5 juillet 1991, p. 5 . C'est moi qui traduit. Luc Rosenzweig a été correspondant du *Monde* à Bonn.

chose qui ressemble à l'éthique de la conviction wébérienne et aux sentiments moraux. Elle ne les stigmatise pas comme immatures ou irrationnels. Elle les considère au contraire comme la manifestation première de la conscience éthique, susceptible de devenir politique si elle s'extériorise dans l'espace public et s'y soumet à la contradiction et à la discussion.

Cette conviction s'enracine, une fois encore, dans une analyse psycho-politique de la catastrophe nazie. Dans Éducation après Auschwitz, Adorno souligne que la dureté envers soi, le refoulement de la peur et des émotions, qui caractérisait l'idéal humain promu par l'idéologie nazie, se retournent contre autrui et rendent indifférent à ses souffrances. En stérilisant les facultés émotionnelles, la capacité à s'indigner, on supprime dans le psychisme des individus ce qui est la forme première de la conscience morale : « La dureté tant prisée [par les nazis], à laquelle il fallait éduquer, signifie l'indifférence envers toute forme de souffrance. Elle ne distingue plus vraiment entre la souffrance propre et celle de l'autre. Celui qui est dur envers lui-même s'autorise par là même à être dur envers les autres. [...] Le caractère manipulatif [des chefs nazis] se caractérise par sa rage de l'organisation, par son incapacité à faire certaines expériences humaines immédiates, par son *incapacité à éprouver des émotions*, par son réalisme exacerbé. [...] Pour le dire en une formule [...], je le définirais comme une *conscience chosifiée* ».[24]

C'était aussi l'argument de L'incapacité à éprouver du deuil des psychanalystes Alexander et Margarete Mitscherlich qui se sont interrogés sur l'incapacité de la population allemande à éprouver de la compassion avec les victimes et à manifester un sentiment de « deuil » à leur égard, avant et encore après 1945. La réflexion menée sur l'expérience nazie et la tentative d'interpréter ses causes psycho-sociales explique peut-être l'importance de cette culture de la *Betroffenheit* : en elle s'exprime, même si c'est sous une forme un peu naïve, la facul-

---

24 *Op. cit*, p. 93-94, italiques dans le texte.

té d'indignation morale des individus, qui est la garantie que le champ du politique ne sera pas accaparé par des forces totalitaires. Rompre avec le totalitarisme supposait de rendre à la conscience morale son rôle dans le champ du politique, de restaurer la continuité entre morale individuelle et morale collective. Or son affirmation passe par le sentiment, par la « capacité émotionnelle » des individus, même si cette dernière n'en est que le premier stade.

Autant le sentiment en politique est une chose suspecte en France (où il est synonyme d'une naïveté dangereuse), autant la critique française de l'envahissement du politique par la morale et les bons sentiments est incompréhensible pour les Allemands : pour eux, le chemin vers la démocratie après 1945 est passé par un intense effort de « moralisation » du politique. Il s'agissait de ramener l'État et toute la sphère du politique, qui s'étaient rendus coupables de crimes au nom de la raison d'État, sous la coupe de l'éthique et de la raison morale. C'est précisément parce que la raison politique était devenue autonome au point d'échapper à toute éthique que de tels crimes ont pu être possibles.

Cette mise en perspective historique de la *Betroffenheit* ne signifie pas pour autant qu'elle n'ait pas ses limites, contre lesquelles on est effectivement moins critique en Allemagne qu'en France.

Démocratie et société civile

Toute la théorisation allemande (notamment par Habermas) de l'espace public (*Öffentlichkeit*) lui confère une dimension politique. La puissance publique (l'État démocratique et les institutions qui en dépendent) garantit l'État de droit et les libertés fondamentales, permettant le fonctionnement de la démocratie politique ainsi que celui de la société civile, c'est-à-dire le débat contradictoire. La société civile est donc bien un espace politique, ou du moins elle est en continuité avec lui.

Le politique

Vu d'Allemagne, le discours français qui déplore le dépérissement de la politique au profit du moralisme et des bons sentiments – discours qui, avec Régis Debray, oppose aussi parfois la démocratie à la république – a une curieuse tendance à sous-estimer la société civile dès qu'elle ne s'exprime pas avec la noble unanimité jacobine de la volonté générale. Dans l'opposition démocratie-république telle que la systématise Debray, la démocratie est cette vilaine chose anglo-saxonne (l'accusation se laisserait sans problème étendre à l'Allemagne…) qui réduit l'espace public à la société civile au détriment d'un espace de citoyenneté. La société civile (le terme est délibérément péjoratif) ne serait qu'une jungle dans laquelle s'affrontent des égoïsmes communautaires en tout genre, des identitaires et des intérêts particuliers en mal de représentativité, dans l'oubli du bien commun. À l'opposé, seule la république, géniale tradition française, permettrait l'existence d'un espace citoyen qui s'élève au-dessus de l'affrontement des égoïsmes particuliers. Cette distinction spécieuse feint d'ignorer qu'on pratique ailleurs sous le terme démocratie ce qu'en France on attribue à la « république » : le fait de placer au-dessus des intérêts particuliers le bien commun et la puissance publique, elle-même soumise à des instances de contrôle.

Mais le bien commun voulu par la volonté générale n'est pas donné une fois pour toute. Sa définition résulte d'un débat contradictoire permanent, auquel le fonctionnement d'une société civile riche et active apporte une contribution significative. Dans ce débat contradictoire, la voix et l'action du citoyen dans « l'interaction communicationnelle » – pour reprendre les termes d'Habermas – est essentielle.

Vue d'Allemagne, enfin, l'acerbe critique française des prétentions de la morale à contrôler le politique, qui aboutit souvent à une défense de la raison d'État, a aussi quelque chose de cynique. Elle paraît indéfendable au regard de l'histoire. Toute l'histoire politique, et d'abord constitutionnelle, de l'Allemagne après 1945 pourrait se résumer à cela : empêcher que des crimes ne soient à nouveau commis au nom de la raison d'État. La raison d'État ne saurait être une fin en soi, une raison si haute qu'elle ne soit pas soumise à une instance de contrôle.

Faire quelque chose plutôt que rien

Un scénario mental gouverne les convictions et les engagements allemands : l'adulte imagine la question que ses enfants ne manqueront pas de lui poser, sur le modèle de la question que la génération des enfants de l'après-guerre a posée aux pères qui avaient participé (*mitgemacht*) ou au moins laissé faire en connaissance de cause : « Tu savais (l'horreur du IIIe Reich) et tu n'as rien dit, rien fait. De même nos enfants nous poseront la question : Tu savais (la destruction de nos conditions de vie, Tchernobyl, la faim dans le monde, le trafic d'armes, la prostitution des enfants etc.). Pourquoi n'as-tu rien fait ? » Ce scénario mental est à la source de beaucoup d'actions, ou au moins de dispositions protestataires. Ces dispositions peuvent être purement symboliques, avoir à la limite le caractère d'un manifeste. Mais émettre une opinion divergente, honorer l'obligation morale d'exprimer son désaccord revêt une dimension politique, citoyenne, pour adopter la terminologie à la mode en France.

Ce scénario mental s'enracine dans la réflexion sur le personnage du *Mitläufer*. Le *Mitläufer* est littéralement « celui qui court avec », le suiviste. Du soutien actif au régime nazi à la désapprobation qui ne s'exprime pas publiquement, il y a eu mille et une nuances du *Mitlaufen*. Sans être forcément un nazi convaincu, le *Mitläufer* a pu cautionner jadis le régime par son acceptation passive. Il a détourné le regard, il n'a pas approfondi ce qu'il pressentait ou fait comme s'il ne savait pas, moins, par peur des représailles, par lâcheté ou simplement par omission. La réflexion sur les *Mitläufer* a accompagné l'histoire de la République fédérale à ses débuts.[25]

Or le *Mitläufer* est un personnage qui sommeille en chacun de nous et contre lequel chaque citoyen démocratique se doit de lutter. Il

---

[25] Sur le personnage du *Mitläufer* et les traces qu'il a laissées dans la mémoire collective, voir Gesine Schwan, « Der Mitläufer », in *Mémoires allemandes*, Étienne François et Hagen Schulze (éds.), Paris, Gallimard, 2007.

Le politique

faut « faire quelque chose » pour ne pas « courir avec » ce qu'on désapprouve, ne serait-ce que symboliquement, pour manifester son désaccord. Ne pas le faire reviendrait à cautionner passivement cet état de chose. On est moralement tenu de passer à l'acte ou au moins de manifester sa désaccord. Le scénario mental décrit plus haut incite au passage à l'acte, fût-ce seulement à un geste symbolique : il faut faire quelque chose, si peu que ce soit, refuser d'acheter un produit ou de porter telle ou telle marque.

Dans sa réflexion sur l'itinéraire d'Ulrike Meinhof, Emmanuel Terray a mis en valeur cette dimension de « passage à l'acte » d'un engagement politique qui débouchera sur le terrorisme : « Ulrike Meinhof est peu à peu comme hantée par l'exigence du passage à l'acte. [...] La mémoire joue ici un rôle essentiel : Ulrike Meinhof ne veut pas qu'on puisse à l'avenir lui reprocher cette passivité dont la gauche allemande des années trente a été accusée et qui a facilité la victoire d'Hitler. 'De même que nous avons interrogé nos parents sur Hitler, nous serons interrogés sur Franz-Josef Strauß', écrit-elle en 1966. 'Nous voudrions bien, dira-t-elle encore peu avant sa mort, que notre histoire cesse d'être une histoire dont nous ayons à rougir' ».[26] Cette dimension du passage à l'acte qui s'est traduite de manière violente dans le terrorisme est présente, même si c'est à dose plus discrète, dans une foule d'autres petits gestes, parfois seulement dans une certaine agressivité du ton.

La pression de ce scénario mental explique peut-être le succès plus grand de certaines formes nouvelles de protestation évoquées plus haut comme le boycott ou la consommation sélective. Dans le meilleur des cas, les Français justifieraient leur refus – pratique – de ce type d'action au nom d'un réalisme qui confine au fatalisme (« tu ne crois tout de même pas que ça va servir à quelque chose ! ») et les plus habiles à manier la rhétorique vous balanceront l'argument, à leurs

---

26 *Ombres berlinoises*, « Tombeau d'Ulrike Meinhof », Odile Jacob, 2000, p. 237–238.

yeux imparable, du « c'est juste pour se donner bonne conscience », comme si vouloir obéir aux injonctions de sa conscience était intrinsèquement condamnable (chose qui est à la limite du compréhensible pour une logique allemande...). Par la réflexion sur leur histoire, les Allemands ont appris à croire sinon à l'efficacité, au moins à la valeur morale de la responsabilité individuelle : même si l'on est réservé sur l'efficacité immédiate (économique) d'un geste, l'Histoire enseigne que l'abdication de la responsabilité, même dans les petites choses, conduit au pire. Ce sentiment de responsabilité peut paraître grandiloquent par rapport à ses résultats et un peu verbeux dans son souci de tous les malheurs du monde. Il est malgré tout inspiré par un souci politique.

Les vertus du citoyen démocratique

Tout comme Montesquieu pensait qu'à chaque forme de gouvernement correspond un « ressort » particulier chez les sujets, ressort sans lequel le dit gouvernement est condamné à l'échec, on considère en Allemagne que la démocratie, pour bien fonctionner, exige, outre des institutions, un certain type humain. Une façon d'interpréter l'échec des tentatives d'instaurer la démocratie dans le passé consiste à dire que les individus n'y étaient pas préparés.

Le citoyen démocratique s'est défini par opposition au *Mitläufer*. À la passivité du *Mitläufer* s'oppose la capacité de protestation et d'action du citoyen démocratique ; à la lâcheté du premier le courage civil (*Zivilcourage*) du second ; à la propension suiviste à se fondre dans la masse, l'aptitude à un comportement individualisé – « la force de ne pas faire avec » disait Adorno ;[27] à l'étouffement de la conscience

---

[27] « *...die Kraft zur Reflexion, zur Selbstbestimmung, zum Nicht-Mitmachen*" (la force du retour sur soi, la force de l'auto-détermination, la force de ne pas suivre), *op. cit.*, p. 90.

individuelle dans l'opinion collective, la capacité d'avoir un jugement autonome ; à l'éducation « autoritaire » qui fabrique des suivistes, l'éducation libérale et responsabilisante. À ces qualités du citoyen démocratique s'ajoutent en outre la tolérance et l'ouverture à ce qui est différent.

Cette conception de la citoyenneté et de la participation démocratique a le mérite de pouvoir se vivre et se traduire en gestes très concrets. Lorsqu'il y a des attaques dans le métro contre des étrangers ou des femmes, on déplore dans la presse le manque de *Zivilcourage*, le fait qu'aucun autre passager n'ait eu le courage de s'interposer. On ne fait certes que déplorer l'absence de courage civil dans ces circonstances particulières, mais on le fait en référence à ce qu'aurait dû être un comportement citoyen. En France, on ne penserait pas à déplorer explicitement le manque de courage et de solidarité des autres usagers en utilisant un terme, le courage civil, qui a, en allemand, une forte connotation politique : celui qui a du courage civil est précisément le contraire d'un *Mitläufer*, c'est quelqu'un qui paye de sa personne plutôt que de céder à la tentation du suivisme.

Il y a aussi une différence dans ce qu'on pourrait appeler la pédagogie de la citoyenneté. Quand les Cassandre hexagonaux déplorent l'effondrement des valeurs républicaines, on a l'impression qu'ils pleurent la disparition de quelque chose de très abstrait, qui s'incarnait essentiellement dans des symboles – qui n'ont effectivement plus beaucoup de résonance aujourd'hui. Ces gens-là sont aussi unanimes pour dire que l'école a un rôle à jouer dans le maintien ou la restauration d'un ordre citoyen, vraiment politique. Mais il me paraît caractéristique que les propositions en la matière, quand il ne s'agit pas purement et simplement de faire réapprendre la Marseillaise aux enfants des écoles, sont d'une abstraction telle que l'on comprend très bien pourquoi il n'en reste rien dans la tête – dans la conscience – des citoyens devenus adultes. L'Allemagne, avec les gestes humbles mais concrets d'éducation à la démocratie participative et au civisme des petites choses qu'enseignent ses institutions éducatives, fait beaucoup plus pour la citoyenneté future de ses jeunes générations que la France. Il est frappant de voir à quel point, en France, dès l'école primaire (sans parler de ce qui se passe par la suite), les programmes d'instruction civique sont exclusivement axés sur des contenus de savoir, essentiellement la connaissance des institutions. Ils ne font aucune place à ce qui pourrait être une mise pratique des formes et des valeurs de la citoyenneté à l'échelle de la vie de l'école.[28] Qu'on ne voie pas là une critique du savoir et de l'abstraction en soi. Mais le savoir et l'abstraction ne sont pas d'un grand effet s'ils ne sont pas associés à des pratiques. L'absence d'une pédagogie concrète de la citoyenneté n'incite pas à la responsabilité individuelle. Elle ne permet pas d'apprendre la réciprocité des droits et des devoirs.

Des générations aux parcours différents

L'outillage mental que je viens de décrire est celui de la génération née après 1945, de la génération de 1968 au sens large, disons des gens nés entre 1945 et le début des années 1960. C'est la génération qui est actuellement aux affaires – professionnellement et politiquement. C'est aussi la génération qui est actuellement parent (on est parent de plus en plus tard partout en Europe, mais peut-être plus encore en Allemagne) et qui est donc en train de transmettre ses valeurs. Cette génération s'est pensée en rupture avec les générations précédentes, notamment avec celle qui a connu la guerre étant adolescente ou adulte. En termes sociologiques, cet outillage mental est celui de la *grüne Mittelschicht,* de la classe moyenne verte. Cette dernière

---

28 À nuancer en 2017 : la réintroduction d'un « enseignement civique et moral » (EMC) au collège par Najat Vallaud-Belkacem, ministre de l'éducation sous le quinquennat de François Hollande, poursuit un but semblable, mais risque de ne pas faire exception à l'abstraction française en la matière. Au lycée, la création des conseils de vie lycéenne est encore trop récente (2016) pour qu'on puisse évaluer son effet sur l'apprentissage de la participation démocratique.

déborde très largement l'électorat du parti vert. Elle est composée de gens ayant un capital académique et culturel supérieur à la moyenne et des revenus confortables. Ses représentants ont éventuellement mis au monde sur le tard un ou deux enfants, qu'ils envoient de préférence dans un jardin d'enfants autogéré, se demandant si par la suite ils ne les mettront pas à l'école Waldorf ou à l'école Montessori. Ils manifestent une préférence pour un tourisme compatible avec le développement durable (mais avoueront être allés en vacances aux Canaries ou en Turquie : « ce n'était pas cher, tu comprends, et avec les enfants, c'était pratique, ils ont pu se baigner pendant les vacances de Pâques »), circulent en ville à vélo, mais n'en possèdent pas moins une voiture, achètent de préférence au *Bioladen* ou dans une coopérative de quartier, mais pas exclusivement, sont engagés dans la vie associative – comme délégués de parents, dans une association de quartier. Leurs schémas de pensée, d'alternatifs qu'ils étaient il y a trente ans, sont devenus dominants et tous les partis, d'un bout à l'autre de l'échiquier politique, raisonnent dans les termes qu'ils ont introduits dans le débat public. Le succès des Verts allemands ne se mesure donc pas à leur seul poids électoral et gouvernemental, précaire ces dernières années, mais au fait qu'en vingt ans, ils ont réussi à imposer des idées qui faisaient rire le reste de la classe politique autrefois – comme elles ont continué à faire rire en France.

Dans l'un et l'autre pays, la génération dite de 1968 a fait son chemin dans les entreprises, dans l'université et les partis politiques. Vue de France, la génération allemande de 1968 paraît plus morale, plus austère. Vue d'Allemagne, au contraire, la génération de 1968 française donne l'impression d'un plus grand cynisme, de s'être affranchie plus tôt (dès les années 1980) et bien plus radicalement des idéaux des années 1960 et 1970. En Allemagne, le clivage de génération est peut-être seulement en train de s'amorcer, ainsi qu'en témoigne un débat récent qui est un nouveau débat de générations.

Tout comme le passé nazi a fait – et continue à faire – l'objet d'un examen critique, c'est maintenant au tour du passé gauchiste des années 1960 et 1970 d'être sur la sellette. À l'occasion du procès, au printemps 2001, d'un ancien membre de la Fraction Armée Rouge,[29] Joschka Fischer, le ministre des Affaires étrangères du gouvernement Schröder, a été appelé a témoigner sur son propre rôle dans les milieux alternatifs du Francfort des années 1970 et sur son éventuelle participation à des actions violentes (une photo le montre en train de jeter des cocktails Molotov). Au-delà de la manœuvre politicienne destinée à fragiliser la coalition gouvernementale SPD-Verts à travers la personne du ministre, ce débat du printemps 2001 a suscité des interrogations sur la signification de « 1968 » en Allemagne. L'interprétation accréditée par les acteurs eux-mêmes et par la postérité était la suivante : dans une Allemagne qui n'avait pas vraiment fait son *mea culpa*, qui était politiquement très conservatrice et où le jeu parlementaire, sous une façade démocratique imposée par les vainqueurs, masquait la continuité d'un régime à l'autre, l'extrême gauche s'est pensée comme le fer de lance d'un renouveau politique et moral. Ce renouveau passait par l'examen individuel et collectif du passé nazi, par les questions que les « fils » posaient aux « pères » sur ce qu'ils avaient vu et fait, puis enterré sous la honte et l'ardeur au travail des premières décennies de l'après-guerre. Contre les continuités entre l'avant et l'après 1945, la génération de 1968 se targue d'avoir eu l'initiative d'une généralisation à l'ensemble de la société et des institutions de la *Vergangenheitsbewältigung* (confrontation avec le passé) ; elle se crédite aussi d'avoir transformé les modes de vie et d'éducation pour favoriser l'émergence d'un caractère démocratique, en rupture avec la tradition autoritaire qui avait produit des *Mitläufer*.

La récente *Bewältigung* du passé soixante-huitard a donné lieu à une prise de parole assez virulente de la part de la génération suivante, celle des fils des fils, des petits-fils en quelque sorte, qui remettent en

---

29 Hans-Joachim Klein, qui fut ami et compagnon de lutte de Joschka Fischer dans la « scène alternative » de Francfort dans les années 1970.

question cette interprétation canonique de « 68 » : la victoire définitive de la démocratie – c'est-à-dire l'ancrage des institutions démocratiques dans la société, mais aussi l'apparition d'un type humain compatible avec la démocratie – serait tout autant l'œuvre de la modernisation, de l'occidentalisation et de la société de consommation (en un mot du plan Marshall) que celle de la protestation et de la vertu autoproclamée des « fils ».

Un des enjeux de la discussion est par conséquent de nuancer le rôle des soixante-huitards dans la *Vergangenheitsbewältigung* et dans la transformation de la société allemande. Ils n'en ont pas eu l'initiative, qui revient à des personnalités isolées comme Jaspers, Adorno ou les écrivains du *Groupe 47*. Ceux sont eux qui, les premiers, ont attiré l'attention sur le passif que constituait pour la démocratie la continuité des personnes d'un régime à l'autre.

L'autre enjeu de cette discussion porte sur la nature du régime et de la société à la fin des années 1960 : la société du miracle économique était-elle cette société réactionnaire et étouffante, cherchant refuge dans un travail acharné pour ne pas affronter les problèmes de la culpabilité collective et individuelle, que décrivaient les gauchistes ? L'État de RFA était-il un État policier prêt à sombrer à nouveau dans le fascisme ?

La discussion porte enfin sur l'appréciation de la « violence » révolutionnaire, violence verbale et physique, contre « les choses » ou contre « les personnes », dont le terrorisme a été la radicalisation : cette violence, que les gauchistes présentaient comme une légitime défense, l'était-elle vraiment ?

Peu avant la vague d'examen critique du passé soixante-huitard qui a eu lieu au printemps 2001, un livre au titre évocateur, *Génération Golf*, dont l'auteur est né en 1965, brosse le portrait d'une nouvelle génération qui se définit contre le moralisme pesant de la génération de 68, revendiquant un égoïsme assumé et surtout un rapport décomplexé à l'argent.[30] Cette contestation de l'ancienne contestation rappelle par certains aspects les accents des années 1980 en France, à la différence près qu'elle n'a pas été le fait des anciens soixante-huitards eux-mêmes, comme en France, mais de la génération suivante. Il est trop tôt pour dire si l'impact de ce dernier clivage de génération va fondamentalement modifier les éléments de mentalité que j'ai essayé de décrire dans ce chapitre. Cela paraît peu probable, dans la mesure où ces changements, qui remontent aux années 1960 et 1970, se sont profondément ancrés dans les mentalités et, plus encore, dans les institutions, je pense notamment à l'école.

L'articulation de l'individu et du collectif

On voit en tout cas que l'articulation entre l'individu et le collectif ne se fait plus selon le modèle proposé par Louis Dumont pour des périodes plus anciennes. Si l'on retrouve dans la culture de l'Allemagne contemporaine un individualisme qui renoue avec la tradition de la *Bildung*, si on peut aussi voir dans les valeurs du civisme quelque chose qui pourrait être une version moderne de l'identification de l'individu à la communauté et au bien commun, le mode d'articulation entre les deux a changé. L'individu ne se contente plus de cultiver un for intérieur en retrait par rapport à l'espace commun. L'individu, ses valeurs de *Bildung* et son jugement moral, ne s'interdisent plus de s'exprimer dans l'espace public. Au contraire, c'est l'intervention de l'individu et sa prise de responsabilité dans l'espace public qui sont la condition d'un fonctionnement démocratique. L'acceptation de l'ordre commun sous la forme du civisme n'est plus synonyme d'un ralliement passif et aveugle au collectif.

---

30 Florian Illies, *Generation Golf*, Berlin, Argon Verlag, 2000. Voir aussi les diverses contributions de journalistes représentant la « nouvelle » génération (née à partir de 1960-65) dans la discussion autour du passé gauchiste de Fischer.

La Nature : un épouvantail made in France[31]

J'aimerais, dans ce dernier chapitre, faire l'anatomie d'une construction intellectuelle, qui m'a frappée dans le discours politique et philosophique français de ces dix ou quinze dernières années : un certain usage du concept de nature en a fait le synonyme de tout mal. Il se trouve que ce discours fait aussi jouer à l'Allemagne le rôle de l'épouvantail : l'Allemagne serait l'incarnation historique de cette construction négative. Aux différentes phases de son histoire politique et intellectuelle, elle serait l'exemple même des errements auxquels conduit un amour de la nature érigé en système philosophique et politique.

L'observation se déplace donc ici du champ des comportements au champ intellectuel, traversé lui aussi par des mouvements collectifs qui s'apparentent à des phénomènes de mentalité. Certains concepts ou certaines idées, quand ils sont d'un usage suffisamment généralisé, deviennent aussi des standards culturels. Celui que je m'apprête à analyser est un élément du prêt à penser néo-républicain. Les pages qui suivent ne sont pas une attaque en règle contre l'idée républicaine en elle-même ni une apologie de l'écologie comme idéologie. Il se trouve simplement qu'on en a fait les termes d'une opposition présentée comme irréductible. Or cette opposition est factice.

La fausse alternative de la nature et de l'humain

C'est devenu un élément d'une certaine vulgate intellectuelle française que quiconque aime la nature et les animaux n'aime pas les

---

31 Tout ce chapitre peut être considéré comme historique, tous les thèmes liés à l'environnement et à la qualité de la vie étant définitivement entrés dans le champ des préoccupations légitimes en France. On l'a cependant conservé à titre de témoignage sur un discours typiquement français qui a disparu, mais aussi un discours dans lequel l'Allemagne et sa supposée tradition jouaient un rôle dans la définition d'une spécificité française contraire.

humains. Tous ceux qui aiment la nature et voudraient la défendre seraient suspects d'en vouloir aux humains. À preuve les Nazis, qui ont exalté la nature et pris des mesures pour la protéger, mais aussi massacré six millions de Juifs. Telle était la thèse du livre de Luc Ferry *Le Nouvel Ordre écologique* qui dénonçait la dérive « anti-humaniste » latente dans toutes les doctrines écologistes.[32] Le nazisme joue dans sa démonstration le rôle d'une preuve historique des compromissions dont serait susceptible le concept de nature : l'intérêt des Nazis pour la nature serait la preuve que toutes les idéologies ou courants d'idées qui y font référence sont fondamentalement pervertis. Certes Ferry ne nie pas la possibilité qu'il puisse exister une écologie humaniste, préoccupée du maintien des équilibres naturels et au service des êtres humains, mais aucun des courants qu'il analyse, de la *deep ecology américaine* à la philosophie qui, selon lui, sous-tend le discours des Verts allemands ne trouve grâce à ses yeux. Tous sont confondus par la même accusation de fondamentalisme anti-humaniste.

L'humanisme républicain, qui occupe la place laissée vide par le déclin du marxisme, est aujourd'hui le discours dominant en France. Ce discours projette sur la notion de nature tout ce qu'il abomine : la nature serait synonyme de soumission aux déterminismes locaux, ethniques (responsables de l'enfermement identitaire), sexuels (confinant les femmes à la maternité et au ménage parce que telle serait leur nature). La nature, ce serait la jungle où règne une loi du plus fort toute darwinienne ; ce serait l'inhumanité et la barbarie auxquelles il faut opposer les patientes constructions de l'état culturel et politique. La nature, ce serait enfin ce qui s'oppose à la raison, un mot, la bête en nous.

Il est clair que la nature ainsi stigmatisée n'épuise pas toutes les significations du concept. Cette nature n'est pas celle des philosophes,

---

32 Grasset, 1992. On notera dans le titre l'allusion à un mouvement néo-fasciste français.

pas plus que celle des écrivains, des peintres ou des promeneurs, ni même celle des écologistes. C'est une construction négative *ad hoc*, suffisamment vaste pour accueillir tout ce contre quoi le discours républicain se définit.

La surdétermination historique

Ferry établit une généalogie entre la philosophie de la nature du romantisme allemand et l'idéologie nazie de la nature qui en serait le résultat. À leur tour, les Verts et leurs maîtres à penser ne seraient qu'un avatar d'une constante de l'histoire et de la culture allemandes. Sous le vert, la lucidité autoproclamée d'un Ferry entrevoit aussitôt le brun. Il pratique cette histoire intellectuelle outrancièrement déterministe, dénoncée déjà par Louis Dumont : « On a abusé des explications par la continuité historique. [...] Outre les exégètes français, qui ont le sentiment de cette continuité idéologique – mais sentiment n'est pas raison –, il y a une tendance à relier directement le romantisme allemand et l'hitlérisme, ou à rejeter de la culture allemande comme « irrationnel » tout ce qui s'écarte de la ligne des Lumières et de son prétendu prolongement marxiste et est censé conduire tout naturellement au national socialisme. Ce sont des vues partisanes et mutilantes qui témoignent en fin de compte d'une impuissance à comprendre non seulement le phénomène nazi, mais la place nécessaire de l'idéologie allemande, comme variante nationale, dans l'idéologie moderne. »[33] Les nazis ont fait violence à tous les éléments qu'ils ont

---

[33] *Essais sur l'individualisme, op. cit.*, p. 153. A propos de ces généalogies abusives établies par l'histoire des idées, Louis Dumont citait l'exemple de l'historien américain des idées Arthur D. Lovejoy et de sa critique du romantisme (« The meaning of romanticism for the historian of ideas », *Journal of the History of Ideas*, II, 3 1941, p. 257–278). Le même reproche pourrait s'appliquer au livre de Luc Ferry.

puisés dans la tradition littéraire et intellectuelle.[34] Une histoire intellectuelle bien informée et de bonne foi montrera sans peine ce qui les sépare des romantiques ainsi que l'inconsistance des continuités établies en aval entre les nazis et les Verts. S'il est vrai que les nazis l'ont pour ainsi dire recyclée à leur usage, la nature qu'exalte *Mein Kampf* est celle qui s'incarne dans la pureté de la race ou dans la notion d'espace vital. Ces idées sont complètement étrangères à l'univers mental des Romantiques. Le recyclage des idées romantiques par les nazis en est une trahison qui n'était pas nécessairement contenue en germe dans ce qu'ils ont pillé.

En outre, il faut rappeler que l'idéologie nazie n'a pas seulement ni prioritairement recyclé la philosophie romantique de la nature. Sa puissance tient peut-être à cette faculté d'assimilation et de recyclage d'éléments idéologiques de provenance très variée, parfois contradictoires. L'idéologie nazie a fait flèche de tout bois. Elle s'est faite le chantre de la préservation d'une nature qui s'incarnait dans la race et l'espace vital. Mais elle a aussi prôné une industrialisation et une modernisation forcées. Elle s'est emparée de l'Histoire et de la tradition pour les réécrire à sa façon ; elle a incorporé à ses valeurs et à son programme des éléments de modernité (comme en témoigne la fascination pour le sport ou son usage magistral des médias modernes) ou des

---

34 La présentation par Ferry de la pensée du philosophe Hans Jonas, dont l'œuvre, très lue en Allemagne, était quasiment inconnue en France au moment de la publication du *Nouvel Ordre écologique*, est un exemple patent de mauvaise foi intellectuelle. On se demande si Ferry lui-même ignore qui était Jonas ou s'il spécule sur l'ignorance du public français. Jonas est présenté comme une résurgence en habits verts de la peste brune, ce qui est vraiment faire peu de justice à sa personne et à son itinéraire : juif allemand, philosophe, élève de Heidegger, émigré en Palestine en 1933, revenu en Allemagne en 1945 sous uniforme britannique, Hans Jonas, qui était au départ spécialiste d'histoire des religions, a enseigné après la guerre à la New School for Social Research à New York. Il s'est spécialisé dans la philosophie de la biologie et les questions bio-éthiques. Présenter sa pensée dans la lignée de l'idéologie nazie de la nature est absurde. Lui reprocher également d'avoir été l'élève de Heidegger comme si cela pouvait être une accusation à charge et révéler quoi que ce soit sur sa propre pensée n'a pas de sens non plus.

projets sociaux et économiques (la lutte contre le chômage) d'inspiration socialiste. Il n'est aucun courant de pensée, aucune idée dont elle ne se soit emparée pour les détourner à ses fins. Focaliser l'attention uniquement sur l'aspect du « retour à la nature » dans l'idéologie nazie en en faisant son trait essentiel n'en rend pas compte de manière adéquate. N'y voir qu'un retour à la tradition revient à méconnaître son caractère éminemment moderne, comme l'a rappelé Louis Dumont.

Enfin, la thèse fondamentale de Ferry a tous les caractères d'un syllogisme boiteux : les nazis aimaient la nature ; ils étaient criminels ; donc l'amour de la nature est intrinsèquement criminel et dirigé contre les humains. Le fait que les nazis aient pu à la fois « aimer la nature » et être les auteurs du plus grand crime de l'Histoire demande sans doute à être pensé. Mais il n'y a pas de lien de cause à effet entre l'un et l'autre. Or cette équation est présentée comme une évidence ! Ce livre malveillant et malhonnête ne mériterait pas en soi qu'on s'y attarde s'il n'était représentatif d'un réflexe intellectuel dont je constate qu'il est devenu presque automatique.

La démarche d'Alain Finkielkraut dans *La Défaite de la pensée* est sans doute moins malveillante, mais tout aussi crispée sur la spécificité supposée des traditions politiques françaises et allemandes.[35] Ce livre n'est pas non plus l'exemple d'une histoire intellectuelle scrupuleuse dans sa méthode. L'auteur oppose la citoyenneté moderne telle que l'ont promue la Révolution française et la IIIe république (avec ce qu'elle suppose d'émancipation de l'individu par rapport à son milieu d'origine) à « la découverte émerveillée par Herder et les romantiques des particularismes culturels », découverte qui préfigurerait l'idéal communautaire des nazis. Affirmer l'existence de la diversité des cultures revient, selon Finkielkraut, à l'élever au rang d'un principe d'organisation politique fondamentalement « communautariste » (au sens – dépréciatif – qu'on donne en France à ce mot). Il fait ainsi de Herder un chantre de l'enfermement identitaire, qui serait

---

35 Gallimard, 1987.

une constante de la tradition philosophique et politique allemande. Il n'entre pas dans mon propos de faire ici une analyse de l'anthropologie de Herder et je me bornerai à constater qu'un tel raccourci lui fait bien peu de justice. Outre le fait que les particularismes culturels n'étaient pas une découverte à l'époque de Herder – Montesquieu s'était déjà penché sur la question, et avant lui Montaigne –, Herder n'a jamais dit que les cultures constituaient un horizon indépassable pour leurs membres ni surtout un principe d'organisation politique... Mais voilà une nouvelle fois une continuité abusivement établie et un repoussoir tout trouvé à « l'exception française » : la nature est l'ennemie de la République.

De même, beaucoup d'observateurs français « lucides » s'accordent pour voir dans les préoccupations environnementales des Allemands le retour à un vieil atavisme, au panthéisme, à une mystique irrationnelle de la nature, à un primitivisme païen jamais complètement surmonté (les Nazis n'avaient-ils pas remis des cultes païens au goût du jour ?). Michel Meyer, irremplaçable quand il s'agit de révéler la puissance des stéréotypes, trouve, quant à lui, l'engagement écologique des Allemands « terriblement ambigu » : « Il faut avoir partagé, autour de plats macrobiotiques et autres mets aux céréales complètes, de longues veillées avec des 'khmers verts' allemands pour ressentir à quel point ceux-ci doivent se contrôler mentalement pour ne lire que le *Boden* de *Blut und Boden*. » La démarche des Verts serait « une redécouverte identitaire de la germanité » : « Le messianisme écologique allemand est de nature composite et sa généalogie bien plurielle. À la symbiose animiste du *Blut und Boden* se superpose, couche sédimentaire issue du Moyen Âge, l'apport considérable des grands mystiques allemands... ».[36] La suite est à l'avenant.

Où est le mysticisme, le retour au paganisme et à une dangereuse idolâtrie dans les préoccupations de la *grüne Mittelschicht* ? On ne voit pas bien en quoi le souci que soient préservées des conditions de

---

36 *Op. cit.*, p. 108.

La Nature : un épouvantail made in France

vie acceptables pour tous, localement et à l'échelle de la planète, pourrait être synonyme d'un réveil de la bête immonde. Ces préoccupations, en soi, n'ont rien de bien extraordinaire : ce sont celles de citadins inquiets de la dégradation de leurs conditions de vie (la qualité de l'air, de l'eau, de l'alimentation et de la vie urbaine, l'aménagement du territoire, des conditions immédiates de l'existence de tous...) et soucieux de ces mêmes équilibres à l'échelle de la planète. Les Allemands – mais ils ne sont pas les seuls, c'est aussi le cas des autres sociétés du Nord de l'Europe – ont eu plus tôt et plus vivement conscience des menaces qui pèsent sur nos conditions de vie que les Français. Peut-être tout simplement parce que les pays allemands sont plus urbanisés et plus densément peuplés et que l'industrialisation y est plus ancienne.

Faire un tel amalgame, c'est aussi ignorer la dimension éthique et politique des préoccupations de la *grüne Mittelschicht* : le souci d'un commerce éthique, le souci que les produits soient non seulement sans danger pour le consommateur mais aussi pour le producteur en termes de sécurité, d'hygiène, de liberté politique et syndicale. Il y a là un vrai souci politique, au sens noble du terme. Il ne viendrait d'ailleurs à l'idée de personne d'incriminer les mouvements écologistes néerlandais, italiens ou espagnols en leur reprochant des tendances fascisantes. C'est donc bien l'association de l'écologie et de l'Allemagne qui provoque la réprobation.

Mais l'association mécanique est tenace. La nature est forcément droitière et réactionnaire. On vous citera – comme si c'était encore une preuve irréfutable de la collusion des idées environnementalistes avec un fascisme latent – que le « ni droite, ni gauche » de certain leader écologique français n'était que le masque de ses tendances réactionnaires, que René Dumont, au début de sa carrière d'agronome, a publié dans une revue d'agriculture pétainiste et que, par conséquent, l'écologie a fondamentalement des affinités avec la pensée et les valeurs d'extrême droite.

Il se peut qu'un terme précis ait alimenté cette peur française d'une « écologie fondamentaliste » dans les années 1980 et 1990 : le terme « Fundi », abréviation de « Fundamentalist » a servi à désigner l'une des deux grandes tendances qui divisaient le parti vert sur la question de la participation gouvernementale. Aux « Realos », partisans de compromis avec le SPD pour pouvoir former des coalitions gouvernementales, s'opposaient les « Fundis », préférant renoncer à la conquête du pouvoir pour ne pas avoir à se compromettre. Peut-être cette étiquette a-t-elle éveillée dans l'esprit de certains observateurs français l'idée d'un fondamentalisme inquiétant. Elle ne désignait pourtant qu'un choix politique.

La peur allemande d'abîmer
l'ouvrage de la nature

On m'a souvent demandé en Allemagne pourquoi les Français sont – étaient – si indifférents aux grandes questions écologiques et même parfois violemment hostiles à des projets qui en Allemagne font l'objet d'un consensus. Mes interlocuteurs sont toujours stupéfaits d'apprendre qu'il ne s'agit pas toujours d'indifférence et que ce refus est motivé par une démarche qui se veut rationnelle – et dont je tente de leur exposer la logique. Ils sont encore plus étonnés d'apprendre que cette cuisine idéologique associe le souci de la nature et de l'environnement avec l'idéologie nazie. Car il n'y a, à leurs yeux, aucune commune mesure entre le souci de la pureté de la race et celui de préserver un monde vivable pour tous. Même en matière environnementale, c'est plutôt avec l'industrialisation, la modernisation forcée et les destructions qu'ils associent spontanément le nazisme.

L'attitude de respect de la nature est au contraire très profondément liée à la conscience des destructions dont le nazisme s'est rendu coupable. J'évoquerai, en exemple de cette peur d'abîmer l'ouvrage de la nature, un détail très précis, mais qui me paraît caractéristique.

En France, on ne songerait pas à voir dans les prouesses techniques de la procréation assistée quelque chose d'inquiétant. En Allemagne, au contraire, cette branche de la médecine, ainsi que toute la recherche sur l'embryon, sont moins développées et même un peu taboue. Dans les commissions européennes d'éthique, les Allemands sont notoirement circonspects, plus que les Anglais bien sûr, mais aussi que les Français. Plusieurs amies étrangères ayant vécu en Allemagne et consulté pour un problème de fécondité m'ont dit avoir été surprises par les réticences du médecin qui conseillait « d'essayer encore ; ça finira par marcher », alors que les médecins français ou américains consultés par la suite proposaient tout de suite un traitement hormonal et éventuellement d'autres mesures. La peur de bouleverser l'ouvrage de la nature n'est pas, comme on feint de le croire en France, la manifestation d'un atavique penchant réactionnaire des Allemands. Il s'agit plutôt d'une méfiance partagée et dictée par l'horreur de tout ce qui pourrait rappeler l'eugénisme des nazis et leurs expériences médicales sur des cobayes humains.

La peur d'abîmer l'ouvrage de la nature ne porte d'ailleurs pas que sur les arbres et les espèces animales en voie de disparition. Je crois par exemple qu'un certain nombre des attitudes éducatives que j'ai essayé de décrire, en particulier dans la petite enfance, sont dictées par le souci de ne pas abîmer la nature en l'enfant, de ne pas mutiler son génie propre, sa personnalité à venir, à laquelle il faut donner la possibilité de s'épanouir. Curieusement, les connotations du concept du concept de nature dans la vulgate intellectuelle des deux pays ont fini ainsi par être diamétralement opposées.

Croire qu'il y a entre les Allemands et la nature une connivence profonde, depuis les temps immémoriaux où les tribus d'Arminius arpentaient les forêts de Germanie comme chez Tacite, est à peu près aussi bête que de penser qu'il y a affinité congénitale entre les Français et la raison cartésienne. Je ne sache pas que les Français, dans leur quotidien, se déterminent d'une manière plus rationnelle que quiconque.

CONCLUSION

J'ai achevé ce livre au terme d'une année passée en France (2000-2001) qui m'a permis de renouer avec le quotidien français, la sociabilité enfantine et adulte, l'école. J'ai retrouvé des choses connues dont je tenais à ce qu'elles soient transmises à mes enfants ou au moins à ce qu'ils en connaissent l'existence : les jeux et les comptines de la cour de récréation, la forme des cahiers et l'art de les tenir, un autre rythme journalier.

J'ai pris conscience aussi de ce que certaines des différences entre la France et l'Allemagne que j'avais cherché à mettre en évidence n'étaient peut-être plus aussi radicales : en quinze ans, mon point de comparaison, la France, avait changé. Des choses qui, dans mon apprentissage du quotidien allemand pendant les années 1990, m'étaient apparues comme des points de clivage entre les deux cultures, cessaient de constituer une spécificité allemande aussi forte. Telle a été aussi la réaction de certains de mes lecteurs français qui trouvaient parfois que ce que je présentais comme une différence ne l'était plus vraiment. « Les moins de trente-cinq ans, les petits jeunes de maintenant, ils ne cherchent plus à grimper dans la boîte. Ils ne sont plus aussi accroc à leur travail que nous et ne courent pas au devant des responsabilités. C'est « ma RTT par-ci, ma RTT par-là », me dit l'ami, ingénieur à l'EADS, qui trouvait que les Allemands ne se souciaient plus assez de leur travail en dehors des horaires. – Comme les Allemands, alors ? – Comme les Allemands. « Si c'est comme ça, je suis une femme allemande », me dit une maman un rien vexée. « Je travaille à temps partiel afin d'être plus disponible pour les enfants et pour moi, pour mon chant et ma gym. Moi non plus, je n'abandonne pas complètement mes enfants à l'institution et je sais aussi m'occuper de moi. » Une autre mère de famille me dit encore : « En dix ans, entre le premier et le dernier de mes enfants, j'ai constaté une évolution dans l'accueil des tout petits à la maternelle. Maintenant, il y a des écoles où les parents peuvent rester pendant la première semaine. Tu vois, là aussi, on évolue vers quelque chose de moins brutal et de plus individualisé. » Et ainsi de suite...

Cette évolution vers plus d'individualisme – pas au sens du vieil individualisme français fait d'insubordination, mais au sens d'une exigence plus grande de maîtrise de son temps et de ses activités, de disponibilité pour soi – est d'ailleurs confirmée par toute la littérature sociologique et anthropologique. Parfois même, on a l'impression que ces analyses sont en avance sur la société qu'elles décrivent, qu'elles anticipent certaines évolutions à partir de leurs premières manifestations, avant le moment où ces évolutions seront non plus seulement des tendances, mais des normes vraiment partagées par le plus grand nombre.

Il semble que les deux sociétés évoluent dans des directions semblables, même si c'est, sur des points précis, à des rythmes différents. Les mêmes évolutions rencontrent dans chaque culture nationale un terrain différent et des freins différents. Cela ne signifie pas pour autant que l'on va vers l'uniformisation : les tendances globales sont interprétées différemment par les cultures particulières, elles se greffent sur le terreau existant.

Dans ce contexte, la persistance – et même la recrudescence – d'un discours tantôt carrément anti-allemand, tantôt brandissant « l'exception française » comme argument suprême, a quelque chose d'attristant. Récemment, quelqu'un qui se considérait comme bien informé m'a affirmé que la constitution allemande permettait aux Alsaciens-Lorrains qui en feraient la demande d'obtenir la nationalité allemande, ce qui serait l'indice d'un état d'esprit revanchiste, l'Allemagne ayant toujours des visées expansionnistes et le désir secret de récupérer l'Alsace-Lorraine ! Il me présentait cette « information » comme émanant d'un *think tank* parisien...

On reste pantois devant une présentation si tendancieuse des textes et de l'esprit dans lequel ils ont été conçus et appliqués, même si on comprend sur quoi elle se fonde ou, plus exactement, de quoi elle prend prétexte. Il est vrai que la constitution allemande de 1949

Conclusion

prévoit que tous les Allemands vivant en dehors des frontières de la République fédérale obtiennent immédiatement la nationalité allemande, s'ils en font la demande. C'est ainsi que les membres des minorités allemandes du Kazakhstan, de la Volga ou de Transylvanie se sont vu accorder un passeport allemand, sans avoir à passer par une procédure de naturalisation. C'est ainsi également, que, jusqu'en 1990, les ressortissants de la RDA qui passaient à l'Ouest étaient automatiquement citoyens de la RFA.

Ces dispositions ont été prises à la suite des déplacements massifs de population qui ont suivi la seconde guerre mondiale. Elles étaient censées faciliter l'intégration des réfugiés de territoires devenus polonais, tchécoslovaques ou soviétiques. La constitution allemande ne mentionne pas spécialement l'Alsace-Lorraine, pas plus qu'aucune autre région du monde. Il y a une mauvaise foi évidente à vouloir la présenter comme le symptôme de dispositions revanchardes. S'il y a une chose qui n'intéresse personne en Allemagne, c'est bien l'Alsace-Lorraine ! À plus forte raison une Allemagne occupée depuis dix ans à digérer l'intégration de l'Allemagne de l'Est.

Un autre lieu commun de ce discours de méfiance est que les Allemands sont dangereux parce qu'ils sont frustrés. L'idée est susceptible de plusieurs variantes. Ils seraient d'abord frustrés tout court, dans la vie, comme le sont les peuples du Nord censément incapables de s'amuser, à la différence des méridionaux qui savent jouir de la vie. Les Allemands, hélas, seraient disposés à accepter ce cliché sur eux et à reconnaître aux Français ce qu'ils appellent d'un mot français – dont l'emploi constitue un magnifique faux ami – le *savoir-vivre*. Cette expression, en allemand, ne désigne pas les bonnes manières, mais le fait de savoir goûter les plaisirs de l'existence.

Les Allemands seraient aussi frustrés parce qu'ils ont mauvaise conscience et que la mauvaise conscience est mauvaise conseillère. Ce reproche alterne d'ailleurs depuis quelques années avec celui d'une «normalisation» de la mémoire, perçue, elle aussi comme dangereuse : quoi qu'ils fassent les Allemands sont dangereux.

Ils seraient enfin frustrés dans leur aspiration à être une nation comme les autres. C'était le raisonnement chevènementiste : leur histoire a conduit les Allemands à diaboliser la nation ; ils n'auraient pratiqué de la nation que sa variante « ethnique » et non pas, comme nous, sa variante prétendument civique, sur la base de la libre adhésion ; leur fuite en avant dans le post-nationalisme européen ne se ferait pas sur des bases saines, car motivé par cette frustration.

Le discours républicain français dans son revival récent (depuis le milieu des années 1980) s'est souvent défini par opposition à un soi-disant contre-modèle allemand.[1] On l'a vu avec l'appréciation française des préoccupations environnementales allemandes, à une époque où la France n'a pas encore intégré l'urgence de la conception environnementale. Avec sa prétendue conception ethnique de la nationalité, l'Allemagne a servi également de contre-modèle à la réaffirmation des vertus de la nation « civique » à la française, fondée sur la volonté d'appartenance et censément ouverte à tous.

Sous cette forme systématique et manichéenne, cette opposition peut à la rigueur avoir un intérêt spéculatif, mais elle n'a rien à voir avec le fonctionnement réel des sociétés. En 2000, l'Allemagne a formellement réformé son droit de la nationalité et introduit une dose de *jus soli*. Le fédéralisme allemand, tel qu'il fonctionne depuis 1949, n'est pas non plus ce « capharnaüm » multiculturel que décrit Chevènement.[2]

---

1 La réédition 2017 réduit la part des réflexions que me suggéraient à l'époque l'utilisation par le discours néo-républicain français d'un soi-disant modèle politico-culturel allemand, dans la mesure où ces débats sont franco-français. J'ai par ailleurs consacré un autre livre à ce discours néo-républicain français (*La Nouvelle Idéologie française*, Stock, 2010).

2 Jean-Pierre Chevènement, dialogue avec Joschka Fischer (alors ministre des Affaires étrangères du gouvernement Schröder), *Le Monde* du 21.06.00. Le fédéralisme allemand tel qu'il est organisé par la Constitution de 1949 est une construction constitutionnelle et juridique complexe qui répartit très précisément les compétences du *Bund* (de la Fédération) et des *Länder*. Les relations entre *Bund* et

Conclusion

La rhétorique du « retour des vieux démons » avait déjà connu un premier pic dans les années qui ont suivi la Réunification. On constate une nouvelle vague à l'heure des débats sur l'approfondissement de l'Europe et sur la pondération des voix dans les institutions de l'Union.[3] La France, qui a le sentiment de perdre encore un peu plus de son poids en Europe, cède à la tentation de donner de l'Allemagne l'image menaçante d'un pays toujours englué dans son passé et agressivement hégémonique. On agite le spectre de l'Europe allemande. Dans leur inexactitude et leur animosité, dans leur volonté de cimenter la continuité d'une identité politique et culturelle de l'Allemagne pour en faire le repoussoir des valeurs françaises, ces discours rappellent ceux de la *Frankreichkunde* allemande (des études de civilisation française) des années 1920 et 1930. La France, dans les années sombres qui ont suivi la première guerre mondiale et le traité de Versailles, était pour les intellectuels allemands un miroir négatif. L'abstraction et la superficialité supposée de sa *Zivilisation* servaient de faire valoir à la profondeur toute intérieure de la *Kultur* allemande.

La tentation de recourir à ce genre de fausses bonnes idées culturalistes est de toutes les époques. On souhaite que le rapprochement des sociétés civiles, – la mobilité professionnelle, étudiante, les contacts en tout genre, les fasse disparaître.

Länder font par ailleurs l'objet d'une négociation permanente, en particulier en matière de redistribution fiscale.
3   2017 : la crise grecque aura le même effet.

POSTFACE 2017

Les élections au Bundestag de 2017 seraient la fin d'une « exception allemande » et le début d'une « normalisation ». Comme tous les autres pays européens, l'Allemagne aurait désormais avec l'AfD (*Alternative für Deutschland*), son parti populiste. Le succès électoral de l'AfD, née en 2013 de la fusion d'un courant eurosceptique et d'un courant anti-immigrés était cependant prévu (à deux points près) par tous les instituts de sondage. L'entrée de l'AfD au *Bundestag* avait été précédée par son entrée dans la plupart des parlements des *Länder*.

Comme toutes les élections, les élections allemandes de 2017 apportent leur lot de réflexions rétrospectives : comment se fait-il que la politique n'ait pas mieux entendu la voix des exclus de la prospérité, travailleurs pauvres et habitants des anciennes régions industrielles sinistrées (il y en a à l'Ouest comme à l'Est) ? Comment se fait-il que 13 % de la population vote pour des candidats dont les prises de position racistes et nationalistes semblent en contradiction avec la *freiheitliche demokratische Grundordnung* – l'ordre constitutionnel libéral et démocratique, l'équivalent allemand des « valeurs de la République » – que l'on croyait si bien intériorisé par tous ? Est-ce à dire que la société allemande est à feu et à sang ?

En réponse à une enquête de la Bertelsman-Stiftung réalisée dans plusieurs pays européens en juillet 2017 – quelques mois avant les élections – et publiée trois semaines avant les élections au début du mois de septembre 2017, 59 % des Allemands se déclaraient satisfaits de l'évolution de leur pays et 63 % satisfaits de la démocratie allemande. De tous les pays comparés, ils étaient de très loin les plus satisfaits et les plus optimistes.[1] Plus intéressant encore : 80 % se si-

---

1 http://www.bertelsmann-stiftung.de/de/presse/pressemitteilungen/pressemitteilung/pid/deutsche-blicken-optimistischer-in-die-zukunft-als-europaeische-nachbarn/, consulté le 24.09.2017. Le sondage est l'une des enquêtes « Eupinions » ré-

tuaient politiquement « au centre » – et même 44 % « au centre gauche ». Si on confronte le résultat des élections à ce positionnement subjectif, on constate que les voix obtenues par les deux partis protestataires qu'on ne peut en aucun cas assimiler à un « centre » (l'*AfD* avec 12,6 % et *Die Linke*, le parti à la gauche de la gauche, avec 9,2 %) représentent environ 22 % des suffrages, soit seulement 2 % de plus que les 20 % qui ne se positionnaient pas « au centre » dans le sondage. Cela veut dire aussi que tous les autres électeurs, y compris les électeurs des Verts et de la CDU, se positionnent subjectivement « au centre » ; et que la somme des voix recueillies par le SPD et les Verts réunis (respectivement 20,5 et 9 %, soit un peu moins de 30 %) est loin des 44 % qui se positionnent subjectivement au « centre gauche ». Et même si l'on ajoute les presque 11 % du FDP, le parti libéral, (dont les électeurs ne se positionnent sans doute pas tous au « centre gauche », mais pas nécessairement « à droite » non plus), cela ne fait jamais qu'un peu plus de 40 %. Serait-ce que désormais même certains électeurs de la CDU s'identifient au « centre gauche » ? Ou que l'on peut s'identifier au centre et même au centre gauche et voter pour la CDU – la CDU de 2017, après 12 ans de règne d'Angela Merkel ? L'enquête de la Fondation Bertelsmann fait en tout cas apparaître un fort tropisme de la société allemande vers le centre.

Une chose est sûre, la CDU d'Angela Merkel n'est plus celle de Kohl. Une grande majorité des électeurs continue à vouloir être gouvernée « au centre ». Cela contraste avec la polarisation de la vie politique en France. Et le « centre » subjectif auquel s'identifient la majorité des électeurs est vaste et politiquement diversifié.

Peut-on établir un lien entre ces résultats et d'autres particularités de la vie allemande telles qu'elles se manifestent dans la comparaison avec un autre pays ? On trouvera dans les lignes qui suivent un

---

alisées régulièrement sur différents sujets par la fondation Bertelsmann. Les pays comparés sont les cinq pays d'Europe les plus peuplés : l'Allemagne, la France, la Grande-Bretagne, l'Italie, l'Espagne et la Pologne.

bilan personnel, hétéroclite et forcément incomplet, de ce qui a changé – en Allemagne et dans la comparaison entre les deux sociétés française et allemande.

Perception

C'est d'abord dans la perception réciproque que quelque chose a changé. Pour le commun des mortels français, l'Allemagne est moins une *terra incognita* qu'il y a 25 ans. Les contacts personnels se sont multipliés, pas seulement dans le cadre de la coopération intergouvernementale institutionnalisée. C'est l'effet de 20 ans d'échanges Erasmus, de la multiplication des séjours scolaires (encouragés systématiquement par des programmes comme le programme Voltaire) et de la mobilité professionnelle dans les entreprises internationales. Aller vivre dans l'autre pays est devenu beaucoup plus commun.

Le phénomène Berlin-capitale européenne de la vie nocturne et de la vie « alternative » ont provoqué un tourisme nouveau. Berlin est aussi la destination d'un tourisme historique et mémoriel : on vient y voir les traces d'un concentré d'histoire allemande et européenne du XXe siècle. Même la fiction s'est fait l'écho de cette fascination : nombre de romans français illustrent la fascination pour l'histoire allemande devenue emblématique de l'histoire européenne du XXe siècle[2] ou le mythe d'un Berlin théâtre de l'expérimentation existentielle.[3]

---

2 Outre les *Bienveillantes* de Littell en 2007, *Magnus* de Sylvie Germain (2004), *Cercle* de Yannick Haenel (2007], *HhHH* de Laurent Binet (2010) ou *L'Origine de la violence* de Fabrice Humbert (2010), pour ne citer que quelques exemples. Auquel on peut ajouter deux prix de l'automne 2017 : *L'ordre du jour* d'Éric Vuillard (prix Goncourt) et *La Disparition de Josef Mengele* d'Olivier Guez (prix Renaudot).
3 Comme *Demain Berlin* d'Oscar Coop-Phanes (2013) ou *La Politesse du désespoir* de Maxime Sbaihi (2013).

Pour ce qui est de la perception des « spécialistes » (acteurs politiques, journalistes, analystes), elle est, dans l'ensemble, débarrassée des biais culturalisants et essentialistes qui caractérisaient encore beaucoup de publications sur l'Allemagne il y a vingt ans : même quand ils sont critiques, ces livres sont nourris par une expérience directe et sereine de l'Allemagne telle qu'elle est aujourd'hui.[4] Certains envient le « modèle » allemand et voudraient bien transposer à la France ce qui est transposable.[5] Une récente contribution de J.-P. Chevènement « Sachons emprunter à l'Allemagne sa conception des relations sociales » (*Le Monde* du 22 juillet 2017) contraste avec les biais historiques et culturalistes qui caractérisaient ses prises de position plus anciennes sur l'Allemagne.[6] La position intransigeante du gouvernement allemand et de son ministre des finances Wolfgang Schäuble dans la crise grecque a suscité des critiques, mais, dans l'ensemble, ces critiques étaient argumentées et posées. Et surtout on n'associe plus systématiquement à l'Allemagne la menace que le passé nazi puisse être réactivé à tout moment.

On relèvera cependant avec *Le Hareng de Bismarck* de Jean-Luc Mélenchon (2015) la tentation de mobiliser à la fois l'idée d'une permanence historico-culturelle et la vieille rhétorique haineuse : ce livre accumule distorsions factuelles et stéréotypes éculés. Au chapitre des élucubrations essentialistes, on citera également les passages qui systématisent le contraste entre la France et l'Allemagne de *Qui est Charlie ?* d'Emmanuel Todd (2015), qui procède – c'est la marque de fabrique de l'auteur – par projection sur le présent et l'avenir d'analyses démographiques concernant les siècles passés, au mépris de toute connaissance empirique de l'Allemagne *hic et nunc* : on y oppose la volonté hégémonique d'une Allemagne foncièrement « inéga-

---

[4] Par exemple *L'Allemagne paiera* d'Odile Benyahia-Kouider (Fayard, 2013) ou *Made in Germany* de Guillaume Duval (Seuil, 2013).
[5] Alain Minc, *Vive l'Allemagne*, Grasset, 2013.
[6] Cet article reprend en fait la critique du « mythe Hartz » de l'économiste Christian Odendahl.

litaire », néo-libérale et donneuse de leçons à une France fondamentalement égalitaire, sociale, intrinsèquement de gauche et rebelle, dans laquelle le politique ne serait pas dicté par l'économique.

Au titre d'une conception essentialiste de la culture allemande, on citera encore *De l'Allemagne,* l'exposition de peinture au Louvre en 2013 : le découpage chronologique (1800–1939), le choix des œuvres et l'hypothèse qu'elles étaient un révélateur de la mentalité collective faisait de l'histoire allemande depuis le romantisme le déchaînement des démons irrationnels devant nécessairement conduire à ce que l'on sait.

L'actuelle perception allemande de la France, elle, est faite de motifs plus disparates : dans les représentations, la France continue à être le pays du « savoir-vivre » (au sens allemand de l'expression, le pays où l'on sait jouir de la vie), un pays de vacances (d'été…), mais un pays parmi d'autres. En matière intellectuelle et politique aussi, la France n'est plus qu'une référence parmi d'autres. Après les présidences de Sarkozy et de Hollande, la France a acquis la réputation d'être un partenaire irréformable et imprévisible. La nostalgie française d'une grandeur déchue suscite l'ironie. La relation au sommet s'en est souvent ressentie. Mais la coopération intergouvernementale institutionnalisée entre les deux pays, les contacts entre les personnes liés au travail et aux études continuent à fonctionner, probablement à l'insu des opinions publiques. Et dans ce domaine, la France reste le partenaire privilégié.

Famille, travail et temps

Une chose a définitivement changé en Allemagne au cours de ces vingt dernières années : il n'est plus impossible – ni pratiquement, ni moralement – de faire garder ses enfants. Je mettrai donc un bémol à ce que je décrivais encore en 2002 comme une spécificité allemande. La conciliation du travail et de la vie familiale devenu un sujet sociétal et politique majeur. La prise de conscience que la très faible natalité allemande avait peut-être quelque chose à voir avec la difficulté à concilier vie familiale et vie professionnelle a été déterminante.[7] La première enquête PISA a été un autre facteur de changement : en 2001, la société allemande découvrait avec stupéfaction que son système scolaire était à la fois peu performant et très inégalitaire. Dans l'analyse des causes et la recherche des remèdes, il est apparu qu'une socialisation plus précoce au jardin d'enfants, pratiquée sans dommages dans tous les autres pays, n'était pas si nocive et pouvait même avoir des avantages – contribuer à une bonne maîtrise de l'allemand et à une meilleure intégration des enfants d'immigrés par exemple – et que l'école uniquement le matin ne favorisait pas les familles qui n'ont pas la possibilité d'encadrer les devoirs et d'organiser des activités l'après-midi.

Les politiques familiales des années 2000, associées au nom Ursula von der Leyen, ministre de la famille de 2005 à 2009 pendant la première législature Merkel (elle a été ensuite ministre du travail de 2009 à 2013 pendant la seconde législature Merkel, puis ministre de la défense depuis 2013 pendant la troisième), ont conduit au développement massif de structures d'accueil pour les plus petits, de *Horte* pour les écoliers ou de ce qu'on appelle désormais la *verlässliche Grundschule* (l'école « fiable », qui ne renvoie pas les enfants à la maison pour un oui ou pour un non en supposant qu'il y a quelqu'un pour les attendre, mais offre un service de cantine, une aide aux devoirs, du soutien scolaire et des activités sportives ou artistiques l'après-midi, en fait une école avec un *Hort* intégré). On a créé un droit opposable à une place en jardin d'enfants à partir de trois ans. L'effort d'équipement – que supportent essentiellement les communes – a été très important, même s'il est loin d'être achevé et qu'il

---

[7] La question de la natalité a été jusqu'à une date récente un tabou politique : le sujet lui-même, sans même parler d'une politique nataliste, rappelaient la politique nataliste des nazis.

y a toujours pénurie de places en jardin d'enfants. Il y a toujours des disparités entre les grandes villes et le reste du pays, entre l'Ouest et l'Est (où des structures d'accueil datant de la RDA ont été conservées et rénovées pédagogiquement).

Il y a eu surtout une évolution des mentalités (ouest-)allemandes : l'externalisation de la garde des enfants avant l'école obligatoire n'est plus ni un problème moral – pour les parents –, ni un dommage psychologique – pour les enfants. Quand, en 2007, Walter Mixa, évêque d'Augsbourg, a critiqué la politique d'Ursula von der Leyen en disant qu'elle détruisait la famille et réduisait les femmes à n'être que des utérus, il n'a récolté que la désapprobation.

La littérature française récente sur l'Allemagne continue à parler de la stigmatisation de la *Rabenmutter* et à raconter des histoires de femmes très diplômées qui se sentent obligées de renoncer à leur carrière. Or cela ne correspond plus exactement ni aux pratiques, ni surtout aux mentalités. Le modèle de la « mère au foyer s'occupant personnellement de ses enfants pendant que le père gagne l'argent du ménage » a définitivement vécu – comme modèle du moins.

Mais il y a aussi, toujours, une différence entre la France et l'Allemagne : les parents allemands continuent à être plus soucieux que leurs homologues français de passer du temps avec leurs très jeunes enfants et, par la suite, de dégager du temps familial, y compris du temps quotidien. Ils prennent des congés parentaux / d'éducation plus longs et recourent plus au temps partiel par la suite. La société allemande est à la recherche de solutions permettant de dégager plus de temps privé. Les politiques familiales récentes répondent à cette demande de temps : l'effort (encore inachevé) pour développer l'offre de garde va de pair avec des congés parentaux et d'éducation généreux.

Les pratiques sont souvent en retard sur les modèles. Ce sont majoritairement les femmes qui continuent à donner le temps familial au détriment de leur temps de travail. La différence est donc toujours bien genrée. Mais la proportion d'hommes prenant des congés parentaux ou travaillant à temps partiel pour raisons familiales est légèrement supérieure en Allemagne à ce qu'elle est en France.[8] Et, si l'on en croit les chiffres, le partage des tâches éducatives et domestiques est aussi légèrement moins inéquitable (i.e. les hommes y prennent un peu plus part). Le taux d'emploi des femmes en âge d'avoir des enfants est par ailleurs comparable dans les deux pays.

En France, la statistique et le discours politique présentent immanquablement le taux d'emploi des femmes, leur travail à temps plein et leur retour rapide au travail après une naissance comme un objectif souhaitable et comme un indice de leur émancipation. L'offre de garde pour les jeunes enfants est certes l'une des meilleures en Europe en qualité et en quantité. Mais la statistique et la conscience commune omettent de rappeler que la France est l'un des pays d'Europe qui ont le triste pompon du non-partage des tâches domestiques et éducatives : on feint de croire que la répartition du temps de travail et du temps privé est résolue parce que les femmes acceptent à leur corps défendant de concilier les deux.

Il est en tout cas erroné d'interpréter la demande allemande de temps familial et privé comme la survivance d'une conception réactionnaire du rôle de la mère. Il se peut que j'aie contribué moi-même à la diffusion de ce qui est manifestement devenu un stéréotype français sur l'Allemagne, quand je décrivais il y a quinze ans ce que j'ai expérimenté il y a vingt-cinq. Je tiens à dire que cette analyse est dépassée. Je ne partage pas les analyses souvent citées de Barbara Vinken dans son essai *Die deutsche Mutter* (2002) : elle interprète la situation en Allemagne au tournant du millénaire (années 1990 – début des années 2000) comme l'effet d'un modèle maternel allemand qui se survivrait à lui-même. Depuis la reine Louise (femme du roi de Prusse Frédéric-Guillaume II qui s'occupait bourgeoisement et personnellement de ses enfants au début du XIXe siècle) au conservatisme familial dans l'Allemagne démocrate-chrétienne de l'après-guerre en passant

---

8   Le travail à temps partiel – subi ou choisi – est de toute façon plus répandu en Allemagne.

par l'idéal maternel des nazis. Or ces figures maternelles sont très différentes. B. Vinken fabrique artificiellement une spécificité culturelle en érigeant en continuité historique des phénomènes aux causes diverses et complexes.

Je me souviens avoir lu il y a quelques temps un article allemand décrivant avec beaucoup de commisération le quotidien cruellement minuté d'une mère de famille française qui se lève à l'aube, dépose successivement à la crèche et à l'école des enfants mal réveillés, les fait chercher par une *baby sitter* l'après-midi et ne rentre le soir – les bons jours – que pour leur faire un bisou.[9] Peu de temps après, je lisais dans *Causette* un article qui se gaussait dans des termes un peu vulgaires de la disponibilité parentale allemande.[10] Ces perceptions réciproques négatives sont l'indice d'une différence dans les modèles implicites. La question du temps a été plus politisée en Allemagne.

Du temps, encore

Au bout de vingt-cinq ans de vie à Berlin, la société française m'apparaît toujours – et de plus en plus – comme une société très stressée et très corsetée, dans laquelle on laisse peu de marge de manœuvre aux individus pour choisir leurs rythmes. C'est toujours vrai au quotidien et à l'échelle de la vie à toutes ses phases. Il me semble que les enfants, les adolescents (qui peuvent avoir cours jusqu'à 18 ou 19 h !) et les adultes, la société française dans son ensemble devraient hurler leur besoin de temps. Pourquoi ce besoin n'est-il pas ressenti collectivement, sans parler d'être articulé politiquement ? Le fonctionnement de la société contrecarre-il ce besoin primaire au point qu'on ne le ressent même plus ? Pour moi, c'est devenu un mystère français.

---

9 Margarete Moulin, « L'Amour à distance ! », *Die Zeit*, 5 septembre 2013.
10 Marion Rousset, « Les Petits élevés sous la mère », *Causette*, n°58, juillet 2015.

Sur ce point, je suis sans doute considérablement germanisée. Il me manque l'expérience de la vie quotidienne dans d'autres sociétés européennes, l'Italie ou l'Espagne par exemple, où je soupçonne que la balance entre le temps privé et le temps « extérieur » (du temps de travail augmenté du temps de la sociabilité avec qui il se confond peut-être plus ou moins) est sans doute aussi moins en faveur du temps strictement privé. Ce n'est pas pour rien que l'Allemagne en Europe caracole en tête de la réduction du temps de travail (33,5 heures effectivement travaillées en moyenne, contre 37,5 en France).

À l'échelle de la vie, le contraste entre les choix des bacheliers est un exemple qui me paraît tous les jours plus saisissant de cette conception différente du temps de la vie : en France, le quart le plus brillant d'une classe d'âge (30 % d'un peu moins des 80 % de bacheliers que compte aujourd'hui une classe d'âge) va directement en prépa et accepte de fournir pendant deux ou trois ans une charge de travail purement scolaire si importante qu'il faut renoncer à tout le reste dans la vie. Ce sacrifice existentiel est accepté par la société, les familles et les individus non seulement comme une nécessité pour la réussite future, mais aussi pour sa supposée vertu formatrice : il y a un consensus à ce sujet.[11] En Allemagne, au contraire, l'année de césure – avant ou au milieu des études, pour faire un service civil, travailler, voyager – est presque devenue la règle. On ne compte plus les formules et les offres d'établissements publics ou privés qui encadrent une année d'aide au développement à l'autre bout du monde.[12]

---

11 Le problème n'est en fait pas tant les concours, que l'on stigmatise souvent comme un mal français (dans toutes les sociétés et dans tous les domaines, on sélectionne par concours : un projet répondant à un appel d'offre, un candidat à un emploi ou à un rôle au théâtre ou à l'opéra, une demande de financement, de bourse, d'admission à un cursus d'études), que la façon de s'y préparer par une « classe préparatoire ». Les CPGE n'existent nulle part ailleurs au monde, il ne s'agit donc même pas d'un contraste franco-allemand, mais bien d'une spécificité française.
12 Au point que la presse finit par se gausser des organismes et programmes qui, souvent moyennant finance, font miroiter aux jeunes la possibilité de soulager la

Postface 2017

Immigration, intégration, crise des réfugiés

Dans les dernières années du XXᵉ siècle encore, le discours politique et la statistique parlaient toujours des immigrés comme des *Gastarbeiter*, des travailleurs invités, censés rentrer chez eux une fois qu'ils auraient fini de travailler. Dans un essai récent, le sociologue de l'immigration Klaus Bade revient sur le refus conséquent des politiques jusque dans les années 2000 de considérer l'Allemagne comme un pays d'immigration et de mettre en œuvre des politiques d'intégration. Les immigrés et leurs enfants étaient pourtant là depuis plusieurs générations.[13] Depuis, on a définitivement admis que l'Allemagne est un pays d'immigration. Quiconque vit dans les grandes villes allemandes fait quotidiennement l'expérience de la diversité des origines au sein de la société. Toutes les questions liées à l'intégration sont devenues des questions politiques de premier plan.

Elles se posent, quoi qu'on en dise, dans des termes très voisins en France et en Allemagne, avec peut-être simplement une différence de degré. En Allemagne, il n'y a pas de banlieues, mais au moins des quartiers difficiles, des classes dans lesquelles les enfants qui parlent allemand à la maison sont l'exception. En Allemagne aussi, on se demande si l'Islam est compatible avec *die freiheitlich-demokratische Grundordnung* (les valeurs libérales et démocratiques, les fondamentaux de l'ordre constitutionnel et juridique). Je ne suis pas qualifiée pour décider si l'intégration des personnes issues de l'immigration est plus réussie (ou moins mal) en France ou en Allemagne. Il me semble

---

misère du monde tout en vivant une aventure personnelle inoubliable : le bilan en terme d'aide effective est sujet à caution.
13 Klaus J. Bade, *Migration – Flucht – Integration. Kritische Politikbegleitung von der « Gastarbeiterfrage » bis zur « Fluchtlingkrise ». Erinnerungen und Beiträge* (*Migration – Exil – Intégration. De la questions des « Travailleurs invités » à la « crise des réfugiés » : réflexions critiques*), Karlsruhe, Loeper Literaturverlag, 2017.

simplement que l'approche est moins idéologique et plus pragmatique. Dans tous les pays d'Europe, la crise des réfugiés, qui n'est sans doute pas vouée à ne rester qu'une « crise », a provoqué des réactions de peur et de refus qu'exploitent les partis d'extrême-droite. L'Allemagne ne fait pas exception, l'entrée de l'*AfD* dans les parlements des *Länder* et au Bundestag en témoigne. Mais il y a eu simultanément un phénomène sans équivalent dans les autres pays européens : un mouvement d'aide bénévole aux réfugiés nombreux, venu d'en bas et extrêmement bien organisé sur la durée. Ce mouvement qui relève de l'auto-organisation de la société civile travaille en marge de l'action des pouvoirs publics et en concertation avec eux, palliant bien souvent leur insuffisance. Les centres d'accueil ont fonctionné grâce aux bénévoles qui donnent des cours d'allemand, accompagnent les réfugiés dans leurs démarches, fournissent une aide juridique, médicale, psychologique... Certes, ce mouvement ne représente pas toute la société, mais il est unique en Europe par son ampleur et sa longévité.

On pensera aussi ce qu'on voudra de la décision de la chancelière d'accueillir les réfugiés avec sa petite phrase « Wir schaffen das » (nous y arriverons) : que sa décision était moralisatrice et dépourvue de prudence politique, qu'elle a mis sous pression des partenaires européens qui ne voulaient pas prendre le risque social et politique d'accueillir un nombre plus important de réfugiés, etc. Il n'empêche que ce positionnement officiel a contribué à donner sa légitimité au mouvement d'aide – au lieu de le criminaliser.

Deux ans plus tard, le gouvernement ne laisse plus entrer autant de réfugiés. Mais les 1,2 millions de réfugiés qui sont arrivés en 2015–2016 sont hébergés dans des conditions moins précaires, les enfants sont scolarisés, les adultes apprennent l'allemand, les plus chanceux commencent à trouver du travail. Tous ne resteront pas, certains sont déjà rentrés dans leur pays. Les viols et les faits de harcèlement dans la nuit de la Saint-Sylvestre 2015–2016 ont choqué l'ensemble de la société et donné du grain à moudre à tous ceux qui voient dans toute forme d'immigration une menace pour l'homogénéité de la société.[14] Mais la société allemande n'a pas explosé pour autant. Les négociations en vue de feu la coalition jamaïcaine s'étaient accordées sur l'accueil de 200.000 réfugiés par an et l'officialisation d'une immigration de travail. Quelle que soit la coalition qui gouvernera l'Allemagne, il est probable qu'on s'accordera sur une immigration légale impensable en France.

Habitudes oratoires

Une autre chose me surprend maintenant en France : la brutalité et l'indiscipline de la parole publique. Dans un débat, – discussion politique, débat télévisé, réunion publique –, les discutants se coupent la parole sans ménagement. On observe même une technique perfide qui consiste à se mettre à parler en même temps que l'adversaire jusqu'à lui faire lâcher prise. On soupçonne que certains politiques s'y entraînent avec leur coach.

Le débat entre Marine Le Pen et Emmanuel Macron du 3 mai 2017 (entre les deux tours) était un exemple paroxystique de ce corps à corps vocal, avant même d'être une joute argumentative. Les modérateurs en ont été purement et simplement exclus au bout de quelques minutes. Le débat équivalent entre Angela Merkel et Martin Schulz en cette super-année électorale 2017 tranchait par la modération du ton et par la difficulté – les réticences ? – de Martin Schulz à trouver l'affrontement. En France, l'agressivité est de règle. Par comparaison, le ton des politiques allemands paraît très modéré, comme s'ils se méfiaient de toute rhétorique trop spectaculaire. Les envolées idéolo-

---

14 Ces événements ont d'autant plus choqué que, dans un premier temps, la police a minimisé l'ampleur des faits. L'examen des faits a montré par la suite que les hommes déchaînés dans les rues de Cologne (et d'autres grandes villes) n'étaient pas des réfugiés en provenance de pays en guerre, mais des réfugiés économiques déboutés du droit d'asile et restés clandestinement sur le territoire allemand.

giques et rhétoriques rappellent de mauvais souvenirs. Angela Merkel a fait de sa modestie et de sa simplicité ostentatoires – et même de sa prononciation relâchée et de son absence de talent oratoire – une marque de fabrique. La société se reconnaît dans un style qui exprime la modération, le refus des extrêmes et de l'aventurisme. Martin Schulz avait-t-il fait le calcul qu'il fallait adopter ce registre qui réussit à Angela Merkel ? Ou peut-être sa carrière politique européenne ne lui a-t-elle pas donné l'occasion de s'entraîner aux joutes verbales d'une campagne électorale ? Certains électeurs ont manifestement regretté l'absence de conflictualité et de discussions de fond. C'est le revers de cette préférence pour le compromis négocié.

Symétriquement, l'agressivité des politiques français en campagne ou dans l'opposition est systémique. Elle repose sur l'idée qu'une démonstration de force est nécessaire en guise de promesse d'une action politique conséquente et que toute concession ou compromis seraient interprétés comme un aveu de faiblesse.

Pessimisme français

Me frappent aussi en France depuis quelques années un pessimisme et un ressentiment érigés en conviction politique. Il se peut qu'il y ait une corrélation entre un taux de chômage élevé et un sentiment collectif de mal-être ; et entre un discours qui affirme régulièrement la bonne santé de l'économie nationale et un sentiment général de stabilité et de sécurité. Selon l'étude de la Bertelsmann Stiftung citée plus haut, 60 % des Allemands environ envisageraient l'avenir avec optimisme.[15] L'actuelle – relative – auto-satisfaction des Alle-

---

15 C'est infiniment plus que leurs voisins européens : les Italiens avec seulement 13 % de satisfaits et optimistes étaient les plus mal lotis ; les Français n'étaient guère plus optimistes avant les présidentielles, mais au mois de juillet, les perspectives ouvertes par les élections les auraient requinqués jusqu'à produire 36 % d'optimistes.

mands est d'autant plus remarquable qu'ils sont traditionnellement réceptifs à toutes les angoisses éco-planétaires et que la société a intériorisé la remise en question et la modestie obligées comme une seconde nature. L'optimisme qu'identifie l'enquête correspond bien à un sentiment de satisfaction diffus : prospérité économique, stabilité politique et sociale dans une société qui, en 70 ans, a appris à vivre avec ses conflits d'une manière démocratique et paisible et qui a l'impression de recueillir les fruits de sa vertu – de son travail et de sa sagesse politique démocratique. Un mois avant les élections, un journaliste formulait le paradoxe de cette fierté modeste : « Nous sommes fiers de ne pas être fiers. Il fallait y penser. Mais c'est la clef du succès »[16] : efficaces, modestes... et contents de l'être.

L'actuel pessimisme français, lui, ne surprend pas comme traduction collective d'une situation économique moins favorable dans une société globalement plus conflictuelle. Mais il surprend malgré tout quand il est exprimé par tous ceux – l'immense majorité des gens – qui ne sont pas menacés dans leur vie personnelle, qui ne sont ni au chômage ni dans une situation précaire : les gens ont intériorisé une perception défavorable de la situation générale qui rejaillit sur la perception de leur situation personnelle. J'en ai trouvé récemment une expression tout à fait inattendue dans une interview que Virginie Despentes accordait à l'hebdomadaire allemand *Die Zeit* à l'occasion de la parution en allemand de *Vernon Subutex*, son dernier roman : « Les personnages de mon nouveau roman ont entre 40 et 50 ans et ils ont tous l'impression qu'en France les choses ont changé à toute vitesse. Et pas pour le mieux. La plupart des gens que je connais à Paris ont une bonne vie et pourtant ils se sentent dépressifs. [...] Nous, les Français, nous avons le sentiment d'avoir beaucoup perdu ces 20

---

16 Bernd Ulrich, « Deutschland, ein Land wie keines » (« L'Allemagne, un pays qui ne ressemble à aucun autre »), *Die Zeit*, 17.08.17. Cet article était un résumé du nouveau livre de l'auteur *Guten Morgen Abendland. Der Westen am Beginn einer neuen Epoche. Ein Weckruf* (*Le Monde occidental à l'aube d'une nouvelle époque*, Cologne, Kiepenheuer und Witsch, août 2017).

dernières années. L'histoire que nous racontons de notre nation est déprimante. Quand Sarkozy était président, il nous a raconté que l'identité de la France était blanche et chrétienne et que cette identité était menacée. Dans le même temps, nous devons accepter que, sur le plan économique, la France fait partie de l'Europe du Sud. C'est une blessure, parce que nous avons été élevés dans l'idée que nous étions un pays fort et prospère. »[17] On ne soupçonnerait pas cette rebelle tous azimuts qu'est Virginie Despentes de se reconnaître dans le discours de la grandeur nationale déchue. Et même en admettant qu'elle ne s'inclue pas dans ce « nous » élastique, on peut s'étonner que « les gens qu'elle connaît à Paris » soient affectés par les menaces qui pèseraient sur l'identité nationale.

Mais je constate un même pessimisme parmi « les gens que je connais à Paris » et même en province. Les blessures infligées par les attentats terroristes n'ont fait qu'aggraver un sentiment que la France et le monde (le monde et en particulier la France) courent à leur perte, mais cette perception était déjà là : le discours catastrophiste est diversement entretenu depuis plusieurs décennies par les intellectuels, avec des thèmes et des orientations divers (menace de l'éclatement communautariste, effondrement des valeurs de la République, dissolution du lien social, perte des repères identitaires, perte de l'influence internationale, impression que la civilisation est à bout de souffle, pessimisme culturel généralisé), mais avec un dénominateur commun : le monde court à sa perte. On ne compte plus les titres d'essais qui déplorent une décadence et annoncent la fin de quelque chose : *Les Trentes piteuses*, *Le Grand remplacement*, *Le Déclin*, *Décomposition française*, *Immigration, la catastrophe*, ou encore *Civilisation* (titre d'un essai qui déplore la disparition de la civilisation).

Dans la série des prédictions catastrophistes, on peut citer en Allemagne des livres comme le *Deutschland. Der Abstieg eines Superstars* (*L'Allemagne. Le déclin d'une superstar*, 2005) du journaliste

---

17 *Die Zeit*, 10 août 2017.

Gabor Steingart, qui était une critique du modèle économique allemand, ou l'essai très médiatisé de l'ancien ministre des finances du Land de Berlin Thilo Sarrazin, *L'Allemagne disparaît* (2010).[18] Mais ce dernier livre reste l'exception. D'autres critiques du modèle économique et social allemand, comme le *Non à l'Europe allemande* d'Ulrich Beck n'entonnent pas la trompette de la catastrophe civilisationnelle.[19] Il n'y a pas, en Allemagne, l'équivalent des Finkielkraut, Zizek, Debray ou Houellebecq (même si ce dernier a beaucoup de succès en Allemagne) pour prédire l'éclatement de la société et la fin de la civilisation.

En matière de discours sur l'ego collectif, la différence fondamentale entre les deux pays est qu'en Allemagne on n'est pas tenté d'idéaliser le passé. La société résiste beaucoup mieux à la tentation du regard rétrospectif trop flatteur à l'aune duquel le présent paraît catastrophique. C'est très rafraîchissant, évite une approche idéologique des choses et permet d'aborder les problèmes sociaux et sociétaux d'une manière plus pragmatique et plus sereine.

Il est difficile d'affirmer qu'une société est plus conservatrice qu'une autre ou bien qu'elle « glisse vers la droite », comme je l'ai lu dans la presse allemande après les élections au *Bundestag* de 2017. Dans la comparaison, il me semble que, sur les sujets sociétaux du moins – sur tout ce qui touche à l'éducation, à la sexualité et aux modes de vie – les valeurs « de 1968 » font l'objet d'un consensus plus large et plus paisible et que les valeurs de droite sont beaucoup moins « décomplexées » en Allemagne qu'en France – pour le dire avec une expression française mise en circulation au début de quinquennat de Nicolas Sarkozy. Ce n'est pas par hasard que 80 % des Allemands se situent subjectivement « au centre » – et pas « à droite ».

---

18 Paru en traduction française en 2015. Le titre allemand était plus brutal encore : *Deutschland schafft sich ab*, littéralement l'Allemagne se détruit.
19 2012 pour la version allemande dont le titre était *Das deutsche Europa*, Autrement, 2013 pour la traduction française.

Il n'est que de comparer le grand théâtre déployé par la « Manif pour tous » contre le projet de loi du « mariage pour tous », défendu par Christiane Taubira et finalement voté en 2013, avec les réactions de la société allemande à l'adoption du mariage pour tous au printemps 2017 : peu avant les élections, Angela Merkel, par une de ces manœuvres-surprises dont elle a le secret, a fait voter la loi permettant aux couples homosexuels de se marier et d'adopter.[20] Le mariage pour tous n'était pas au programme de la CDU et les partis de gauche (SPD, Verts) se sont même froissés que la chancelière retire un bénéfice politique en satisfaisant une revendication que son parti n'avait pas portée.[21] Mais les sondages d'opinion montraient qu'une très grande majorité des Allemands y était favorable. Certains ont fait connaître leur opposition, à titre individuel et dans des termes très mesurés. L'adoption de la loi n'a suscité aucun mouvement de protestation de masse.

Cependant, il y a eu aussi en Allemagne ces dernières années des mouvements de protestation réactionnaires, venus d'en bas et spectaculaires : les manifestations du mouvement PEGIDA (*Patriotische Europäer gegen die Islamisierung des Abendlandes*, Européens Patriotiques contre l'Islamisation de l'Occident) en 2014-2015, d'abord et surtout à Dresde, puis dans d'autres grandes villes allemandes, recouraient elles aussi (comme la Manif pour tous en France) à des formes d'expression politique classiquement protestataires. Elles ont mobilisé régulièrement tous les lundis un grand nombre de manifestants pendant plus de deux ans. Beaucoup de manifestants PEGIDA ont rejoint l'AfD ou votent pour elle.

---

20 La sortie du nucléaire décidée en 2011 après la catastrophe de Fukushima serait un autre exemple de décision politique impulsée par la chancelière contre sa propre famille politique.

21 Très tactiquement, Angela Merkel s'est elle-même déclarée opposée à titre personnel à la modification constitutionnelle rendue nécessaire par la nouvelle loi (que le mariage n'est plus l'union d'un homme et d'une femme), modification qu'elle avait elle-même impulsée.

Le coup de semonce des élections est venu rappeler que la satisfaction collective identifiée par l'enquête de la Bertelsmann Stiftung n'est pas unanimement partagée. Un pays où une personne sur six – et en particulier beaucoup d'enfants – vivent en dessous du seuil de pauvreté ; où les fruits de la prospérité sont mal redistribués, où le travail est parfois très mal rémunéré et où il y a des travailleurs pauvres (en dépit de l'introduction d'un salaire minimum, imposé de haute lutte par le SPD membre de la GroKo, la große Koalition CDU-SPD qui a gouverné l'Allemagne pendant la troisième législature Merkel) ; où les équipements publics sont souvent en piteux état faute d'investissements publics, freinés qu'ils sont par le dogme de l'équilibre des comptes publics ; où certaines grandes villes sont chroniquement endettées jusqu'à la faillite ; où quelques grands projets sont des désastres retentissants (l'impossible achèvement du nouvel aéroport de Berlin) et où des scandales affectent un secteur aussi vital et symbolique que l'industrie automobile (les *dieselgate*), l'Allemagne n'est pas pour tous ni en tous points le pays des *blühende Landschaften*, des paysages florissants qu'Helmut Kohl avait promis aux Allemands de l'Est pour leur rendre la réunification désirable. Ce n'est pas non plus ce pays « in dem wir gut und gerne leben » (littéralement : dans lequel nous vivons bien et volontiers), comme l'affirmait l'un des slogans de la CDU pendant la campagne électorale 2017.[22]

Entre temps, d'ailleurs, les analystes, y compris allemands, remettent en cause l'idée qu'il y a une relation de cause à effet entre l'actuelle prospérité (le solde positif de la balance commerciale et le taux de chômage très bas, aux alentours de 5 %) et la politique de maîtrise des dépenses publiques initiée par le gouvernement Schröder (les lois Hartz, qui réforment notamment l'aide sociale de manière

---

22 Ce slogan rappelle, sans doute pas par hasard, le « gut und günstig » (bon et bon marché) qui figure sur les produits premier prix de la chaîne de supermarchés Edeka. Cela en dit long sur le tropisme vers le modeste et le simple incarné de manière exemplaire par la chancelière.

drastique). C'est la faiblesse des économies voisines qui a permis aux entreprises allemandes d'exporter – à des prix artificiellement bas dans le cadre de l'euro – et qui explique la situation économique favorable.[23]

Comme dans d'autres pays européens, les électeurs du parti populiste sont majoritairement les oubliés de la prospérité ou simplement des gens qui ont envie de donner une bonne claque au gouvernement sortant. Mais les analyses montrent qu'il y a aussi un vote pour l'AfD dans des villes ou des régions épargnées par la crise. Le cocktail de nationalisme à coloration xénophobe, d'anti-européanisme et de conservatisme des valeurs attire peut-être des gens pour lesquels la CDU d'Angela Merkel n'est plus assez conservatrice. L'évolution de ce qui était traditionnellement le parti conservateur a effectivement créé un vide sur sa droite, là où, selon le bon mot attribué à Franz Josef Strauss, il ne devait y avoir « aucun parti démocratiquement légitimé » : « à notre droite, il n'y a rien, que le mur ».[24] De leur côté, les idéologues de l'AfD agitent un ensemble d'idées qui n'a rien à envier à celles des identitaires et des conservateurs en France.[25] À cette différence près que ces idées et valeurs ont moins pignon sur rue qu'en France ; et qu'il n'y a pas non plus de droite de gouverne-

---

23 C'est par exemple l'analyse de l'économiste Christian Odendahl dans son article « Le Mythe Hartz », http://www.cer.eu/publications/archive/bulletin-article/2017/hartz-myth-drawing-lessons-germany (consulté le 08.10.2017).
24 Strauss (1915–1988) a été longtemps le leader de la CSU et le ministre-président du *Land* de Bavière. Il a été plusieurs fois ministre fédéral pendant les années 1960 et 1970. Les commentateurs ont cité régulièrement cette phrase au cours des dernières années, à chaque fois que l'AfD faisait son entrée dans un parlement régional. Franz Josef Strauss avait notamment refusé toute alliance avec les *Republikaner*, petit parti à la droite de la CDU-CSU, qui a connu un succès éphémère au début des années 1980 sur des thèmes liés à l'immigration. Après la guerre, le parti nationaliste *Deutsche Partei*, encore représenté au Bundestag après les élections de 1949 et 1953, a disparu du paysage politique à partir de 1957. La CDU considérait traditionnellement l'ancrage dans le champ politique démocratique des éléments les plus droitiers comme l'un de ses rôles politiques fondamentaux.
25 Publiés par une petite maison d'édition, le Antaios Verlag.

ment qui se dise « décomplexée ». Contrairement à ce qui se passe en France où l'on vit depuis quarante ans dans la panique que provoquent les progrès réguliers du Front National, les politiques allemands n'ont pas encore été soumis à la tentation de concurrencer l'AfD avec ses propres idées.

Ni les négociations en vue d'une coalition gouvernementale, ni la situation internationale ne promettent d'être simples. Mais avec ce qui reste son fort tropisme vers le « centre », sa méfiance vis-à-vis de toute forme d'aventurisme politique, son savoir-faire en matière de dialogue social et de négociation politique, sa capacité d'autocritique et de réforme et, toujours, les leçons de l'histoire que l'actuelle classe dirigeante (dans sa très grande majorité) n'a pas oubliées, l'Allemagne pourrait être le pays d'Europe le moins mal placé pour endiguer la tentation populiste sans en devenir l'otage. On souhaite du moins à la société allemande que cette tentation soit résistible.

Clermont-le-Fort, Berlin,
été-automne 2017

Table des Matières

PRÉFACE 2017 — 7
INTRODUCTION — 9

PREMIÈRE PARTIE : ANNÉES DE FORMATION — 31
Premiers gestes — 34
L'Âge du jardin d'enfants — 54
L'École — 72
Styles pédagogiques — 84
Choix existentiels — 107

DEUXIÈME PARTIE : LE SOUCI DE SOI — 117
Du temps à soi — 121
Exigences et réticences à l'égard de la famille — 133
L'espace privé — 149
Le corps et l'âme — 154
L'anniversaire, célébration de l'individu — 163

TROSIÈME PARTIE : SOI ET LES AUTRES — 169
Les Autres proches — 172
Civisme — 191
Le politique — 201
La Nature : un épouvantail made in France — 221

CONCLUSION — 231
POSTFACE 2017 — 237

Printed in Germany
by Amazon Distribution
GmbH, Leipzig